D1628971

Wildes Brandenburg

BRANDENBURGS NATIONALE NATURLANDSCHAFTEN

Herausgegeben vom Landesumweltamt Brandenburg

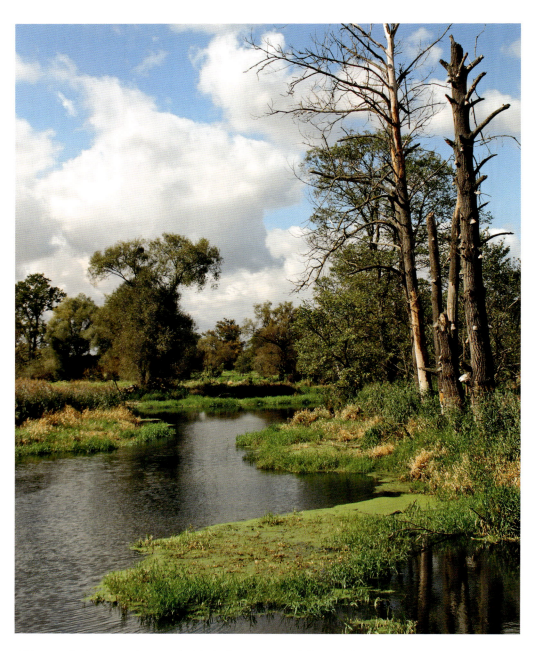

Wildes Brandenburg – wo der Mensch nicht in die Natur eingreift, kann Wildnis entstehen

INHALT

4 Vorwort

6 Wilde Schönheit – Besonderheiten der Brandenburger Landschaft

14 Naturpark Stechlin-Ruppiner Land

30 Naturpark Uckermärkische Seen

46 Biosphärenreservat Schorfheide-Chorin

62 Nationalpark Unteres Odertal

76 Naturpark Barnim

90 Naturpark Märkische Schweiz

106 Naturpark Schlaubetal

122 Naturpark Dahme-Heideseen

140 Biosphärenreservat Spreewald

154 Naturpark Niederlausitzer Landrücken

170 Naturpark Niederlausitzer Heidelandschaft

184 Naturpark Nuthe-Nieplitz

200 Naturpark Hoher Fläming

218 Naturpark Westhavelland

232 Biosphärenreservat Flusslandschaft Elbe-Brandenburg

244 Über die Autoren

245 Literaturverzeichnis

250 Ortsregister

254 Bildnachweis

256 Impressum

VORWORT

Eine Einladung in unsere Naturlandschaften

Im Laufe meines Lebens bin ich viel herumgekommen, habe spektakuläre Natur gesehen – auf allen Kontinenten. Wenn ich von Brandenburgs natürlicher Schönheit spreche, dürfen Sie mir glauben: Ich weiß, wovon ich rede. Und ich kann Ihnen versichern, dass ich bei allem, was ich sonst so gesehen habe, für Brandenburgs Landschaften, Brandenburgs Natur eine unverminderte Begeisterung empfinde: Man muss sie gesehen, muss sie erlebt haben, und das nicht nur einmal.

Das vorliegende Buch soll Ihnen Lust darauf machen. Es war das erklärte Ziel der Autoren aus dem Landesumweltamt Brandenburg, dass Ihnen das Lesen und Stöbern in diesem Buch Freude macht. Wenn Sie beim Lesen Lust aufs Entdecken und Erleben, Lust auf die kleinen und großen Abenteuer bekommen, die Brandenburg für Sie bereithält, dann haben wir unser Ziel schon fast erreicht. Allerdings nur fast. Denn eins ist klar: Der schönste Reiseführer, die unterhaltsamste Lektüre können das wirkliche Erlebnis nicht ersetzen – noch nicht einmal ansatzweise. Sie müssen es selber erleben, wie es ist, wenn ein Biber kurz vor Ihrem Boot mit einem satten „Platsch" seines flachen Schwanzes abtaucht, wenn der Seeadler eine Schar Gänse aufscheucht, um zu prüfen, ob eine Attacke lohnt, wenn Sie einen Bussard rufen hören und ihnen ein erfahrener Ornithologe sagt, das ist der Eichelhäher, der den Bussard imitiert. Erleben Sie selbst die Weite der Landschaft, den würzigen Duft der ausgedehnten Wälder, das klare Wasser unserer Seen, dieses Land, das wie geschaffen ist, es zu Fuß, per Rad, auf dem Pferderücken oder vom Boot aus zu entdecken.

Brandenburg hat viel zu bieten: Es gehört zu den vogelartenreichsten Bundesländern Deutschlands: 352 Vogelarten wurden bisher nachgewiesen, 200 davon brüten regelmäßig hier. Zwischen 5,5 und acht Millionen Vögel ziehen in Brandenburg alljährlich ihre Jungen auf, dazu kommen hunderttausende Zugvögel, die hier rasten oder überwintern. Mehr als 50.000 Kraniche an einem Ort – unvergesslich, nur in Brandenburg. Und Sie, unsere Gäste, können das erleben. Und ich finde, es ist immer wieder etwas Besonderes, die Vogelscharen im Herbst zu beobachten, dem Ruf der Rohrdommel im Frühjahr zu lauschen, den Fischadler jagen und den Eisvogel fliegen zu sehen.

Brandenburg ist auch eines der gewässerreichsten Bundesländer. Mehr als 3.000 Seen gibt es hier, die jeweils mehr als einen Hektar Wasserfläche haben, dazu über 30.000 Kilometer Fließgewässer, unzählige Kleingewässer, Sölle und Moore. Ob unsere Gäste in Bädern und Thermen kuren oder sich im, am und auf dem Wasser bewegen wollen, ob sie Naturbeobachtungen machen oder einfach nur die harmonische Landschaft auf sich einwirken lassen – wer Brandenburgs natürliche Schönheit genossen hat, kommt gern wieder und bleibt dann auch ein Weilchen.

Brandenburgs eindrucksvollste Landschaften gehören zum Netz der 15 Großschutzgebiete, die in diesem Buch vorgestellt werden. Der Nationalpark, die drei Biosphärenreservate und elf Naturparks sind inzwischen zu einem Markenzeichen Brandenburgs geworden. Sie locken mit ihren touristischen Angeboten ebenso wie mit ihrer reichen Naturausstattung, die in Deutschland und Europa ihresgleichen sucht. Sie werden sehen: Brandenburg ist mehr als die sprichwörtliche Streusandbüchse. Ich lade Sie ein: Lesen Sie, kommen Sie und genießen Sie!

Prof. Dr. Matthias Freude
Landesumweltamt Brandenburg

WILDE SCHÖNHEIT – BESONDERHEITEN DER BRANDENBURGER LANDSCHAFT

Eiskalte Gewalten

Es waren unglaubliche Kräfte, die das Land modellierten: Urgewalten unvorstellbar massiver Eispanzer drückten, hobelten und frästen in die Landschaft, was wir heute als die Brandenburger Schönheit und Vielfalt erleben. Gleich drei Kaltzeiten haben mit den Vorstößen skandinavischer Gletscher eine Oberflächengestalt geschaffen, die in dieser Vielfalt auf kleinem Raum nirgendwo sonst in Deutschland zu finden ist. In der Elster-Kaltzeit, die vor mehr als 300.000 Jahren endete, drangen die Eismassen bis an den Rand der Mittelgebirge im Osten Deutschlands vor und hinterließen ihre Spuren auch im Süden Brandenburgs. Vor etwa 130.000 Jahren endete die Saale-Kaltzeit, die mit dem Hohen und Niederen Fläming sowie dem Niederlausitzer Landrücken sehr markante Höhenzüge – Brandenburgs „Mittelgebirge" – hinterließ. Immerhin gehört der Hagelberg bei Glien im Hohen Fläming mit 201 Metern Höhe zu Brandenburgs wenigen „Zweihundertern".

Besonders markant sind jedoch die verschiedenen Bildungen der Weichsel-Kaltzeit, die erst vor etwa 12.000 Jahren beendet war. Mehrere unterschiedlich starke Vorstöße der Gletscher des Inlandeises schufen zahlreiche Endmoränenzüge. Zu den auffälligsten zählen die jüngeren Endmoränenstaffeln im Nordosten Brandenburgs, wie sie beispielsweise bei Angermünde, Ringenwalde und Chorin im Biospärenreservat Schorfheide-Chorin noch deutlich auszumachen sind.

Die Gletscher hinterließen aber nicht nur diese markanten Höhenzüge. Die „Märkische Streusandbüchse" – das sind große Sanderflächen mit ihren armen Sandböden, die den Endmoränen vorgelagert sind. Während die Endmoränen die südlichen Linien markieren, bis zu denen die Eismassen vordrangen, liegen nördlich davon Grundmoränengebiete mit zahllosen Seen und Kleingewässern. Ebenfalls deutlich wahrnehmbar ziehen sich die großen Urstromtäler durch die Brandenburger Landschaft.

*Trockenrasenflächen sind Rückzugsgebiete vieler
gefährdeter Tier- und Pflanzenarten*

Das Eberswalder und das Berliner Urstromtal vereinigen sich westlich von Berlin zu den ausgedehnten Luchlandschaften des Havellandes. Als Luch bezeichnet man vermoorte Niederungslandschaften mit ihren charakteristischen Feuchtwiesen. Südlich von Berlin und Potsdam prägt das Baruther Urstromtal die Landschaft. Es liegt zwischen der Endmoräne des Brandenburger Stadiums der Weichselkaltzeit und dem Hohen und Niederen Fläming und zieht sich bis hin zum Spreewald. Alle diese Landschaftselemente sind Ausprägungen der drei Kaltzeiten.

Lebensräume: Wasser, Wälder, Wiesen

Mit ihrem Rückzug und Abschmelzen hinterließen die nordischen Gletscher noch einen besonderen Reichtum: reichlich Wasser. Über 3.000 Seen und wohl an die 60.000 unterschiedlich große Kleingewässer – so genannte Sölle – finden sich in großer Formenvielfalt. Einige der Seen gehören zu den saubersten Deutschlands. Viele der eiszeitlich entstandenen, ursprünglich mit Wasser gefüllten Hohlformen sind bereits verlandet. Flächen, die heute von unterschiedlich ausgeprägten Mooren eingenommen werden. Lebensräume in einer solchen Vielfalt sind einmalig für Deutschland.

Hinzu kommen die kraftvollen Ströme Elbe und Oder und die Flusssysteme von Havel, Spree, Dahme und Schwarzer Elster. Sie prägen Brandenburgs Landschaft wesentlich, ebenso die zahlreichen kleineren Fließgewässer. In manchen Fließtälern, zum Beispiel an der Schlaube im Naturpark Schlaubetal, am Stobber im Naturpark Märkische Schweiz oder im Planetal im Naturpark Hoher Fläming, fühlt man sich fast in Mittelgebirge versetzt.

Obwohl wegen der sandigen und recht nährstoffarmen Böden große Teile (über 80 Prozent) der Brandenburger Wälder und Forsten von der Kiefer – dem „Brotbaum" des Landes – geprägt werden, sind eigentlich Buchenwälder die typische Waldform, vor allem in der Nordhälfte Brandenburgs. Diese Buchenwälder, wie im Forst Grumsin oder am Faulen Ort bei Prenzlau, gehören zu den wertvollsten in Europa – selbst wenn der Buchenanteil an der Gesamtwaldfläche derzeit nicht einmal ein Zehntel beträgt.

Zum landschaftlichen Tafelsilber Brandenburgs gehören auch die sehr artenreichen Feuchtwiesen. Sie konnten trotz der seit Jahrhunderten andauernden Entwässerung und intensiven Nutzung vieler Flächen vielfach in den Niederungen überdauern. Absolute Seltenheiten aber stellen Flächen dar, auf denen – wie am Rande des Spreewaldes oder im Naturpark Märkische Schweiz – viele tausend Orchideen gleichzeitig blühen.

Einen „Hauch Sibirien" beherbergen die Trockenhänge am Brandenburger Odertal. Sie stellen eine kostbare Besonderheit für Deutschland dar und sind mit den Steppen Südrusslands vergleichbar. Raritäten wie das Frühlings-Adonisröschen oder die in Deutschland nur hier vorkommende Sibirische Glockenblume besiedeln diese so genannten „Kontinentalen Steppenrasen". Zur Blütezeit des Adonisröschens besuchen alljährlich Tausende die eigens für diese Arten und ihre Lebensräume eingerichteten Schutzgebiete zwischen Frankfurt an der Oder und Seelow. Das älteste dieser Schutzgebiete bei Lebus wurde bereits 1921 eingerichtet.

Artenreich – jeder Lebensraum ein Reich der Arten

Kaum verwunderlich, dass diese vielfältigen Lebensräume von zahlreichen Tieren und Pflanzen bevölkert werden, die andernorts sehr selten oder verschwunden sind – oder vom Menschen gar ausgerottet wurden. See- und Fischadler sind nirgends sonst in Deutschland so verbreitet wie hier und im nördlich angrenzenden Mecklenburg-Vorpommern. Dem störungsempfindlichen Schreiadler geht es dagegen weniger gut. Ihm muss mit einem speziellen Schutzprogramm geholfen werden, damit er bei uns überleben kann.

Der Biber ist inzwischen zurückgekehrt, auch der Fischotter kommt erfreulicherweise wieder häufiger vor. Sie sind nicht leicht zu beobachten, aber ihre Spuren sind nicht zu übersehen.

Vom „Märkischen Strauß", wie die Großtrappe manchmal auch genannt wird, leben als letzte ihrer Art in Deutschland rund 100 der Großvögel in Schutzgebieten bei Buckow im Havelland, bei Baitz südlich von Potsdam und im Fiener Bruch an der Grenze zu Sachsen-Anhalt. Sie ziehen dort wohlbehütet ihre Jungen auf. Durch die seit über 30 Jahren durchgeführten strengen Schutzmaßnahmen konnte ihr Überleben hier bisher gesichert werden.

*Die Elbe ist einer der beiden großen Ströme, die Brandenburgs
Landschaft wesentlich prägen*

Nicht von allen geliebt – der Waschbär

Die Verwendung problematischer Pflanzenschutzmittel – vor allem DDT – brachte einige Greifvogelarten in den 1980er Jahren an den Rand der Ausrottung. Kaum jemand weiß, dass in Brandenburg inzwischen wieder eine größere Anzahl von Wanderfalken lebt und hier Junge aufzieht. Zur Erholung der Bestände trug wesentlich das Verwendungsverbot von DDT und ähnlicher Mittel bei, ebenso die Schutzmaßnahmen, mit denen die Art unter anderem auch wieder an ihre im Norddeutschen Tiefland üblichen Brutplätze gewöhnt wurde – nämlich Bäume.

Rückkehrer und Einwanderer – „Neubürger" in Brandenburg

Zum Teil stark polarisierend wirkt die Rückkehr des Wolfes in der Bevölkerung. Da werden von Seiten der Gegner schon gern mal märchenhafte Rotkäppchen-Mythen bemüht. In großen Teilen Mitteleuropas gilt die Art nach wie vor als ausgerottet. Doch es sind weniger besorgte Eltern oder Landwirte, die Bedenken gegen die Rückkehr des Wolfes äußern. Auch die Schäfer haben sich meist an seine Gegenwart gewöhnt, zumal Verluste an Weidetieren durch Ausgleichsprämien ersetzt werden. Eine besonders heftige Gegnerschaft findet sich in den Kreisen derjenigen Jäger, die Isegrim als unwillkommenen Jagdkonkurrenten ansehen – angesichts der Wilddichte in deutschen Jagdrevieren eine eher schwer nachvollziehbare Besorgnis. In den letzten zehn Jahren hat Lupus lupus wieder Brandenburger Terrain „erobert", kommt in etwa zehn Rudeln vor allem auf ehemaligen Truppenübungsplätzen vor, wo es ausreichend große und weitgehend ungestörte Lebensräume gibt.

Schon viel länger sind hingegen „Fremdlinge" in unsere Landschaft gelangt, die unsere Tierwelt zwar bereichern, aber vielerorts bereits zum Problem geworden sind. Diese „Neubürger" bedrohen teilweise auch unsere heimische und besonders schützenswerte Tierwelt. Dazu gehört der von vielen als possierliches Tierchen angesehene Waschbär ebenso wie der Marderhund oder der Mink. Die ursprünglich aus Nordamerika bzw. Asien stammenden Arten sind hier meist bereits vor Jahrzehnten aus Pelztierfarmen entwichen und längst „heimisch" geworden. Da sie kaum natürliche Feinde haben, vermehren sie sich nahezu ungestört und finden vor allem in besiedelten Gebieten reichlich Nahrung. Auf ihrem Speisezettel stehen allerdings leider auch heimische und teilweise stark gefährdete Tierarten. Vogeleier gehören ebenso zu ihren bevorzugten „Spezialitäten" wie die vom Aussterben bedrohte Sumpfschildkröte. Und der Mink hat aufgrund seiner Anpassungsfähigkeit den Europäischen Nerz bereits weitgehend verdrängt.

Harmlos sind wohl hingegen verschiedene „Neuankömmlinge" unter den Insekten. Hier sind, wie bei anderen Arten auch, aufgrund der auch in Brandenburg zu verzeichnenden klimatischen Veränderungen die „Südländer" auf dem Vormarsch. So wanderten zum Beispiel die Feuerlibelle und die Italienische Schönschrecke aus dem Süden ein und wurden hier heimisch.

Pflanzen-Import als Bumerang

Auch unter den Pflanzen, die in Brandenburg wachsen, gehören einige ursprünglich nicht hierher. Über viele Jahrhunderte hat der Mensch absichtlich oder unabsichtlich nicht heimische Arten hergebracht oder eingeschleppt. Viele von ihnen gehören heute zum typischen Bild und haben sich in heimische Pflanzengesellschaften eingefügt. Nur wenige wissen, dass der heute weit verbreitete Glatthafer (auch Französisches Raygras genannt) erst vor etwas über 200 Jahren als Saatgras hierher gebracht wurde. Aus Nordamerika wurde die schnellwachsende Robinie zunächst als Zierbaum in Europa eingeführt. Sie fand später vielerorts als Forstbaum Verwendung und hat hierzulande optimale Wachstumsbedingungen. Weil sie über Mikroorganismen, die an ihren Wurzeln leben, Luftstickstoff binden kann, wurde sie auch gern zur „Bodenverbesserung" genutzt. Der negative Effekt dabei ist aber, dass die Robinie auf entsprechenden Standorten die natürliche Vegetation verdrängt. So zum Beispiel auf den Trockenrasen an den Oderhängen: Unter den Robinien können nur stickstoffliebende, allgemein häufig vorkommende Pflanzen überleben.

Ähnlich problematisch ist die ebenfalls aus Nordamerika stammende Späte Traubenkirsche, die im Unterwuchs der Wälder vor allem im Umland von Berlin nahezu alle anderen Pflanzenarten förmlich „erstickt" und – ähnlich wie die Robinie – nur schwer zu bekämpfen ist.

Auch unter den Stauden und krautigen Pflanzen gibt es einige „Neubürger", die zumindest lokal verbreitet sind und teilweise auch heimische Arten verdrängen können. Zumeist handelt es sich um Zierpflanzen, denen man im eigenen Garten nicht mehr Herr werden kann und die man dann (verbotenerweise!) in die Umgebung verbannt. So findet man zum Beispiel Japanischen und Sachalin-Staudenknöterich immer häufiger auch außerhalb der Ortschaften.

Das Drüsige Springkraut mit seinen hübsch anzusehenden großen Blüten breitet sich immer mehr aus, wenn auch nicht in vergleichbaren Dimensionen wie an vielen Flüssen und Bächen Mitteldeutschlands.

Eine regelrechte Gefahr stellt mancherorts der Kaukasische Riesenbärenklau vor allem für Kinder und andere Personen mit empfindlicher Haut dar: Seine Inhaltsstoffe können bereits bei leichtem Kontakt und in Verbindung mit Sonnenlicht heftigste allergische Reaktionen hervorrufen.

Ebenso problematisch ist die Verbreitung der Beifußblättrigen Ambrosie, die bereits seit Jahrzehnten vor allem in der Niederlausitz vorkommt. Sie erobert sich auch im südlichen Umland von Berlin und Potsdam immer neue Standorte. Bereits vor etwa 40 Jahren wurde die Art mit Sonnenblumensaat aus Ungarn bei uns eingeschleppt und gedeiht in den Hauptvorkommensgebieten vor allem auf Äckern und entlang von Straßen zu vielen Hunderttausenden. Die hochallergene Wirkung ihrer Pollen machen sie zur Belastung für Allergiker, aber auch Ertragseinbußen in der Landwirtschaft sind zu verzeichnen.

Zunächst fast harmlos scheint dagegen zu sein, dass manche „Neubürger" unter den Pflanzen immer wieder aktiv in heimische Lebensräume gepflanzt werden. So tauchte in den letzten Jahren wiederholt eine aus den Mooren Nordamerikas stammende kleine Orchideenart in Mooren auf. In einem Trockenrasen an der Oder wurde vor fast zehn Jahren die Bienen-Ragwurz – ebenfalls eine Orchidee – angesalbt, die hier bisher nie vorkam. Die auch in anderen Teilen Deutschlands verbreitete Unsitte, die Landschaft mit neuen Arten „bereichern" zu wollen, kann heimische Arten aber

Das Adonisröschen blüht von April bis Mai und kommt
in Deutschland nur an wenigen Stellen vor

durchaus stark in Bedrängnis bringen. So sind vor allem im Süden Deutschlands so manche Vorkommen seltener Ragwurzarten durch das Einbringen fremder Arten aus dem Mittelmeergebiet stark gefährdet. Denn diese Arten neigen sehr stark zur Hybridisierung, durchmischen die verwandten heimischen Arten nach und nach und verdrängen sie letztlich.

So sollte, wer Brandenburgs Landschaften mit ihren vielfältigen Lebensräumen und den heimischen oder heimisch gewordenen Pflanzen- und Tierarten auch in Zukunft genießen will, sich an ihrer natürlichen Schönheit erfreuen und zu ihrem Schutz beitragen.

Naturpark Stechlin-Ruppiner Land

Brandenburg

Rheinsberg

NaturParkHaus
Stechlin in Menz

Neuruppin

- Besucherinformation
- Ortschaft
- Naturlandschaft
- Verortung in Brandenburg

BESUCHERINFORMATION

NaturParkHaus Stechlin
Kirchstraße 4
16775 Stechlin OT Menz

Telefon 033082-51210
post@naturparkhaus.de
np-stechlin-ruppiner-land@lugv.brandenburg.de
www.naturparkhaus.de
www.np-srl.brandenburg.de
www.grossschutzgebiete.brandenburg.de

ZWISCHEN BUCHEN KLARE SEEN SUCHEN

Der Naturpark Stechlin-Ruppiner Land ist gesegnet mit natürlicher Schönheit und landschaftlichen wie literarischen Superlativen. Der Stechlinsee hat Wasser mit Trinkwasserqualität, er ist einer der klarsten Seen Deutschlands. Gleich zwei literarische Meisterwerke spielen „im Naturpark": Fontanes Spätroman „Der Stechlin" und Kurt Tucholskys Liebesgeschichte „Rheinsberg – Ein Bilderbuch für Verliebte". Aber zum Beispiel auch Erwin Strittmatter, der sich Mitte der 1950er Jahre mit seiner Frau Eva auf den Schulzenhof bei Dollgow zurückgezogen hatte, verarbeitete die dörfliche Idylle, seine Nachbarschaft und auch die Schwärme von Staren, die im Spätsommer seinen Kirschbaum plünderten, in seinen Geschichten.

Hier im Norden Brandenburgs sind Natur, Landschaft und Kultur eine geradezu ideale Verbindung eingegangen, mit einer langen Tradition. 1744 bekam Prinz Heinrich von Preußen die Herrschaft Rheinsberg von seinem älteren Bruder Friedrich II. (dem Großen) geschenkt. Prinz Heinrich spielte in Preußen eine wichtige militärische Rolle, politischen Einfluss aber versagte ihm sein Bruder. In Rheinsberg schafft Prinz Heinrich sich ein Domizil, schart Literaten, Künstler und Architekten um sich, entwickelt das ehemalige verschlafene märkische Städtchen, erweitert Schloss und Park und lässt schon zu Lebzeiten seine Grabstätte im Park in Form einer abgebrochenen Pyramide anlegen. Der Schlosspark selbst mit hohen alten Bäumen, mit herrlichem Blick auf den Grienericksee und das Schloss mit seinem fließenden Übergang in die umgebenden Wälder bietet Besuchern zu jeder Jahreszeit ein großartiges Panorama.

KONTAKT

**Tourismusverband
Ruppiner SeenLand e. V.**
Fischbänkenstraße 8
16816 Neuruppin
Telefon 03391-659630
www.ruppiner-reiseland.de

*Schloss Rheinsberg – hier gehen Kultur und Natur eine
reizvolle Verbindung ein*

Im Schlossensemble ist das Tucholsky-Literaturmuseum untergebracht. Eine Besichtigung des restaurierten Schlosses ist lohnenswert. Mit den jährlich stattfindenden Rheinsberger Musiktagen, der Kammeroper Schloss Rheinsberg und der Bundes- und Landes-Musikakademie hat sich der Ort zu einem der bedeutendsten kulturellen Zentren des Landes Brandenburg entwickelt.

Stadtgeschichten – Lindow und die weiße Nonne

Auf einem Stadtbummel Charme und Geschichte der historischen Städte in und um den Naturpark zu entdecken, ist ebenfalls ein empfehlenswertes Erlebnis. In den historischen Stadtkernen der Prinzenstadt Rheinsberg, der Bischofsstadt Wittstock/ Dosse, der Fontanestadt Neuruppin oder der Königin-Luise-Stadt Gransee gibt es verwinkelte Straßen und Gassen mit historischem Pflaster, schlichte oder prunkvolle Häuser, Straßen und Höfe mit einzigartiger Atmosphäre zu entdecken. Der Besuch von Gutshäusern und Schlössern, Rathäusern und Kirchen, sympathischen Geschäften und guten Restaurants lässt einen Tag schnell vergehen.

Das Drei-Seen-Städtchen Lindow/Mark mit der alten Klosterruine und der wunderschönen Barockkirche liegt malerisch zwischen Gudelack-, Wutz- und Vielitzsee. Die Kirche ist ein einfacher barocker Putzbau, sie gehört in ihrer Schlichtheit zu den schönsten Kirchen der Mark Brandenburg und ist mit einer Sauerorgel ausgestattet. Der historische Stadtkern im frühklassizistischen Stil ist weitgehend erhalten geblieben. Um das ehemalige Kloster rankt sich eine romantische Sage: Verliebt in einen Jungen von niederem Stande, wurde ein bildschönes Mädchen von ihren Eltern ins Lindower Kloster geschickt. Der Jüngling schabte und kratzte so lange an der Klostermauer, bis er die Angebetete befreien und mit ihr fliehen konnte. Niemand kann sagen, wo sie geblieben sind. An der Stelle der Klostermauer aber ist es noch heute vielen nicht geheuer: Um Mitternacht hört man es dort oft schaben und kratzen.

Neben der Klosterruine und der Lindower Stadtkirche sind vor allem die umliegenden Seen und Wälder lohnende Ausflugsziele.

Glasklar – der Stechlin

Der Name sagt schon alles: Stechlin kommt aus dem Slawischen von „steklo" – Glas. Der glasklare, 425 Hektar große und 69 Meter tiefe Stechlinsee zeichnet sich durch besondere Nährstoffarmut, große Sichttiefe und herausragende Reinheit aus. Er ist sogar der einzige verbliebene, natürlich nährstoffarme See Brandenburgs und einer der letzten Norddeutschlands.

Der Große Stechlinsee ist der größte Klarwassersee in der norddeutschen Tiefebene

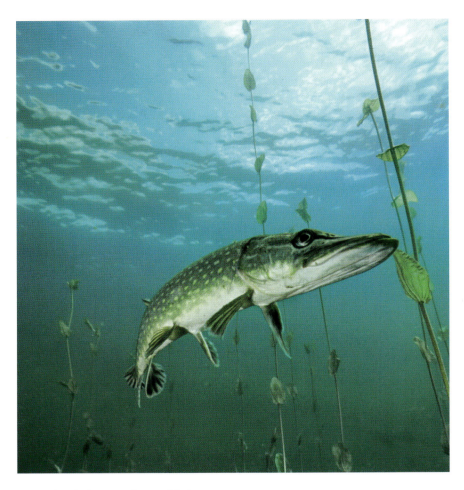

Der Hecht gilt als aggressiver Raubfisch

Dieser von Wäldern umgebene See, der keinen oberirdischen Zufluss besitzt, hat sich über Jahrhunderte seine hervorragende Wasserqualität bewahrt. Dank geringer Beeinflussung durch den Menschen ist sein Nährstoffgehalt immer noch ähnlich niedrig wie zur Zeit seiner Entstehung vor etwa 15.000 Jahren. Solche Klarwasserseen gehören heute zu den absoluten Raritäten. Verlandungsprozesse laufen in Klarwasserseen viel langsamer ab, als in nährstoffreicheren Seen, damit haben sie eine besonders lange „Lebenserwartung": Die Klarheit des Wassers ermöglicht es Armleuchteralgen, auch noch in großer Tiefe noch auf dem Seegrund zu wachsen, da genug Licht bis dorthin dringt. Allein im Stechlinsee wurden neun Arten von Armleuchteralgen festgestellt.

Abgesehen von punktuellen Beeinträchtigungen der Wasserqualität in Badebuchten oder örtlich begrenzten Zerstörungen der Ufervegetation kann das Baden den großen Klarwasserseen nicht viel anhaben. Kleinere Klarwasserseen sind hingegen wegen des geringeren Puffervermögens sehr empfindlich. Badeverbote sollten an diesen oft in Naturschutzgebieten liegenden Seen unbedingt respektiert werden. Am Großen Stechlinsee ist das Baden an den dafür freigegebenen Stellen erlaubt. Durch den zuweilen hallenartigen Rotbuchenwald, der den See umgibt, führt ein 17 Kilometer langer Wanderweg. Er ist auch mit dem Fahrrad gut zu bewältigen, solange man geschickt den zahlreichen Baumwurzeln auszuweichen vermag. Jeder Besucher Neuglobsows sollte sich vier Stunden Zeit für diesen einzigartigen Wanderweg nehmen.

Fontane-Maräne und „Roter Hahn"

Interessant ist auch die Fauna unter Wasser: In den klaren Fluten des Stechlins leben Maränen, Barsche, Plötzen und Rotfedern, Bleie und Hechte. Für den Fischer hat die Kleine Maräne die größte Bedeutung. Nicht verwunderlich, dass der Fischfang eine jahrhundertealte Tradition hat. Viele Restaurants bieten Besuchern fangfrischen und schmackhaft zubereiteten Fisch an. Der See besitzt sogar eine endemische, also nur am Fundort vorkommende Fischart: die Fontane-Maräne. Sie ist die einzige endemische Wirbeltierart Brandenburgs und lässt sich deutlich von einer Tiefenform der Kleinen Maräne im Breiten Luzin in Mecklenburg-Vorpommern und der Kleinen Maräne als Nominalform unterscheiden, spielt aber als Wirtschaftsfisch keine Rolle.

In den Tiefen des Stechlinsees soll sich der „Rote Hahn" verborgen halten, Wächter und Geist des Sees und seiner Bewohner. Schon Fontane erwähnte ihn in seinen „Wanderungen durch die Mark Brandenburg": „Ist aber ein Waghals im Boot, der ertrotzen will, so gibt's ein Unglück, und der Hahn steigt herauf, rot und zornig, der Hahn, der unten auf dem Grund des Stechlin sitzt, und schlägt den See mit den Flügeln, bis er schäumt und wogt und greift das Boot an und kreischt und kräht, dass es die ganze Menzer Forst durchhallt von Dagow bis Roofen und bis Altglobsow hin". Bekannt ist die Legende vom Fischer Minack, der, als er an besonders tiefer und berüchtigter Stelle im Stechlin seinen Hauptfang an Land bringen wollte, vom zürnenden roten Hahn in die Tiefe gezogen wurde.

Der Stechlin oder Große Stechlinsee ist ein beliebtes Tauchrevier. Allerdings sind Nacht- und Bootstauchgänge verboten, das Tauchen ist generell nur in einem bestimmten Bereich erlaubt. Die Tauchbasis in Neuglobsow koordiniert die zahlenmäßig begrenzten Tauchgänge. Der Stechlin steht bereits seit 1938 unter Naturschutz und ist damit eines der ältesten Naturschutzgebiete Deutschlands.

Moore und seltene Vögel

Viele, oft unberührte Moore liegen in den weiten Wäldern. Die Moorweiher sind letzter Lebensraum seltener Libellen wie Zwerglibelle, Moos- und Mosaikjungfern. Im Frühjahr zur Laichzeit können Wanderer im dunklen Wasser auffällig hellblau gefärbte Moorfrösche entdecken. Normalerweise sind Moorfrösche recht unscheinbar: Bräunlich gefleckt und sechs bis acht Zentimeter groß sind sie im Laub oder auf dem Waldboden kaum zu entdecken. In der Paarungszeit ziehen sich die Männchen aber ihr blaues Prachtkleid an, um die Weibchen zu beeindrucken. Die Erdkröten-Männchen scheinen das nicht nötig zu haben. Im Gegenteil, sie lassen sich vom Weibchen „huckepack" zum Laichgewässer tragen.

Der Schwarzspecht ist mit 50 Zentimeter Länge die größte Spechtart
in unseren Breiten / Moor mit hohem Wasserstand

*Geschickter Jäger Fischotter – den flinken Fischer
bekommt man fast nie zu Gesicht*

In den ans Moor angrenzenden Torfmoosrasen sorgen die in diesem Lebensraum vorkommenden Pflanzenarten im Sommer für schmückende Farbtupfer: Zu entdecken sind Sonnentau, Wollgras, Blasenbinse, Sumpfporst und Fieberklee.

Noch weit auffälliger als die botanischen Raritäten macht sich akustisch und optisch die artenreiche Vogelwelt bemerkbar. In den alten, oft baumhöhlenreichen Laubwäldern brüten Hohltauben, verschiedene Spechtarten, Zwergschnäpper und Schellente ebenso wie Waldschnepfe, Waldwasserläufer und Kernbeißer, um nur wenige zu nennen. Der Artenreichtum ist Beleg für die Vielfalt der Lebensräume in den Wäldern des Naturparkgebietes.

Der Ruf des Kranichs dringt im Frühjahr aus seinen Brutrevieren, und über den Seen kreisen See- und Fischadler bei der Nahrungssuche. Der Naturpark Stechlin-Ruppiner Land ist zusammen mit dem Naturpark Uckermärkische Seen das Gebiet mit der höchsten Fischadler-Brutdichte Mitteleuropas. Die auf den Fischfang spezialisierten Greifvögel finden im Gebiet Brutplatz und Nahrung. Besondere Kostbarkeiten der

Vogelwelt sind auch an den Bächen und Quellgebieten der Ruppiner Schweiz zu beobachten: Eisvogel und Gebirgsstelze sind Brutvögel, die Wasseramsel Wintergast, auch die besonders scheuen Schwarzstörche können angetroffen werden.

Heimliche Nachtschwärmer und klingelnde Erpel

In den feuchten, lichtarmen Schluchten der Endmoränenzüge gedeiht eine reiche Farn- und Moosflora, ebenso an den oft großflächigen Sickerquellen. Wegen der immer gleichen Wassertemperatur tragen letztere selbst dann einen leuchtend grünen Pflanzenteppich, wenn ringsum der Wald winterlich verschneit ist. Dem Kundigen zeigen markante Spuren im Schnee, dass der Fischotter hier durch sein Revier streift. Biberburgen und die so genannten Doppelkegelschnitte angenagter Bäume verraten die Anwesenheit des Bibers. Er besiedelt inzwischen wieder die Rhingewässer von Lindow abwärts und die Havel aufwärts über Fürstenberg/Havel hinaus. Mit dem Einbruch der Dämmerung kann es schon einmal gelingen, den Biber zu Gesicht zu bekommen. Mit dem Fischotter ist das ungleich schwieriger, er ist nicht nur, wie der Biber, nachtaktiv, sondern dazu auch noch ausgesprochen scheu und heimlich.

Wenn Spaziergänger es am Stechlin oder Nehmitzsee vernehmlich klingeln hören, ist das nicht der Postbote. Mit seinem schnellen Flügelschlag erzeugt das Männchen, der Schellerpel, ein charakeristisches, pfeifendes Fluggeräusch, das an das Schellen einer Glocke erinnert. Die Schellente ist das Wappentier des Naturparks Stechlin-Ruppiner Land. Mit dem höchsten Wald- und Gewässeranteil Brandenburgs bietet ihr dieser Naturpark die notwendigen Lebensbedingungen: reich strukturierte alte Laubwälder, Baumhöhlen zum Brüten, Klarwasserseen zur Nahrungssuche.

Auf eigene Faust oder geführt – gut zu Fuß im Naturpark

Laufen in guter Luft und schöner Landschaft – der Naturpark Stechlin-Ruppiner Land hat auch Sportlern einiges zu bieten. Zum Beispiel den bundesweit einzigartigen Laufpark Stechlin. Vorbei an Wäldern, Wasser und Wiesen geht es auf insgesamt 350 ausgeschilderten Kilometern kreuz und quer durchs Ruppiner Seenland – von Lindow bis nach Fürstenberg/Havel oder Rheinsberg bis Gransee und weiter nach Zehdenick. Die ausgeschilderten Wege sind größtenteils genauso für Radfahrer, Nordic Walker, Wanderer, Inlineskater, Rollisportler oder Spaziergänger geeignet. Das weitverzweigte, asphaltierte Radwegenetz und die zahlreichen Seen ermöglichen auch Kombisportarten wie Duathlon, Triathlon oder Quadrathlon, teilweise ist es auch für Sportler mit Behinderungen nutzbar.

Eine Vielzahl an gastronomischen Betrieben lockt mit regionaler Küche und wer will, der kann einen trainingsfreien Tag nutzen, um die kulturellen Angebote oder die Schönheiten der Natur in der Region mit Deutschlands besten Umweltwerten kennen zu lernen.

Wer den Naturpark eher gemäßigten Schrittes „erfahren" möchte, findet mit dem Europäischen Fernwanderweg E 10 gute Voraussetzungen vor. Der Weg durchquert das Land Brandenburg von Norden nach Süden mit einer Gesamtlänge von 429 beziehungsweise 452 Kilometern. Im Ruppiner Land gibt es zwei Wegalternativen: Die Ostvariante führt durch den Landkreis Oberhavel, die Westvariante durch den Landkreis Ostprignitz-Ruppin. Daraus ergibt sich der 250 Kilometer lange Ruppiner Land-Rundwanderweg. Er durchquert die für den Naturpark charakteristischen Luch- und Tonlandschaften, führt an Wäldern, Feldern, Seen, Flüssen und Kanälen entlang und berührt sehenswerte Städte und Dörfer.

Doch auch kürzere Strecken können interessant und erlebnisreich sein: Rund um den Wallberg bei Menz können Wanderer auf einem 1,5 Kilometer langen Pfad entlang einer Feuchtwiese sieben verschiedene Biotoptypen kennen lernen.

Etwas länger ist der Wald- und Wassererlebnispfad Menz. Er führt sechs Kilometer und über 20 Stationen rund um den Roofensee mit herrlichen Aus- und Einblicken.

Auf dem Naturerlebnispfad „Von Moor zu Moor" (12 Kilometer) wird der Besucher an fünf Stationen über diesen einzigartigen Lebensraum und seine Bewohner informiert. Für alle drei Erlebnispfade gibt es im NaturParkHaus nähere Informationen. Begleitheft und Marschrucksack können ausgeliehen werden.

Ausstellung zum Anfassen und Führungen nach Maß

Im NaturParkHaus Stechlin in Menz können die Besucher auf eine phantastische Reise durch die Naturräume des Naturparks gehen. Erleben, entdecken und anfassen – die Ausstellung animiert Groß und Klein, die Dinge wirklich „zu begreifen". Die Besucher können einen Ameisenhaufen besuchen, einem Baumstamm sein Geheimnis entlocken, mit dem Kranich und dem Wildschwein telefonieren und die in Schatullen verborgenen „Diamanten" der Seen, die Kieselalgen, entdecken.

Im NaturParkHaus werden auch Umweltbildungsprogramme organisiert, die den Teilnehmern grundlegende ökologische Zusammenhänge vermitteln und die Wechselwirkung zwischen Mensch und Natur erlebbar machen.

Darüber hinaus vermittelt die Naturparkverwaltung naturbezogene Führungen, thematisch ausgesuchte Wanderungen oder baugeschichtliche Exkursionen in histori-

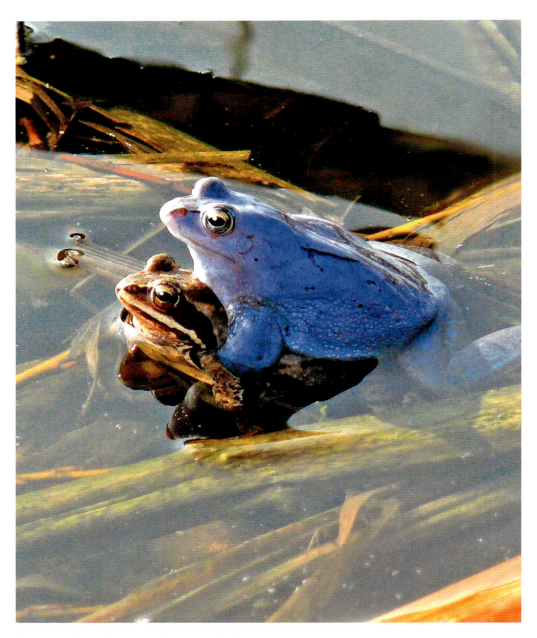

Moorfrösche bei der Paarung – die intensive Blaufärbung der Männchen ist nur an wenigen Tagen zu beobachten

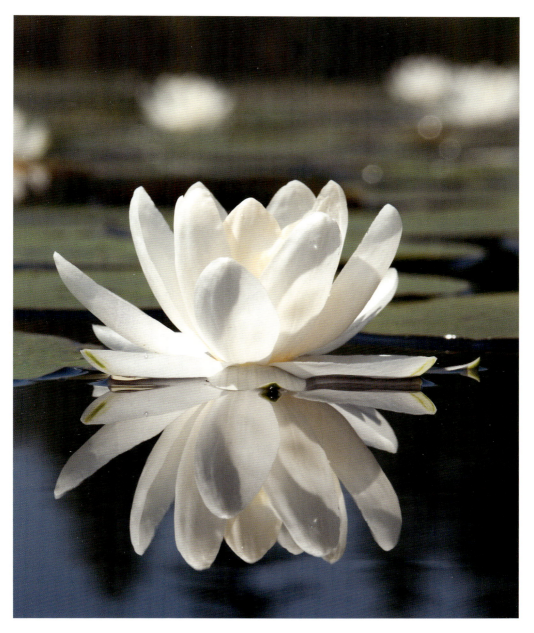

*Die weiße Seerose, im Volksmund auch Wasserlilie genannt,
gilt als typische Vertreterin der Schwimmblattpflanzen*

sche Stadtkerne. Diese Angebote decken wie ein Netz das gesamte Areal des Naturparks ab. 18 orts- und fachkundige Kultur- und Landschaftsführer stehen zur Verfügung, um Touristen die interessantesten Flecken des Naturparks zu zeigen. Zum Service gehört, dass individuelle, genau auf die Interessen und den Zeitplan der Besucher abgestimmte Touren zusammengestellt, Wanderungen, Rad- und Kanutouren oder Kremserfahrten organisiert werden.

Die Kultur- und Landschaftsführer begleiten die Besucher zu Sehenswürdigkeiten und durch das ein oder andere Abenteuer in der einzigartigen Natur- und Kulturlandschaft. Dazu gibt es so manchen Insidertipp zur leckeren regionalen Küche, zu kulturellen Höhepunkten und zu den Menschen im Naturpark, die sich im Gebiet zwischen Gransee, Fürstenberg/Havel, Wittstock/Dosse, Neuruppin, Lindow/Mark und Rheinsberg mit bodenständigen Handwerkskünsten oder regionalen Erzeugnissen präsentieren.

Radeln mit Königin Luise, bis nach Kopenhagen oder nach Gehör

Der Königin-Luise-Radweg verbindet Mecklenburg-Strelitz, Berlin und Brandenburg auf den Spuren Luises. Sie war die bekannteste und populärste Königin auf Preußens Thron. 1776 wurde sie in Hannover als Tochter Herzog Karls von Mecklenburg-Strelitz und seiner Gattin Friederike aus dem Hause Hessen-Darmstadt geboren. Königin Luise wurde wegen ihrer Schönheit, Anmut und Volksnähe, aber auch wegen ihrer Aufgeschlossenheit gegenüber fortschrittlichem Gedankengut verehrt. 1810 starb sie nach nur 15-jähriger Amtszeit und erst 34-jährig in Hohenzieritz bei Neustrelitz. Der königliche Leichnam wurde unter großer Anteilnahme der Bürger in einem prozessionsartigen Zug von Hohenzieritz zum Schloss Charlottenburg in Berlin gebracht.

Die Touristen auf dem Königin-Luise-Radweg werden an authentische Orte wie die Schlösser Hohenzieritz, Mirow, Charlottenburg, Oranienburg, die Residenzstadt Neustrelitz, Schloss und Kirche in Paretz sowie die Pfaueninsel im Berliner Wannsee geführt und können dabei eine atemberaubend schöne, begeisternde Landschaft erleben.

Auch der Abschnitt des Radfernweges Berlin-Kopenhagen, der durch das Ruppiner Land führt, stellt eine attraktive Route für Radtouristen dar. Der 630 Kilometer lange Radfernweg, der die Hauptstädte Dänemarks und Deutschlands verbindet, bietet auf seinem Abschnitt im Naturpark reichlich ursprüngliche Natur und viele Gelegenheiten zum Baden, Genießen, Staunen und Entdecken. Von der Havel-Quelle im mecklenburgischen Ankershagen bis zu ihrer Mündung in die Elbe führt der Havel-Radweg

Barschschwarm im Stechlin – ein Glücksfall für Taucher

durch verschiedene Naturparke. Im Ruppiner Land verläuft die Strecke entlang der Havel und ihrer Flussseen sowie durch liebevoll hergerichtete Dörfer und Städte. Schließlich können Radwanderer sich noch in Begleitung eines Hörspiels auf den Weg machen, um unterwegs Geschichten an ihren Originalschauplätzen zu lauschen. Erzählt wird von der Liebestragödie am Fuße der Mordbuche und der „Weißen Frau" auf dem Friedhof in Altglobsow. Am Gedenkstein für Wilhelm Müller erfahren die

Touristen, wie es einst zu einem tödlichen Unglück im Wald kam. Die Suche nach dem verschollenen Ritterschatz und welches Ende sie nahm, ist auf dem Wallberg in Menz zu hören. Insgesamt sind sechs Sagen aus der Region auf der CD nacherzählt. CD-Player und Hörspiel-CD sind für eine geringe Gebühr im NaturParkHaus Stechlin in Menz auszuleihen. Ein exakter Lageplan hilft, die sagenhaften Schauplätze in der Menzer Heide und im Stechlinseegebiet zu finden.

Wolfsnacht im Tierpark Kunsterspring

Eine der reizvollsten Gegenden der Ruppiner Schweiz ist das Tal der Kunster. Dort, im landschaftlich traumhaft gelegenen Tierpark Kunsterspring der Fontane-Stadt Neuruppin, bekommen Besucher über 500 Tiere zu Gesicht, die 90 verschiedene Arten repräsentieren. In abwechslungsreichen Gehegen und Anlagen können vor allem heimische Wildtiere, darunter seltene und einige in Brandenburg bereits ausgerottete Arten wie Wolf, Luchs, Wildkatze, Wisent und Auer- sowie Birkhühner beobachtet werden. Eine besondere Attraktion sind die Europäischen Fischotter. Vor allem zu den Fütterungszeiten kann man sie im klaren Wasser der Kunster gut beobachten. Natürlich sind als Attraktionen für Kinder auch Streichelgehege und Abenteuerspielplatz vorhanden.

Ein besonders faszinierendes und ungewöhnliches Erlebnis ist die Führung „Tiere der Nacht – Wolfsnacht". Im Dunkeln erhalten die Teilnehmer Einblicke in das Nachtleben von Fischottern, Waschbären, Eulen, Marderhunden und Wölfen. Für die Teilnahme ist eine Anmeldung erforderlich.

Landschaftsgeschichte erfahren – Tonstiche und Eispanzer

Landschafts- und Kulturgeschichte liegen im Naturpark Stechlin-Ruppiner Land – und darüber hinaus – am Weg. So führt mit etwa einem Viertel der Strecke die insgesamt 215 Kilometer lange „Deutsche Tonstraße" durch den Naturpark, ebenso die 666 Kilometer lange Eiszeitroute Mecklenburgische Seenplatte.

Ton als Werkstoff und als Keramik ist aus dem Ruppiner Land nicht wegzudenken. In Rheinsberg wird seit 240 Jahren Steingut fabrikmäßig hergestellt. Die Tradition blieb erhalten, die Rheinsberger Keramikprodukte haben im In- und Ausland auch heute noch einen guten Ruf. In den Manufakturen kann man den Töpfern bei der Arbeit über die Schulter sehen.

Anfang des 20. Jahrhunderts prägte die Tongewinnung die gesamte nördlich von Berlin gelegene Region. Die Tonstraße macht die Erzeugnisse und Produktionsstätten

Wölfe im Tierpark Kunsterspring – Mimik und soziales Verhalten lassen sich hier bestens studieren

jener Epoche zugänglich und lädt Besucher ein, der Route der Tonstiche und Ziegeleien, der Produktion von Keramik und Kachelöfen zu folgen.

Die Landschaft zu erleben und dabei ihre Entstehungsgeschichte erklärt zu bekommen, stellt eine ganz einzigartige Erfahrung dar. Auf der Eiszeitroute Mecklenburgische Seenplatte können Touristen eine Reise in die Vergangenheit weit vor unserer Zeit – in die Eiszeit – unternehmen. Weite Teile der idyllischen Landschaft Mecklenburg-Vorpommerns und Brandenburgs, die sich vor einem ausbreitet, waren vor 15.000 Jahren von einer gewaltigen und mehrere hundert Meter dicken Eisdecke überzogen. Findlinge am Wegesrand, schöne Ausblicke von aufragenden Höhenzügen, lang gestreckte Flusstäler, Seen und Sölle, weitläufige Ebenen, bunte Felder und ruhige Alleenstraßen und immer wieder auch interessante Lehrpfade – das sind nur einige Stichwörter, die die Erlebnismöglichkeiten der Eiszeitroute beschreiben.

Naturpark Uckermärkische Seen

Brandenburg

Besucherzentrum
Lychen

Fürstenberg/
Havel

Zehdenick

- Besucherinformation
- Ortschaft
- Naturlandschaft
- Verortung in Brandenburg

BESUCHERINFORMATION

**Besucherzentrum und
Naturparkverwaltung**
Zehdenicker Straße 1
17279 Lychen

Telefon 039888-64530
np-uckermaerkische-seen@lugv.brandenburg.de
www.naturpark-uckermaerkische-seen.brandenburg.de
www.grossschutzgebiete.brandenburg.de

IM HERZEN DER UCKERMARK

Ein Fischadler zieht lautlos seine Kreise. Plötzlich hält er inne, steht rüttelnd über der Wasserfläche. Dann stürzt er sich mit großer Geschwindigkeit in die Tiefe, die scharfen Krallen weit vorgestreckt. Kurz vor der Wasseroberfläche fächert er die Flügel zum Abbremsen breit auf. Blitzschnell ergreift er seine Beute und schwingt sich mit kräftigen Flügelschlägen wieder in die Luft – mit einem ordentlichen Happen Fisch in den Fängen. Nirgendwo sonst in Mitteleuropa leben die Fischadler so dicht nebeneinander wie hier. Die 230 Seen liefern ihnen genug Leckerbissen. Der Stolpsee bei Fürstenberg/Havel ist mit 381 Hektar der größte von ihnen, der tiefste ist mit 39 Metern der Röddelinsee bei Templin. In fast 60 dieser Seen kann man mehr als 2,50 Meter tief sehen. Man bezeichnet sie deshalb als Klarwasserseen.

Das lebhafte Relief der Uckermärkischen Seenlandschaft hat die Weichseleiszeit vor 15.000 Jahren hinterlassen. Der Westen und Süden des Naturparks wird von großen Kiefernforsten auf Sanderflächen dominiert. Im Norden und Osten wachsen Buchenwälder auf Endmoränenzügen, die davor liegenden Grundmoränen werden landwirtschaftlich genutzt.

Originale prägen die Landschaft

Ganz allein hat die Natur das Ensemble aus Seen, Hügeln und Wäldern nicht gestaltet. Seit jeher drücken die Uckermärker der Landschaft ihren Stempel deutlich auf. Schon in der Steinzeit rodeten die Menschen die Wälder, später legten die Siedler die Sümpfe vielerorts trocken, um Platz für Wiesen und Dörfer zu schaffen. Bäche bekamen ein neues

KONTAKT

TMU/Tourismus Marketing Uckermark GmbH
Stettiner Straße 19
17291 Prenzlau
Telefon 03984-835883
info@tourismus-uckermark.de
www.tourismus-uckermark.de

Touristinformation Fürstenberg/Havel
Markt 5
16798 Fürstenberg/Havel
Telefon 033093-32254
info@fuerstenberger-seenland.de
www.fuerstenberger-seenland.de

Lychen – Information
Stargarder Straße 6
17279 Lychen
Telefon 039888-2255
info@tourismus-lychen.de
www.lychen.de

Templin – Information
Historisches Rathaus
Am Markt 19
17268 Templin
Telefon 03987-2631
touristinfo@templin.de
www.templin.de

Bett, Buchten wurden zu festem Land. Im Laufe der Jahrhunderte entstand ein Mosaik aus Wäldern und Wiesen, aus trockenen Heideflächen und feuchten Seeufern. Da blüht der Sonnentau in einem glucksenden Sumpf, ein paar Meter weiter duftet der Sandthymian auf einem trockenen Hügel mit Steppen-Ambiente. Nur wenige Straßen durchschneiden dieses Landschaftspuzzle – und selbst die sind häufig mehr als kahle Asphaltbänder: Kastanien-, Linden- oder Robinien-Alleen verbinden kleine Städte mit Dörfern inmitten eher magerer Felder, an deren Rändern Kornblumen und Klatschmohn leuchten. In vielen dieser Orte berichten gut erhaltene Stadtmauern oder trutzige Feldsteinkirchen vom Leben in der Vergangenheit.

Seeadler mit Beute – im Naturpark Uckermärkische Seen brüten alle drei brandenburgischen Adlerarten

*Im klaren Wasser des Küstriner Baches kommen
Bachneunauge und Bachmuschel vor*

Den heutigen Uckermärkern begegnet man zum Beispiel in einem der vielen kleinen Gasthöfe. Wer dort allerdings ein fröhliches „Hallo" in die Runde wirft, erntet mit ein wenig Glück einen tiefen Brummton. Andernorts würde dieser Laut wohl eher als Missfallensäußerung verstanden werden, in der Uckermark aber gleicht er schon beinahe einem überschäumenden Willkommensruf. Die Uckermärker sind schon ein ganz besonderer Menschenschlag. Jahrhunderte lang ist ihre Heimat ein Schmelztiegel gewesen, in dem sich Einflüsse aus Mecklenburg und Brandenburg mit denen aus anderen Teilen Deutschlands, aus Polen und Frankreich verbanden. Und diese Mischung hat jede Menge Originale hervorgebracht. Wer sich von ihrer anfänglichen Wortkargheit nicht abschrecken lässt, erfährt oft die spannendsten Uckermark-Geschichten.

Natürlicher Reichtum

In der Uckermark ist ein Naturreichtum erhalten geblieben, der in Mitteleuropa seinesgleichen sucht. Der Naturpark Uckermärkische Seen beherbergt über 1.200 teils sehr gefährdete Pflanzenarten. In den Mooren wachsen verschiedene Wollgräser,

Glanzkraut, Sumpfporst und der insektenfressende Sonnentau. Von den 15 im Naturpark nachgewiesenen Orchideenarten hat das seltene Strohgelbe Knabenkraut hier seinen einzigen Fundort in Brandenburg.

Die naturnahen Fließgewässer wie Hegesteinbach, Küstriner Bach und Strom sind ein Domizil für Bachneunauge und Bachforelle.

Weißstorch, Kranich, Seeadler, Fischotter und Biber sind im Naturpark ebenso zu Hause wie Große Rohrdommel, Edelkrebs und Sumpfschildkröte. Moorfrosch und Rotbauchunke, Ringel- und Glattnatter gehören zu den bemerkenswerten Arten. In der offenen, durch Hecken, Feldgehölze und Alleen reich strukturierten Landschaft leben Brachpieper, Braunkehlchen und Raubwürger.

Die alte, nur rund 80 Kilometer von Berlin entfernte Kulturlandschaft im Naturpark Uckermärkische Seen bietet Besuchern vielfältige Möglichkeiten, es sich gut gehen zu lassen. Blaue Seen, grüne Hügel, Wälder und Wiesen, Bäche und trockene Heideflächen bieten den Touristen An- und Ausblicke voller Abwechslung.

Auf Radtouren und Wanderungen, mit der Draisine, zu Pferd oder mit dem Planwagen und auf rund 150 Kilometern Wasserwanderwegen durch das Gebiet lassen sich Landschaft und Natur unmittelbar und hautnah erleben – den gelegentlichen Mückenstich inbegriffen. Neben der für Motorboote zugelassenen Oberen Havel, den Wentower, Lychener und Templiner Gewässern sind viele Seen und Fließe ausschließlich den Kanutouristen vorbehalten.

Seenland von Menschenhand und das Wunder von Zehdenick

Als im Jahre 1887 die Eisenbahnlinie von Berlin nach Templin errichtet wurde, entdeckte man gar nicht allzu weit von der entstehenden Großstadt entfernt Bänderton in nur fünf Metern Tiefe. Der hohe Ziegelbedarf für das wachsende Berlin und eine gute schiffbare Verbindung über den 1884 fertig gestellten Voßkanal lösten einen explosionsartigen Aufbau von Ziegeleien besonders im Raum um Zehdenick aus. Bereits 1910 wurden hier in 44 Ziegeleien 625 Millionen handgestrichene Ziegel im Jahr gebrannt. Der Abbau des erforderlichen Tons hinterließ zahlreiche Löcher in der Landschaft – die so genannten Tonstiche. Diese füllten sich später mit Wasser. Tausende Zugvögel rasten alljährlich in dieser von Menschenhand geschaffenen Seenlandschaft.

Wanderer können vom Bahnhof Zehdenick aus eine empfehlenswerte Tour (16 Kilometer) zum Ziegeleipark Mildenberg und nach Burgwall unternehmen. Im Ziegeleipark, dem „Technikmuseum in der Natur", sind die alten Industrieanlagen mit Dampf-

Das Sumpf-Blutauge zählt zur Familie der Rosengewächse /
Das Strohgelbe Knabenkraut ist eine der wenigen gelb blühenden Arten der Gattung
Knabenkräuter in der Familie der Orchideen

maschine, historischen Werkstätten, Ziegeleimuseum und Ringöfen zu besichtigen. Abenteuerspielplatz, Picknickbereich und Gaststätte, Galerie und Multivision machen das ehemalige Werksgelände der Ziegelei zu einem attraktiven Ausflugsziel für die ganze Familie. Mit der Tonlorenbahn können Besucher etwa 1,5 Stunden durch die faszinierende Tonstichlandschaft fahren.

Das Zisterzienserkloster von Zehdenick stellt heute eine einzigartige Mischung aus Natur und Bauwerken von Menschenhand dar, die zum Teil bereits seit 3,5 Jahrhunderten verfallen. Efeu windet sich die Klostermauern hinauf und verhüllt weite Teile der Anlage mit seinen immergrünen Blättern. Die mächtigen Kletterpflanzen, deren verdrehte Stämme an große Bäume erinnern, sollen die ältesten in Europa sein.

Entstanden war die Klosteranlage, um ein „Wunder" aufzubewahren. Einst wollte eine Zehdenicker Wirtin einen neuen Kundenkreis erschließen. Sie vergrub eine geweihte Oblate in der Erde, um dadurch Pilger anzulocken – so heißt es in alten Überlieferungen. Der Erfolg blieb jedoch zunächst aus. Nachdem die Wirtin reumütig gebeichtet hatte, sollte die Oblate wieder ausgegraben werden. Die Hostie wurde nicht gefunden, stattdessen quoll Blut aus der Erde. Zu der eilends gebauten Kapelle, in der dieses Wunderblut aufbewahrt wurde, pilgerten die Gläubigen fortan in Strö-

Federgras gehört ebenso wie Wiesensalbei
zu den vom Aussterben bedrohten Arten

men. 1250 wurde die heilige Stätte zur Aufbewahrung für das vermeintliche Blut Gottes erweitert und ein komplettes Zisterzienserkloster für Nonnen erbaut. Einige Gebäude, wie beispielsweise die Klosterscheune, wurden erst im Jahr 2000 nochmals vollständig restauriert. Dort können Besucher heute die Kunstwerke der Klostergalerie bewundern. Das Wunder von Zehdenick wurde von der modernen Naturwissenschaft inzwischen entmystifiziert: Bakterien sind für die Rotfärbung des Wassers verantwortlich.

Wie eine blaue Blume – Naturpark-„Hauptstadt" Lychen

Beim Blick auf die Karte wirkt Lychen wie das Zentrum einer Blume mit blauen Blütenblättern: Es schmiegt sich an eine Landzunge zwischen Oberpfuhl-, Nesselpfuhl- und Stadtsee, ein äußerer Kranz aus Wurlsee, Großem Lychensee und Zenssee ergänzt die blaue Palette.

Leicht erhöht thront der trutzige Feldsteinbau der Wehrkirche St. Johannes über der mehr als 750 Jahre alten Acker-Bürgerstadt.

Lychen ist Sitz der Verwaltung des Naturparks Uckermärkische Seen und beherbergt dessen Besucherzentrum. Hier erfahren Gäste nicht nur Wissenswertes über Tiere und Pflanzen, über die uckermärkische Landschaft und die Kultur, die sie hervorgebracht hat, sondern erhalten auch Vorschläge für Ausflüge und Besichtigungen. Für Kinder gibt es unter anderem ein Hörspiel mit „Bocki" dem Biber.

Lychen ist auch der Ausgangspunkt einer ganz speziellen, romantischen Wasserreise: Knisternd kommt das Feuer in Gang. Flammen lecken über die sorgfältig geschichteten Holzscheite, Wärme breitet sich aus, sanftes Licht fällt auf Gesichter und Weingläser. Und ringsum ist Wasser und Stille. Mitten auf einem See sitzen und die Füße wohlig den Flammen entgegen strecken – schon deshalb hat sich die Floßfahrt gelohnt. Jede Hektik ist am Ufer zurückgeblieben. In gleichmäßigem Rhythmus taucht die Flößerstange ins Wasser, erreicht den Grund und schiebt das Gefährt durch die Dämmerung. Ein leichter Wind fächelt über das Wasser und raschelt im Schilf. Kleine Wellen plätschern gegen die Baumstämme unter den Füßen und untermalen die Idylle. Was Touristen heute als romantische Wasserreise erleben, war früher eine ziemliche Plackerei. Noch vor 50 Jahren arbeiteten Lychener Flößer im Prinzip so, wie es ihre Vorfahren schon seit Jahrhunderten getan hatten. Die Lychener Flößer haben ihre Stämme Ende der 1960er Jahre zum letzten Mal in die Sägewerke transportiert. Nur beim alljährlichen Flößerfest führen sie heute noch vor, wie man ein Floß fachgerecht zusammenfügt.

Spur der Steine

Die Baumeister der Wehr-Kirchen benutzten ein Material, das man in der Uckermark auf jedem Acker aufsammeln kann: Feldsteine. In ordentlichen Reihen setzten die mittelalterlichen Maurer graue und rötliche Blöcke in einer Kletterschalung aufeinander und bauten so eine robuste Fassade. Experten sprechen deshalb auch von „Schichttechnik". Beispiele für diese Architektur finden sich in fast jedem Dorf der Region, etliche der Kirchen sind in den letzten Jahren mit viel privatem Engagement und Liebe zum Detail restauriert worden.

Feldsteinmauern aus späteren Epochen zeigen dagegen einen anderen Stil. Denn die Baumeister des 18. und 19. Jahrhunderts verzichteten darauf, jeden Stein mühsam von allen Seiten zu behauen. Stattdessen wurde nur die Frontseite geglättet, Steinsplitter füllten die Fugen zwischen den unregelmäßigen Blöcken.

Uckermärkische Seen – Perlen des Naturparks

Ohne fachkundige Führung lebensgefährlich –
Exkursion ins Moor

Wallanlagen und Gotteshäuser, Scheunen und Pflasterstraßen – es gibt kaum ein Bauvorhaben, für das die Uckermärker früherer Jahrhunderte nicht auf Feldsteine zurückgegriffen hätten. Nicht umsonst heißt der neue Radweg von Templin nach Fürstenwerder „Spur der Steine".

Wer die Spur der Steine zu lesen versteht, kann die Eiszeitreise der skandinavischen Gletscher heute noch nachvollziehen. Findlingsgärten in Fürstenwerder und an der Straße von Carwitz nach Thomsdorf helfen dem Besucher, das steinerne Erbe zu entschlüsseln. So steht man in Fürstenwerder vor einem großen Granitbrocken, der nach Analysen von Geologen aus der Nähe von Stockholm stammt. Rötlicher und grauer Granit, dunkler, feinkörniger Basalt, heller Sandstein – eine ganze Kollektion solcher weit gereisten Steine schmücken den Findlingsgarten, Schautafeln erzählen die Eiszeitgeschichte. Wer will, kann sich aber auch einfach nur zwischen Steinen und Bäumen auf eine Bank setzen und den spektakulären Blick über den See genießen.

Bauern, Nonnen und Adel im Reich der Eichen

Das Naturschutzgebiet Boitzenburger Tiergarten verzaubert stellenweise mit Märchenwald-Atmosphäre. Da knarren mächtige alte Eichen und strecken ihre bizarren Äste zum Licht.

Irgendwo hämmert ein Specht an einem der knorrigen Stämme. Sonnenstrahlen fallen auf eine Lichtung und hüllen die Baumriesen in einen sanften Goldton. Kleine Brücken führen über das Flüsschen Strom, Libellen gaukeln über dem Schilf am Ufer.

Dieses eindrucksvolle Ensemble ist nicht nur ein Werk der Natur. Über Jahrhunderte haben Menschen das Gelände nach ihren Bedürfnissen und Vorlieben umgestaltet. Die Boitzenburger Landschaft ist eine Art Geschichtsbuch, das von Landwirtschaft und adliger Lebensart erzählt. Wer darin zu lesen versteht, findet in Boitzenburg bis heute die Spuren von hart arbeitenden Bauern, heilkundigen Nonnen und naturbegeisterten Adligen.

Vor allem unverheiratete Töchter von Adelsfamilien lebten im Zisterzienserinnen-Kloster Marienpforte, das die Markgrafen Johann II., Otto IV. und Conrad 1269 gestiftet hatten. Das schlichte Leben, das der Zisterzienser-Orden propagierte, spiegelt sich bis heute in der Architektur. Schmucklos und doch eindrucksvoll ragen die Reste des gotischen Baus aus rotem Ziegelstein zwischen den Bäumen am Rande des Tiergartens auf, leere spitzbogige Fensteröffnungen rahmen Stillleben aus Stämmen und Blättern. Im Boitzenburger Schloss am anderen Ende des Ortes wird die Geschichte der Adelsfamilie von Arnim, die wie kaum eine andere das Leben in der Uckermark geprägt hat, lebendig.

Wie ein Märchenschloss wirkt das imposante Gebäude mit seinen strahlend hellen Mauern, mit verspielten Türmen, kunstvollen Giebeln und drachenköpfigen Wasserspeiern.

Schon kurz nach der Gründung des Klosters beschreiben historische Urkunden an dieser Stelle eine Wasserburg. Angesichts der ständigen Grenzstreitigkeiten zwischen Brandenburg, Pommern und Mecklenburg hatte dieser Punkt strategische Bedeutung, so dass sich in der kriegerischen Zeit zwischen dem 14. und dem 15. Jahrhundert die unterschiedlichsten Burgherren die Klinke in die Hand gaben. Auch der eine oder andere Vertreter der Familie von Arnim war bereits dabei.

Zum Stammsitz der Familie wurde Boitzenburg jedoch erst durch einen Tausch. 1528 gab der brandenburgische Kurfürst Joachim I. seine Grenzfestung an Hans von Arnim ab, der im Gegenzug das Renaissance-Schloss der Familie in Zehdenick zur Verfügung stellte. Der neue Burgherr ließ sein frisch erworbenes mittelalterliches Domizil im Renaissance-Stil umbauen. Das war der Auftakt zu zahllosen Aus- und Umbaumaßnahmen, mit denen die Schlossherren ihren Stammsitz immer wieder dem Geschmack ihrer Zeit anpassten. Baustile aus den letzten 500 Jahren haben sich in Boitzenburg zu einem Architekturkunstwerk zusammengefügt. Das restaurierte Schloss zeigt sich heute im Stil der Neorenaissance, dem Ergebnis des letzten Umbaus im ausgehenden 19. Jahrhundert und wird als Familien- und Jugendhotel mit einem Restaurant betrieben.

Templiner Stadtspaziergang durch die Perle der Uckermark

Die Stadt Templin wurde von den Markgrafen Johann I. und Otto III. gegründet. Ihnen schien als Standort ein Hügel inmitten von sumpfigen Niederungen günstig, der sich gut verteidigen ließ und von dem man die wichtigen Handelsstraßen nach Hamburg, Magdeburg und Stettin überwachen konnte. Wann genau die Stadt dort gegründet wurde, bleibt allerdings im Dunkeln der Geschichte. Erstmals taucht „Templyn" 1270 in den Urkunden auf. Der Name, eine Wortschöpfung aus germanischen und slawischen Silben, bedeutet so viel wie „am Wasser gelegener Hügelort".

Dank der Handelsverbindungen blühte das mittelalterliche Handwerk, so dass sich Templin Anfang des 14. Jahrhunderts zu einer wohlhabenden Stadt entwickelte. Sümpfe und primitive Holzpalisaden schienen dem damals herrschenden Markgrafen Waldemar zur Verteidigung dieses Kleinods nicht mehr ausreichend. Er gab eine sechs bis sieben Meter hohe und 1.735 Meter lange Stadtmauer aus Feldsteinen in Auftrag, an der die Baumeister etwa 100 Jahre lang arbeiteten.

Das Bollwerk aus grauen und rötlichen Feldsteinen hat die Jahrhunderte sehr gut überstanden. Bei einer Entdeckungsreise durch Templin sollte ein Spaziergang entlang der Stadtmauer nicht fehlen. Mächtiges, stellenweise vom Efeu überwachsenes Mauerwerk und gotische Tore aus rotem Backstein verbreiten Mittelalterflair.

Im neu gestalteten Prenzlauer Tor ist jetzt das Stadtmuseum mit einer sehenswerten Ausstellung untergebracht. Das älteste Gebäude der Stadt, die gotische St.-Georgen-Kapelle aus dem 14. Jahrhundert, liegt nur wenige Schritte von der Mauer entfernt am Berliner Tor.

In der Naturtherme Templin findet man den perfekten Ort, um für ein paar Stunden Stress und Alltag vor der Tür zu lassen und in eine Welt aus Wasser und Wärme einzutauchen. Seit dem Jahr 2000 schmückt sich Templin mit dem Titel „Thermalsoleheilbad". Auf 10.000 Quadratmetern bietet die Naturtherme Solebäder mit bis zu 35 Grad warmem Wasser, Wasserrutschen und Kinderparadies, Saunalandschaften und verschiedene Wellness-Angebote.

Vom Herzen des Naturparks zum Vorposten Fürstenberg

Ein lohnendes Ausflugsziel ist das „Kirchlein im Grünen" in Alt Placht: Zwischen 500 Jahre alten Linden duckt sich eine kleine Fachwerkkirche mit blauem Holzturm und Reetdach. Dunkle Holzbalken zieren helle Lehmwände. Sonnenflecken und Blätterschatten zeichnen ein sich ständig veränderndes Muster auf die Fassade. Ringsum herrscht Stille, unterbrochen nur von Vogelgezwitscher und dem Rascheln

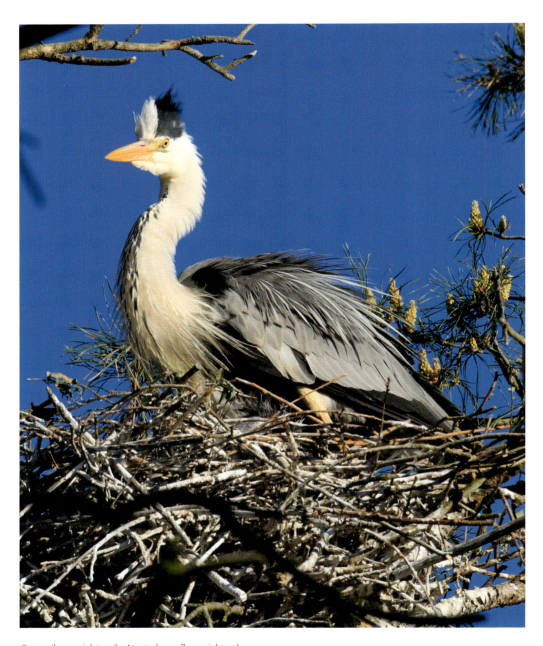

Graureiher errichten ihr Nest als großen, nicht sehr
stabilen Bau in Baumwipfeln

Der Fischadler ist die häufigste der drei in Brandenburg vorkommenden Adlerarten

*Alt Placht – „Kirchlein im Grünen" mit bis zu
500-jährigen Linden*

der Lindenblätter. Im Inneren des Gebäudes treffen Besucher auf eine schlichte
Einrichtung und eine ruhige, ansprechende Atmosphäre, deren Geheimnis schon
viele Touristen zu entschlüsseln versucht haben. Hier sind auch Besucher fasziniert,
die sonst mit kirchlichen Bauten wenig anfangen können. Um das Jahr 1700 hatten
hugenottische Einwanderer die kleine Kirche in nordfranzösischem Fachwerkstil errichtet.

Das „Kirchlein im Grünen" hat sich zu einem Anziehungspunkt entwickelt – für Touristen und Einheimische, für Konzertbesucher und Heiratswillige. Die Menschen sind
beeindruckt von dem gelungenen Zusammenspiel von Natur und Architektur. Einige
halten sie gar für das Herz des Naturparks – und wer sich ein bisschen Zeit nimmt,
kann es schlagen hören.

Nur wenige Kilometer südlich von Alt Placht, in Annenwalde, sind die Interessenten
für Glaskunst an der richtigen Adresse. Von Densow aus führt eine schöne Lindenal-
lee zu dem zwischen Lychen und Templin gelegenen kleinen Dorf, das sich inzwischen zu einem Anziehungspunkt für Touristen entwickelt hat. Im Jahr 2000 hat ein
Verein von Glas-Enthusiasten um den Bildhauer und Glaskünstler Werner Kothe dort
eine Glashütte eröffnet und damit die alte Tradition der Glasproduktion an diesem
Ort wiederbelebt.

Von Annenwalde aus kann man auf den Spuren des Bibers rund um den Densowsee wandern. Etliche Baumstämme haben die vierbeinigen Baumeister und Landschaftsgestalter kunstgerecht gefällt, mehrere Dämme stauen den Seeablauf zum Ragöser Bach. Von einem Beobachtungsturm aus kann man „Meister Bockerts" Werk betrachten.

Bereits die Menschen der Steinzeit entdeckten die günstige Lage der geräumigen Sandbank zwischen drei Seen, auf der später die Stadt Fürstenberg entstehen sollte. Um 1200 errichteten brandenburgische Ritter dort neben einer slawischen Siedlung eine hölzerne Verteidigungsanlage, die wohl eher einem amerikanischen Fort als einer deutschen Burg ähnelte. Es war die „vorderste Burg" an der Grenze nach Mecklenburg. Mit ein paar Lautverschiebungen entstand daraus schließlich der Name Fürstenberg. Auf allen Seiten von Wasser umgeben und nur über wenige Landengen erreichbar, lag die Burg strategisch sehr günstig.

Heute ist die Stadt Bestandteil der Naturparks Stechlin-Ruppiner Land und Uckermärkische Seen. Sie ist für beide Großschutzgebiete mit ihrer Lage an der Havel, der Bundesstraße 96 und der Fernbahnstrecke das Eingangstor vor allem für die Touristen aus Berlin. Ein Abenteuer ist für Naturparkbesucher die Fahrt mit der Draisine auf einer stillgelegten Bahnstrecke von Fürstenberg/Havel beziehungsweise von Templin nach Hohenlychen.

Nicht nur zur Weihnachtszeit

Die wichtigste internationale Attraktion der 800-Seelen-Gemeinde Himmelpfort ist das Weihnachtspostamt. Sicher ist es dem Namen geschuldet, dass seit den 1980er Jahren immer mehr Briefe aus aller Herren Länder (gegenwärtig 79) an den Weihnachtsmann hier eintreffen. Heute sind es bereits mehr als 300.000, die in 17 Sprachen beantwortet werden. Aber auch im Frühling, Sommer und Herbst ist Himmelpfort einen Besuch wert. Efeu überwuchert die wenigen übrig gebliebenen Backsteinmauern des Zisterzienserklosters. Jeden Moment könnten Zwerge oder Elfen hinter diesen verwunschen scheinenden Ruinen hervorspringen, so scheint es. Die Geschichte des Klosters ist allerdings weniger romantisch. Nach dem Dreißigjährigen Krieg verfielen die Gebäude zunehmend. Heute werden nur noch die veränderte Klosterkirche und der Klostergarten genutzt. Der kleine Ort liegt so idyllisch zwischen Seen und Wäldern, dass man tatsächlich glauben könnte, an der Pforte zum Himmel zu stehen.

Biosphärenreservat Schorfheide-Chorin

Brandenburg

Joachimsthal

NABU-
Informationszentrum
Blumberger Mühle

Eberswalde

- Besucherinformation
- Ortschaft
- Naturlandschaft
- Verortung in Brandenburg

BESUCHERINFORMATION

**NABU-Informationszentrum
Blumberger Mühle**
Blumberger Mühle 2
16278 Angermünde

Telefon 03331-26040
www.blumberger-muehle.de
www.grossschutzgebiete.brandenburg.de

KRANICHLAND MIT WEITEM HORIZONT

Das Land atmet ruhig. Es bewahrt seinen Lebensrhythmus seit Jahrhunderten. Die tiefen Wälder der Schorfheide mit ihren alten, ehrwürdigen Eichen, die zahllosen, schimmernden Seen, die geheimnisvollen Moore und die geschwungenen Hügel beherbergen Leben in selten gewordener Fülle.

Es ist etwa 15.000 Jahre her, dass sich der dicke Eispanzer zurückzog, der fast ganz Brandenburg bedeckte. Enormer Druck von kilometerhoch aufgetürmten Gletschermassen, ihre Bewegung, der nichts widerstehen konnte, hat in den Jahrtausenden zuvor der heutigen Uckermark, der Schorfheide und dem Barnim ihr Gesicht gegeben. Die Weichselkaltzeit hinterließ Täler, Hügel, Seen und Moore, Sander und Dünen, Urstromtäler und Moränenketten.

Die Abfolge aller eiszeitlichen Formen im Gebiet des Biosphärenreservates war ein Grund zur Ausweisung dieses Schutzgebietes. Ein anderer Grund war die immer dünn gebliebene Besiedelung des spröden, widerspenstigen Landes, die ihm eine Ursprünglichkeit bewahrt hat, die inzwischen als Besonderheit gelten kann.

Der Mensch hat hier sein Auskommen seit der jüngeren Steinzeit gesucht, zugefallen ist ihm nie etwas, alles wurde schwer erarbeitet. Und nicht selten wurde bereits Errungenes wieder aufgegeben. Kriege, Seuchen, Hungersnöte und politische Wirren haben Dörfer öd werden lassen, Wohnplätze gingen wieder verloren.

Auf den Feldern, in den Wäldern und Sümpfen finden sich bis heute unerforschte Zeugnisse menschlicher Geschichte in der Region, manche wahren ihr Geheimnis auf Dauer.

KONTAKT

Schorfheide-Information
Töpferstraße 1
16347 Joachimsthal
Telefon 033361-63380
www.schorfheide-chorin.de

Von Slawendörfern noch ein paar Steine, eine Aufschüttung; von Burgen zwischen zwei Seen oder auf einer Halbinsel zeugt noch ein Wall, ragt noch eine Ruine dachlos in den Himmel. Der Anblick der Wüste Kirche Berkenlatten berührt und lässt Nachdenken über Kommen und Gehen der Menschen im Land.

Im 13. Jahrhundert kamen Mönche in die Mark und brachten neben dem Christentum wertvolle Kenntnisse und Fertigkeiten mit. Auch noch als Ruine beherrscht die Silhouette des Klosters Chorin die Gegend um das Dorf Chorin. Die Klostergründung markiert einen Wendepunkt in der hiesigen Geschichte. Deutsche Siedler ließen sich nieder, die Slawen gingen fort oder fügten sich ins Neue, und der Backstein begann neben den Feldsteinen die Gesichter der Ortschaften zu bestimmen.

Noch heute finden sich in den Dörfern viele Feldsteingebäude, zumeist Ställe und Scheunen, die in außerordentlicher Kunstfertigkeit und der besonderen Zwickeltechnik aus behauenen Feldsteinen errichtet wurden.

Zeitzeichen

Lange hatte Wald die Gegend beherrscht, dann fielen die Bäume für mehr Felder, zur Holzgewinnung. Köhlereien, Glashütten, Schiffsbau, Siedlungsbau benötigten unge-

Der zweittiefste See in Brandenburg –
der Werbellinsee

*Der Buchenwald Grumsin gehört zum
UNESCO-Weltnaturerbe*

heure Mengen des natürlichen Rohstoffs, und bald waren große Flächen waldfrei. Die noch heute bestehende Verteilung von Wald und Feld im ungefähren Verhältnis von eins zu eins auf der Fläche des Biosphärenreservats besteht seit dieser Zeit des Aufbruchs.

Wasser beherrschte das Gesicht des Landes mehr noch als heute – kaum zu glauben angesichts der über 230 Seen im Schutzgebiet. Aber Moore, Sümpfe, Flachseen waren früheren Generationen nicht schutzwürdige Lebensräume, sondern kaum nutzbare Flächen, unbegehbar und unheimlich. Mit zahllosen Gräben, die der Entwässerung und Trockenlegung ganzer Seen dienten, griffen sie nachhaltig in den Wasserhaushalt ein. Landgewinn für die eigene Nutzung war das erklärte Ziel.

Von den über 230 Seen im Biosphärenreservat ist der Parsteinsee mit 1.100 Hektar der größte See Brandenburgs.

Aber auch der Werbellinsee, der Grimnitzsee und der Oberuckersee haben mit durchschnittlich 660 bis 800 Hektar Wasserfläche beachtliche Größen. Die Mehrheit der Seen hat eine Fläche von etwa sechs Hektar und Wassertiefen von vier bis 12 Metern. Wassersportler kommen besonders an den großen Seen auf ihre Kosten. Auf dem Werbellinsee, der der Gewässerkategorie einer Bundeswasserstraße entspricht, dürfen auch Motorboote fahren.

Die kleineren, in der Landschaft verstreut liegenden Seen sind eher etwas für den beschaulichen Naturgenießer. Die Ruhe, die von einem kleinen Waldsee ausgeht, schlägt sich nicht nur auf den Betrachter nieder. Hier findet auch eine mannigfaltige Tier- und Pflanzenwelt eine Nische zum Überleben.

Viele dieser Gewässer haben im Uferbereich ausgedehnte Verlandungszonen. Erlenbrüche mit moorbildenden Moosen und anderen Pflanzen schieben sich langsam vom Ufer aus über den See. Die Vermoorung eines Sees ist ein natürlicher Prozess. Auch wenn dabei das Gewässer ganz langsam verschwindet, entsteht dem Naturhaushalt kein nennenswerter Verlust. Ein neuer, ebenso wertvoller Lebensraum, ein

Die Rohrweihe jagt bevorzugt über dem Röhrichtgürtel und den anschließenden Verlandungszonen von Gewässern

Die süß-säuerlich schmeckenden Früchte der Moosbeere sind essbar /
Feldsteinstraße – denkmalgeschützte Ästhetik alter Ortsverbindungswege

Moor, hat sich entwickelt. Im Biosphärenreservat Schorfheide-Chorin gibt es etwa 3.000 überwiegend kleinere Moore. Kesselmoore zum Beispiel, mit den im Randbereich stehenden Moorpflanzen Sumpfschwertlilie, Sumpfcalla sowie Torfmoosen, Moosbeere, Wollgras und Sonnentau in ihrem Zentrum. Auch Niedermoore sind im Biosphärenreservat Schorfheide-Chorin verbreitet. Sie bieten Großseggen, Binsen und Schilf sehr gute Wachstumsbedingungen.

Aus anderen Hinterlassenschaften der Eiszeit ließ sich bedeutender Gewinn erzielen. Gewaltige Kies- und Sandaufschüttungen konnten als Baumaterial genutzt werden, und Tonlager boten sich den Töpfern als Arbeitsmittel an. Tonabbau bis zur Erschöpfung der Lagerstätten erfolgte im 19. und 20. Jahrhundert, die Brennöfen produzierten unzählige Ziegel, um die Häuser der Stadt Berlin zu errichten.

Ein eigener Berufszweig entstand: Der Steinschläger nahm sein Geschick erforderndes, hartes Handwerk auf. Besonders in den Endmoränen fanden sich große Steinpackungen, hergeschoben aus skandinavischen Räumen, deren Vorräte schier unerschöpflich schienen. Solche Steine mit wenigen gezielten Schlägen zu spalten, so dass die neu entstehende glatte Fläche sie als Bausteine empfahl, verlangte Geschick und Kraft. Ungezählte Granitsteine im kleinen und größeren Pflastersteinformat wurden hergestellt und fuhren per Lastkahn fort, um anderswo die schlammigen und mitunter grundlosen Landstraßen zu befestigen.

Zeichen dieser Zeit sind bis heute die Pflasterstraßen aus Kopfsteinen, die noch häufig in den Wäldern, mitunter auch in Ortschaften, angetroffen werden können. Sie

Im Frühjahr zeigen die Kraniche ihre fantastischen Balztänze

sind Kulturzeugnis und Erbe fleißiger Vorfahren, von hohem ästhetischen Wert und schutzwürdig, auch wenn sie mit holpriger Unebenheit den heutigen Bedürfnissen der Autogesellschaft entgegenstehen. Dabei mäßigen sie zu hohes Tempo ganz kostenlos.

Lebensräume

Die Menschen kamen nicht in unbewohntes Land – Wälder, Seen und Flüsse waren voller Leben. Ein heute kaum vorstellbarer Reichtum an Wild, an Pflanzen, Schmetterlingen, Vögeln prägte die Mark Brandenburg. Alte Aufzeichnungen sprechen von ganzen Wagenladungen voller Schildkröten, Flusskrebsen, Fischen, die auf die Märkte in den Städten gebracht und verkauft wurden. Biber dienten als Fastenspeise, Fischotter gaben tausendfach ihre Pelze, Luchs, Wolf und Bär mussten rasch völlig weichen, denn ihre Anwesenheit bedeutete Gefahr und Konkurrenz.

Doch trotz aller Eingriffe und Nachstellungen findet sich im Biosphärenreservat auch heute noch eine außerordentliche Artenfülle. Noch leben einige wenige Schildkröten hier frei, drei Adlerarten brüten im Gebiet, Fischotter und Biber sind wieder anzutreffen und haben große Reviere besetzt. Fast jedes Dorf hat seinen Storchenhorst, auf dem im Sommer die Weißstörche Nachwuchs aufziehen, und in den alten, stillen Wäldern brütet auch sein menschenscheuer Verwandter, der Schwarzstorch, noch.

Über den Feldern kreisen Bussarde, Roter und Schwarzer Milan, Rohrweihen gaukeln über den breiten Rieden an den Ufersäumen der Seen, und im Frühling fragt sich mancher Unkundige, welches Tier so eine ungewöhnliche Stimme haben mag, die da aus dem Schilf tönt: die Große Rohrdommel ruft.

Dieser Vogel, der die großen Schilfgebiete der Seen braucht, fühlt sich wieder wohl hier, seitdem ihm mehr Lebensraum zugestanden wird. In den Industriestaaten Europas ging dieser Lebensraum immer weiter zurück, viele Vogelarten verloren damit ihre Existenz. In zehn ausgesuchten Teilgebieten des Biosphärenreservates Schorfheide-Chorin jedoch, hauptsächlich Seen der Offenlandschaft, wurden Maßnahmen umgesetzt, die den weiteren Rückgang von Schilfgebieten stoppen sollen. Auch Einwohner und Besucher der Region profitieren von diesem Projekt zum Schutz der Rohrdommel und ihres Lebensraumes. So entstand zum Beispiel eine Naturbadestelle am Grimnitzsee, die Spaß und Abenteuer bietet, die Schilfgebiete anderswo aber vor Badebetrieb schützt. Außerdem wurden verteilt im Schutzgebiet vier Naturbeobachtungstürme errichtet, von denen der interessierte Naturfreund Wasservögel, Kraniche und andere Tiere beobachten kann, ohne sie zu stören.

Diese Einrichtungen befinden sich in Althüttendorf am Grimnitzsee, an den Mellenwiesen bei Parlow sowie bei Fergitz am Oberuckersee. Vom Beobachtungsturm bei Fergitz kann man die Rohrdommel hören – zu sehen ist der scheue, gut getarnte Vogel fast nie. Von diesem Beobachtungsturm hat man einen ungehinderten Blick über hektargroße Schilfflächen, dem Lebensraum der Rohrdommel.

Naturnahe Wälder haben sich vor allem in den Bereichen der Endmoränen entwickelt. Dominiert von Rotbuchen wachsen hier auch Eichen, Hainbuchen und Ulmen. In feuchten Senken und im Einzugsbereich der Seen breiten sich mystisch wirkende Erlenbrüche und grundlose Moore aus. In dieser Landschaft wurden mit Gründung des Biosphärenreservates einige Abschnitte zu Kernzonen erklärt. Das sind Naturschutzgebiete, in denen sich die Natur – völlig unbeeinflusst vom Menschen – frei entwickeln kann.

Kranichtänze und Unkenrufe

Der größte Schreitvogel unserer Breiten, der Graue Kranich, erreicht im Biosphärenreservat Schorfheide-Chorin seine höchste Brutdichte in Europa.

Ihn ziehen die ungezählten Erlenbrüche, Moore und Feldsölle an. Kraniche sind Bodenbrüter. Ihre Gelege und Jungvögel sind besonders durch Füchse, Wildschweine und Marderhunde gefährdet. Deswegen legen sie ihre Nester, flache Hügel aus Pflanzenmaterial, gern in den Mooren und Sümpfen an. Dort finden sie die Ungestörtheit und Sicherheit, um im Sommer ihre Jungvögel aufzuziehen.

Die temperamentvollen Revierkämpfe und die eindrucksvolle, feierlich vorgetragene Balz der Tiere sind ein besonderes Erlebnis für jeden Betrachter.

Doch schon vorher, bereits im Februar und bis in den Oktober, mitunter November hinein, sind die imposanten Tiere in den Offenlandschaften zu erblicken. Wer sie übersieht, der hört sie ganz sicherlich. Das Trompeten der Kraniche ist für die Einwohner ein ersehntes Frühlingszeichen. Und auch im Herbst, wenn die großen Züge westwärts ziehen, lassen sie noch ihren lauten, anrührenden Ruf zurück.

Zur Zeit der Balz im Frühjahr zeigen die Kraniche besonders am frühen Morgen ihre fantastischen Tänze. Einzelne Tanzelemente sind zickzack- und bogenförmige Läufe und Luftsprünge. Oft werden dabei Steine und Pflanzenteile hochgeworfen. Einen auffälligen Schmuck stellen die inneren verlängerten Armfedern der Großvögel dar.

Die Brutperiode beginnt Ende März. Nach rund einem Monat schlüpfen die Jungen. Als Nestflüchter verlassen sie sehr schnell das Nest. Nach neun bis zehn Wochen können sie fliegen. Ab Mitte August versammeln sie sich auf den Rastplätzen, auf

Rohrdommel – gut getarnt im Schilf

denen sich später auch die als „Sommergäste" nichtbrütenden Artgenossen einfinden. Der Familienverband bleibt auch während des Zuges erhalten.

Viel kleiner, aber auch sehr stimmgewaltig sind Laubfrosch und Rotbauchunke, zwei Amphibien, deren Vorkommen im Schutzgebiet von Bedeutung für ganz Europa ist. Wenn im Mai und Juni das Klingen der Unkenstimmen über der Feldmark liegt, ist dieses Naturschauspiel den vielen kleinen, oft kreisrunden wassergefüllten Feldsöllen zu verdanken.

Es gibt diese Feldsölle, seit die Gletscher dort Eisbrocken zurückließen, die austauten und durch die undurchlässige Tonsohle auch auf Dauer ihr Wasser behielten. Hier ist die Kinderstube von Frosch und Unke, und je mehr Sölle in der Nähe, desto lauter tönt das „Räp-räp" der kleinen grasgrünen Frösche an lauen Sommerabenden.

Kulturlandschaft – eine menschliche Leistung

Das jahrhundertelange Wirken des Menschen hat dieser Landschaft seinen Stempel aufgedrückt. Er hat sie nach eigenen Bedürfnissen gestaltet und verändert, dabei oft auch für Tiere neuen Lebensraum geschaffen. So sind die für das Biosphärenreservat typischen Kopfweiden willkommene Unterkunft für eine Reihe von Insekten, ihre

Höhlen Brutplätze für Vögel. Die Ernte der Weidenruten zur Korbflechterei ist heute kaum noch üblich. Die Kopfweidenpflege wird durch Förderprogramme finanziert. Anderenfalls würden die Bäume unter dem Gewicht ihrer rasch wachsenden Äste zusammenbrechen.

Auf 32 Prozent der gesamten landwirtschaftlichen Nutzfläche im Biosphärenreservat Schorfheide-Chorin wird heute ökologischer Landbau betrieben. Ökolandbau gibt deutlich mehr Menschen Arbeit als die Intensivlandwirtschaft. Der bekannteste ökologisch produzierende Landwirtschaftsbetrieb ist das Ökodorf Brodowin. Das Dorf ist nicht nur wegen seines Ökobetriebs mit eigener Verarbeitung und Vermarktung eine beliebte Besucheradresse. Die Lage zwischen sieben großen Seen, die Naturausstattung der Umgebung und nicht zuletzt das kulturelle Angebot von Brodowin machen einen Besuch mehr als empfehlenswert.

Noch eine Besonderheit charakterisiert gerade auch das Biosphärenreservat Schorfheide-Chorin: die Alleen. Windschutz und Schatten spendend stehen Eichen, Ahorne, Linden und Kastanien entlang der Straßen und geben ihnen ein ganz eigenes Gepräge. Bewundert, gelobt und geliebt von Gästen, haben sie einen schweren Stand im eigenen Land. Dem einen stehen sie beim Straßenbau im Weg, der andere fürchtet herabfallende Äste, und so dünnen die kilometerlangen Netze immer mehr aus. Alleen brauchen inzwischen Schutz und Fürsprecher.

Der Rotmilan – Brandenburgs „Landesadler"

*Lautstarker Ruf – in 50 Zentimetern Entfernung zu einem Laubfrosch
wurden Lautstärken bis zu 87 Dezibel gemessen / Das NABU-Infozentrum
Blumberger Mühle bei Angermünde*

Reisen und Bleiben

Die Anwesenheit von vielen selten gewordenen Tieren und Pflanzen deutet auf die weitgehende Ausgewogenheit und Ungestörtheit von Lebensräumen hin. Die offenen Landschaften unter hohem Himmel wie im Norden des Biosphärenreservates sind mit ihren Hügeln, Bächen, den Wäldchen und Hecken und den zahlreichen Seen wie geschaffen, um Raum für Erholungssuchende zu bieten.

Freizeitaktivitäten haben breiten Raum. Der Seenreichtum sorgt für Bademöglichkeiten, Angler finden ihr Plätzchen, Wanderer genießen die Abwechslung von Wäldern, Wiesen und Seeuferwegen.

Das Wegenetz im Schutzgebiet ist wie geschaffen für Fahrradfahrer und Wanderer. Als günstige Ausgangsorte für Touren ins Biosphärenreservat sind in erster Linie Niederfinow, Chorin, Groß Schönebeck, Joachimsthal, Warnitz und Angermünde zu empfehlen. Alle diese Orte sind von Eberswalde oder Berlin aus gut mit der Bahn zu erreichen. Angermünde ist zudem auch der Ausgangspunkt, um zum Hauptinformationszentrum des Biosphärenreservates, dem Besucherzentrum des Naturschutzbundes Deutschland (NABU) Blumberger Mühle, zu gelangen.

Zahlreich sind die Rad- und Wanderwege, die in ihrer charaktervollen Naturbelassenheit durchaus Einschränkungen beim Fahrkomfort mit sich bringen, sandige Wege oder Kopfsteinpflaster zwingen so manchen Radfahrer auch zum Absteigen. Das erscheint aber als ein geringer Tribut für das stimmungsvolle Erlebnis der alten Kulturlandschaft.

Immer dichter wird inzwischen das Netz von asphaltierten Radwegen, kein Gewinn für das Landschaftsgepräge, durchaus aber für den tempobewussten (Renn-)Radler. Außergewöhnliche Angebote gibt es zum Beispiel im Café im Gutshaus Friedenfelde, ein ehemaliger Besitz der Familie von Arnim, oder das Gasthaus am Speicher in Parlow: Vollwertkost und regionale Küche.

Das kleine Dorf Glambeck mit weit unter 100 Einwohnern präsentiert sich als Kulturerlebnisort. Ein Dorfmuseum zeigt Regionalgeschichte liebevoll und sachkundig aufbereitet. Die bescheidene Fachwerkkirche ist Konzertstätte mit internationalem Flair und Ausstellungsraum für einheimische Künstler, und der kleine ehemalige Gutspark offeriert seinen sanierten Eiskeller den Fledermäusen als Winterschlafplatz.

Neben dem Kloster Chorin bietet das Biosphärenreservat weitere Zeugnisse von Baukunst, Geschichte und technischen Leistungen. Nicht weit entfernt zieht das Schiffshebewerk in Niederfinow seit seiner Fertigstellung Mitte der dreißiger Jahre im zwanzigsten Jahrhundert zahllose Besucher an, die staunend vor dem gewaltigen Bauwerk stehen. Ausgeklügelte Technik lässt Lastschiffe mit einem Fingerschnipps in einer großen Badewanne nach oben oder unten schweben: 36 Meter Niveauunterschied sind von den Hängen des Barnim nach unten ins Niederoderbruch zu überwinden.

Derzeit sorgt eine Großbaustelle gleich daneben für Aufmerksamkeit: Angeblich machen die großen Schiffe der Moderne den Neubau eines noch größeren Schifflifts notwendig.

In der westlich gelegenen Schorfheide lockt der Werbellinsee. Sein blaues, bis zu 56 Meter tiefes Wasser beherbergt die Kleine Märane, einen delikaten Fisch, der frisch gefangen in den Gaststätten am See verzehrt werden kann.

Wanderungen mit der Naturwacht des Biosphärenreservates durch die Wälder führen zu den uralten, knorrigen Huteeichen. Die eigenwilligen Baumgestalten, Zeugen einer vergangenen Wirtschaftsform, als die Bauern ihr Vieh zur Eichelmast unter die Bäume trieben, faszinieren den Betrachter.

Refugium für Vertriebene

Die ausgedehnten Wälder dieser Region, insbesondere die Schorfheide, waren seit altersher die Jagdreviere mächtiger Adelsfamilien und Regierungen. Egal ob brandenburgische Markgrafen, Kaiser, die Machthaber des Dritten Reiches oder Politbürokraten der DDR-Regierung, sie alle frönten in der Schorfheide ihrer Jagdleidenschaft. Viele dieser Jagden musste man wohl eher als inszeniertes Schauspiel verstehen. Die künstlich überhöhten Wildbestände machten die Jagd manches Mal zu einer

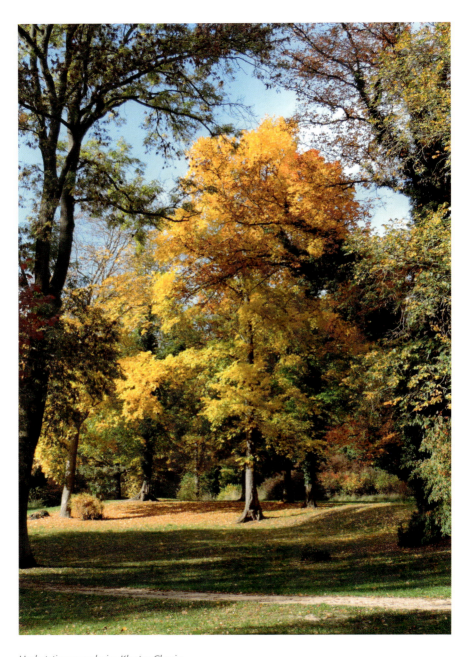

Herbststimmung beim Kloster Chorin

makabren Orgie. Spuren dieser etwas eigenartigen Nutzungsform kann man heute noch in der Schorfheide entdecken. Überall dort, wo Kaiser Wilhelm II. ein kapitales Stück Wild erlegte, wurde ihm ein Gedenkstein gewidmet. Das traditionsreiche Jagdschloss Hubertusstock dient heute als Hotel in der Nähe des Werbellinsees.

Die unnatürlich hohen Wildbestände aus dem hochherrschaftlichen Jagdzeitalter sind heute noch spürbar. Die vielen Verbissschäden an jungen Bäumen lassen kaum eine natürliche Waldverjüngung zu. Heute bemühen sich die Jäger, diese Wildbestände auf ein natürliches Maß zurückzudrängen. Eine schwierige Aufgabe, die aber auch eine gute Seite hat: Wildbret aus der Schorfheide ist ein begehrter Artikel.

Elch, Wisent und Wolf sind zwar aus der Landschaft längst verschwunden – wer sie trotzdem sehen will, kann dem Wildpark Schorfheide bei Groß Schönebeck einen Besuch abstatten und so vielen wilden und einigen zahmen Tieren begegnen. Die vielfältigen Umweltbildungsangebote des Parks sind vorbildlich, der Park mit Abenteuerspielplatz, Streichelgehege und Möglichkeiten zum Stockkuchenrösten über dem Lagerfeuer ein wahres Kinder- und Familienparadies.

Wohnen und Leben

Nur drei kleine Städte liegen im Biosphärenreservat, aber gut 60 Dörfer. Knapp 30.000 Einwohner leben in Brandenburgs zweitgrößtem Schutzgebiet.

Bebersee, ein kleines Örtchen an der B 109, bietet jedes Jahr Kunstwochenenden an, dort leben und arbeiten inzwischen mehrere Künstler. Geöffnete Ateliers, Ausstellungen und Pleinairs ziehen – nicht nur hier – Gäste an.

In Joachimsthal, der zentral gelegenen Stadt, ist ein Netz von Kunst- und Kulturstätten entstanden. Sie werden überragt vom alten Wasserturm, der seit Sommer 2006 öffentlich begehbar ist. Lift und Treppe erlauben das Erklimmen, und bei klarem Wetter ist der Berliner Fernsehturm mit bloßem Auge zu erkennen.

Die Geopark-Initiative im Raum Groß Ziethen-Joachimsthal zeigt die Eiszeitgeschichte anschaulich dort, wo sie stattgefunden hat. Alte Kiesgruben, grobe Blockpackungen mit großen Findlingen machen begreiflich, was „damals" hier vorging.

Heute können Besucher jedes Jahr im September auf dem großen Herbstfest im Hauptinformationszentrum Blumberger Mühle bei Angermünde jede Menge köstliche und nützliche Angebote erleben. Und jedes Jahr wird dort auch wieder der Kürbiskönig neu gekrönt.

Nationalpark Unteres Odertal

Brandenburg

Gartz

Schwedt/Oder

Besucherzentrum
Nationalparkhaus
Schwedt/Oder OT Criewen

Stützkow

Besucherinformation
Ortschaft
Naturlandschaft
Verortung in Brandenburg

BESUCHERINFORMATION

Besucherzentrum Nationalparkhaus
Park 2
16303 Schwedt/Oder OT Criewen

Telefon 03332-2677244
www.nationalpark-unteres-odertal.eu
www.unteres-odertal.de
www.grossschutzgebiete.brandenburg.de

Nationalpark
Unteres Odertal

GRENZÜBERSCHREITUNGEN

Es ist noch früh am Morgen. Mit lautem Klatschen ihrer Füße und heftig mit den Flügeln schlagend laufen zwei Höckerschwäne über das Wasser, setzen zum Flug an. Mit kraftvollen Schlägen gewinnen sie allmählich an Höhe. Am bisher stillen Oderufer wird es lebendig. Eine Rohrammer fliegt aufgeregt von Schilfhalm zu Schilfhalm. Nachdem ein einzelner Seefrosch mit seinem typischen „Quak, quak" die Stille unterbrochen hat, beginnt das laute vielstimmige Konzert seiner Artgenossen. So plötzlich wie die grünen Springer begonnen haben, verstummt das Geschwätz, und am Ufer ist es schlagartig ruhig. Im feuchten Deichvorland ist ein Weißstorch gelandet und schreitet auf der Suche nach Fröschen und kleinen Fischen vorsichtig das Terrain ab. Flink schwirren die ersten Libellen vorbei, ständig bemüht, die gleiche Sitzwarte zu besetzen. Sie tragen so wohlklingende Namen wie Azurjungfer, Granatauge, Mosaikjungfer, Smaragd- und Prachtlibelle. Aus der Wiese dringt in Abständen ein kurzes schnarrendes „Crex, crex". Die merkwürdigen Geräusche sind hier zum Sommeranfang oft zu vernehmen. Es sind die Rufe des Wachtelkönigs. Ganz nah raschelt es kurz im Gras. Geschmeidig und lautlos gleitet eine Ringelnatter vorbei. Kein Grund, den Beobachtungsplatz zu verlassen, sie ist harmlos. Spannende Naturbeobachtungen im Nationalpark sind zu jeder Jahres- und Tageszeit möglich.

Natürliche Nachbarschaft

Das untere Odertal ist eine Flussniederung von 60 Kilometern Länge zwischen Hohensaaten im Süden und Szczecin (Stettin) im Norden.

KONTAKT

Tourismusverein Nationalpark Unteres Odertal e. V.
Berliner Straße 46-48
16303 Schwedt
Telefon 03332-25590

Tourismusverein Angermünde e. V.
Brüderstraße 20
16278 Angermünde
Telefon 03331-297660

Die fast 10.000-jährige Geschichte dieses Tals reicht bis in das Pommernstadium der Weichseleiszeit zurück.

Die drei bis fünf Kilometer breite Niederung wird von Grund- und Endmoränen bzw. Talsandterrassen gesäumt. Heute liegt das untere Odertal im Grenzraum von Deutschland (Brandenburg) und Polen.

Das jetzige Schutzgebietssystem an der unteren Oder besteht aus dem Nationalpark Unteres Odertal (10.300 Hektar) und den polnischen Landschaftsschutzparks Unteres Odertal (Park Krajobrazowy Dolina Dolnej Odry, 6.009 Hektar) und Zehden (Cedynska Park Krajobrazowy, 30.850 Hektar).

Alle drei Schutzgebiete bilden eine naturräumliche Einheit. Der südliche, deutsche Teil der Flussaue wird zum großen Teil durch Polder- und Weidewirtschaft charakterisiert, während der nördliche, polnische Teil aus einer unbewirtschafteten Niedermoorlandschaft besteht. Der Landschaftsschutzpark von Cedynia, ein geschlossenes Waldgebiet, schließt südöstlich an den deutschen Nationalpark an. Die Schutzgebiete beiderseits der Oder unterstehen eigenen Verwaltungen, die jedoch eng zusammenarbeiten.

Noch vor der Gründung der Landschaftsschutzparks Dolina Dolnej Odry und Cedynia (1993) und des Nationalparks Unteres Odertal (1995) unterzeichneten die Umweltminister Polens, Deutschlands und Brandenburgs sowie der Woiwode von Szczecin (Stettin) im Mai 1992 eine gemeinsame Erklärung, in der sie sich verpflichteten, im unteren Odertal ein grenzüberschreitendes, an den Kriterien der Internationalen Union zur Bewahrung der Natur (IUCN) orientiertes Schutzgebiet zu gründen, den deutsch-polnischen „Internationalpark Unteres Odertal".

Der Fluss des Lebens

Weiträumige Auen wie das untere Odertal zählen zu den artenreichsten Lebensräumen Mitteleuropas. Flüsse sind, Lebensadern gleich, Ausbreitungswege für viele Arten. Auen als Heimat seltener und vom Aussterben bedrohter Pflanzen und Tiere sind heute Schwerpunktgebiete für den Naturschutz. Als Refugien für eine große Zahl heimischer und wandernder Tierarten hat das untere Odertal eine überregionale Bedeutung.

Der Nationalpark ist vor allem als Brut-, Rast- und Überwinterungsgebiet seltener und gefährdeter Vogelarten bekannt. Bis zu 35.000 Blessgänse, 10.000 Saatgänse und ebenso viele Stockenten, 3.500 Pfeifenten, 4.000 Krickenten und 2.500 Spießenten wurden hier rastend gezählt. Bis zu 200.000 Vögel, die 45 verschiedenen Wasservogelarten angehören, ziehen im Herbst oder Frühjahr durch die Oderniederung. Alljährlich im Oktober suchen für einige Wochen bis zu 15.000 Kraniche im nördlichen Odertal ihre Schlafplätze auf – ein eindrucksvolles Schauspiel, zu erleben auf geführten Wanderungen mit der Naturwacht.

Als bedeutende Vogelzugtrasse für die europäische Vogelwelt wurden große Teile des unteren Odertals bereits 1980 als Feuchtgebiet von internationaler Bedeutung (FIB) nach der Ramsar Konvention von 1971 unter Schutz gestellt. In den vergangenen Jahren beobachteten Ornithologen im unteren Odertal 285 Vogelarten, von denen gegenwärtig etwa 110 hier brüten.

Besonders die zum Nationalpark gehörenden waldreichen Talrandhänge sind als Brutgebiet seltener und vom Aussterben bedrohter Großvögel wie See- und Fischadler, Kranich und Schwarzstorch bekannt. Der Seggenrohrsänger, ein Indikator intakter Moor- und Flusslandschaften, hat im Nationalpark sein letztes Vorkommen in

Sommerhochwasser im Odertal

Deutschland und der als Wiesenbrüter bekannte Wachtelkönig hat im unteren Odertal sein größtes deutsches Brutvorkommen.

Zu den Besonderheiten der über 40 Arten umfassenden Fischfauna zählen nicht nur Wels und Meerforelle, sondern auch kleinere Arten wie Steinbeißer und Bitterling. Das heute nur noch vereinzelt vorkommende Flussneunauge gehört zu den Rundmäulern und wurde bis vor 80 Jahren in großer Zahl geröstet als „Schwedter Lamprete" in Berlin verkauft. Der Stör, vor mehr als 100 Jahren hier ausgestorben, wird aufgrund des ersten in Deutschland geplanten Wiederansiedlungsprojektes schon bald wieder in der Oder schwimmen. Die Auswertung wissenschaftlicher Arbeiten ergaben für den Nationalpark Unteres Odertal 2.949 Tier- und 1.732 Pflanzenarten.

Mal nass, mal trocken – die Dynamik der Aue

Das Landschaftsbild im unteren Odertal wird seit jeher durch die stark schwankenden Wasserstände der Oder geprägt. Die in den Ostsudeten entspringende Oder führt in der Regel jährlich zwei Hochwasserwellen ab: ein Winter- bzw. Frühjahrshochwasser, das durch die Schneeschmelze in den Gebirgslagen ausgelöst wird, und ein etwas schwächeres Sommerhochwasser, das auf Niederschläge im oberen und mittleren Einzugsgebiet der Oder zurückgeht.

Bevor der Mensch das untere Odertal durch wasserbauliche Maßnahmen veränderte, wurde das Leben in der Aue allein durch die Flussdynamik bestimmt. In der mit feinkörnigen Lockergesteinen bedeckten Talniederung befand sich ein noch vielfältigeres Landschaftsmosaik als heute. Durch das Wechselspiel von Abtragung und Anlagerung veränderten die zahlreichen und verzweigten Wasserarme der Oder ständig ihre Lage. Röhrichte, Großseggenriede, Niedermoore, Mandel- und Bruchweidengebüsche, Auenwälder mit Silberweiden, Schwarzpappeln und Flatterulmen – die so genannten Weichholzauen – und Hartholzauenwälder, in denen Eichen und Eschen vorherrschen, dominierten gegenüber den Feuchtwiesen.

Flussauen wie das untere Odertal sind selten geworden und gehören zu den am stärksten bedrohten Landschaften Europas. Im Unterschied zu anderen mitteleuropäischen Flüssen gibt es an der Oder noch regelmäßig großflächige Überflutungen. Das untere Odertal zählt deshalb zu den natürlichsten Auenlandschaften Deutschlands.

Mit den Arbeiten zur Oderregulierung seit Mitte des 19. Jahrhunderts verwandelten sich große Teile der Niederung mehr und mehr in eine Kulturlandschaft. Das in der Zeit von 1906 bis 1928 nach holländischem Vorbild errichtete Poldersystem reguliert bis heute in zwei Dritteln der Niederung den Wasserstand. Der südliche deutsche Teil

Der Seeadler ist Brandenburgs größter Adler. Er erreicht eine
Flügelspannweite von zwei bis zu zweieinhalb Metern

umfasst einen 1.680 Hektar großen Trockenpolder zwischen Lunow und Stützkow
und drei nördlich davon gelegene Nasspolder bei Criewen, Schwedt und Friedrichsthal
mit einer Gesamtfläche von 4.720 Hektar. Hinzu kommen einige Randpolder.
Im polnischen Norden wurde das seit dem Frühjahr 1945 zu großen Teilen zerstörte
Poldersystem zwischen Widuchowa (Fiddichow) und Szczecin (Stettin) nicht wieder
instandgesetzt. So konnte sich zwischen der Ost- und der Westoder auf einer Fläche
von 6.009 Hektar in den letzten Jahrzehnten die früher für die gesamte Oderniederung ursprüngliche Auenlandschaft entwickeln.

*Der Nationalpark Unteres Odertal ist Deutschlands
einziger Auennationalpark*

Die funktionstüchtigen Nasspolder können im Winterhalbjahr bis zu 130 Millionen Kubikmeter Wasser aufnehmen. Das Oderwasser strömt dann in der gesamten Talbreite nach Norden. Als Retentionsbecken der besonders im Frühjahr auftretenden Niederschlags- und Schmelzwässer aus dem Einzugsbereich des Flusses gewähren sie einen natürlichen Hochwasserschutz. Dies wurde beim Sommerhochwasser 1997 besonders deutlich.

Auf dem Weg zur Naturlandschaft

Die eingedeichten Wiesen der Odertalaue wurden bis Mitte des 20. Jahrhunderts vor allem zur Heugewinnung genutzt. Trotz intensiver Nutzung zur Futtergewinnung in DDR-Zeiten entwickelten sich entlang der Altwasserarme erste Auwälder und Weidengebüsche. Sprosser, Dorngrasmücke, Weiden- und Beutelmeise sowie der Pirol nisten in den Stockwerken des Auwaldes.

Die Kormorane begründeten eine kleine Kolonie, in der heute 800 Paare brüten. Seeadler beginnen, in den ältesten Baumbeständen ihre Horste zu errichten. Das Wiederentstehen der Auwälder veränderte das Artenspektrum der Niederung. Seit 2005 vergrößern Initialpflanzungen die Auwaldflächen. Mit der Ansiedlung der Schwarzpappel kehrt zudem eine seltene und vom Aussterben bedrohte Baumart in die Niederung zurück.

Das heutige Landschaftsmosaik aus Auwäldern, Erlenbrüchen, Röhrichten und Rieden, Feuchtwiesen und moorigen Senken, Tümpeln, Weihern, Altarmen und Spülfeldern schafft eine beeindruckende Vielfalt. Das untere Odertal steht seit der Errichtung des Poldersystems jährlich fast sechs Monate unter Wasser. Das durchströmende Wasser düngt die Wiesen, regeneriert die Fischbestände und verändert die Bodenstruktur und mit ihr die Fauna und Flora. Diese Dynamik als ein Entwicklungsziel des Nationalparks belebt die Niederung und führt zu einem vom Menschen wenig beeinflussten, ständigen Wechseln unterworfenen Artenspektrum.

Mit der Gründung des Nationalparks und der Ausweisung von Flächen für die Schutzzone I gewinnen diese dynamischen Prozesse an Bedeutung. Sie werden die Ausbreitung von Wildnis fördern. Sichtbares Zeichen dieser Entwicklung ist bereits die

Graureiher bei der Nahrungssuche

Wiederbesiedlung des Tals durch den Biber. Seit 1990 breitet er sich vom nördlichen polnischen Landschaftsschutzpark kommend nach Süden im deutschen Nationalpark aus. Als einziges Säugetier gestaltet er seinen Lebensraum durch Anlegen von Burgen und Dämmen selbst und beeinflusst nicht unwesentlich das Landschaftsbild. Als größtes europäisches Nagetier besiedelt er stehende und fließende Gewässer mit reichem Uferbewuchs. Mit seinen kräftigen Schneidezähnen kann er 70 Zentimeter dicke Bäume fällen. Seine Lieblingsnahrung sind Weiden und Pappeln, die typischen Bäume der Weichholzauen in der Oderniederung. Im Nationalpark gibt es heute bereits 70 Ansiedlungen mit über 150 Bibern. Vielerorts sind die Spuren seines nächtlichen Treibens sichtbar, und mit ein wenig Glück ist er auch zu beobachten.

Erlebnis Nationalpark

Im unteren Odertal hat jede Jahreszeit ihre besonderen Reize. Während im Herbst, in tiefen Nebel gehüllt, die großen Gänse- und Kranichschwärme durch die Niederung ziehen, überwiegt in kalten Wintern die Stille unter den mit Reif bedeckten Weiden und der fast lautlose Eisgang auf der Oder.

Das erwachende Frühjahr lockt lärmende Vogelschwärme in die Auen. Kiebitz, Brachvogel und Kampfläufer rasten in den feuchten Wiesen. Im Sommer beeindrucken viele Uferzonen der Altarme mit ihrer bezaubernden Blütenpracht der Sumpf- und Wasserpflanzen. Auch zahlreiche Schmetterlingsarten lassen sich im Nationalpark beobachten, so einige Raritäten der Edelfalter. Die Oderniederung lädt abseits vom Verkehrslärm zu ausgedehnten Wochenendausflügen ein: 120 Kilometer Deiche stehen den Besuchern zum Radfahren und Wandern zur Verfügung. In den Sommermonaten, nach Ablauf des Hochwassers, kommen noch Rundwege durch die Niederung hinzu. Die Nationalparkgemeinden sind über den Oder-Neiße-Radweg, der durch den gesamten Nationalpark führt, erreichbar. Gaststätten servieren regionaltypische uckermärkische Gerichte, Leihfahrräder oder Kremserfahrten können von den Besuchern der weiträumigen Auenlandschaft gebucht werden.

Durch das hügelige Terrain am Rand der Niederung mit ihren Laubmischwäldern führen beschilderte Wanderwege, Lehrpfade bieten Informationen im Vorübergehen an, alte Baumbestände laden zu gemütlichen Spaziergängen ein. Die Grenzübergänge in Schwedt, Mescherin und Rosow erleichtern die Erreichbarkeit der ursprünglichen Landschaften auf polnischer Seite. Und wer unter fachkundiger Begleitung Wissenswertes zur Tier- und Pflanzenwelt, zur Funktion der Auenlandschaft und zum Hochwasserschutz erfahren will, dem bieten Naturwächter oder Natur- und Landschaftsführer das ganze Jahr über entsprechende Führungen an. Zusätzlich finden an den Wochenenden organisierte Rad- und Fußwanderungen, im Winterhalbjahr öffentliche Wasservogelzählungen statt.

Aussichten auf den Vogelzug

Der Nationalpark ist eine der bedeutendsten Vogelzugtrassen in Europa. Für viele Wat- und Wasservögel ist er ein wichtiges Durchzugs-, Rast- und Überwinterungsgebiet. Mehr als 200.000 Vögel 45 verschiedener Wasservogelarten ziehen im Frühjahr und Herbst durch das Gebiet. Neben den vielen Enten, Gänsen und Schwänen sind im Frühjahr die eintreffenden Wiesenbrüter besonders auffällig. Häufig können jetzt in großen Ansammlungen Kiebitze, Bruchwasserläufer, Bekassinen und Kampfläufer beobachtet werden. Aber auch der Große Brachvogel, Rotschenkel und Flussuferläufer sind im Nationalpark anzutreffen. Viele von ihnen verbringen als Brutvögel auch den Sommer hier. Der herbstliche Vogelzug hingegen wird von einer anderen

Brandgänse trifft man vor allem entlang der Küsten und großen Ströme an

Auenlandschaft – die Grenzen zwischen nass
und trocken sind „fließend"

Großvogelart bestimmt. Anfang Oktober suchen täglich bis zu 10.000 Kraniche im nördlichen Odertal ihre Schlafplätze auf. Hinzu kommen tausende durchziehender Wildgänse.

Es ist immer wieder eines der beeindruckendsten Naturschauspiele, wenn im Herbst in der Abenddämmerung die Kraniche von ihren Äsungsflächen auf den abgeernteten Feldern zu den Schlafgewässern einfliegen. Dunkel zeichnen sich dann ihre Silhouetten gegen das Abendrot des Himmels ab. Kräftige Flügelschläge verhelfen den eleganten Großvögeln zu einer beachtlichen Fluggeschwindigkeit. Unaufhörlich ertönen die Flugrufe „Krru, krru", die ihrem lateinischen Namen „Grus grus" sehr ähnlich sind. Dazwischen ist das helle Pfeifen der Jungvögel zu vernehmen. Über dem Schlafgewässer werden oft erst noch einmal ein paar Flugrunden gedreht. Dann lässt sich die Schar allmählich auf der flachen Wasserstelle nieder.

Die beiden Aussichtstürme bei Gartz und Schwedt bieten nicht nur einen fantastischen Blick auf den Oderstrom. Von hier aus kann auch das ganze Jahr über die Tierwelt im Nationalpark beobachtet werden. Vom Turm an der Oder nahe der Stadt Schwedt ist die Beobachtung der Tier- und Pflanzenwelt in einem belebten Oderaltarm im Frühling und Sommer besonders empfehlenswert. Im Winterhalbjahr beeindruckt vor allem der weite Blick auf die überflutete Oderniederung. Von zwei Aussichtsetagen des Gartzer Turmes sind ab Anfang Oktober früh morgens der Ab- und mit dem Sonnenuntergang der Anflug der Kraniche besonders gut zu beobachten. Ganzjährig lohnt sich von hier vor allem die Beobachtung von Wasservögeln. Die Türme sind regelmäßig Ziel von Führungen und Exkursionen der Naturwächter. Sie können aber auch individuell genutzt werden.

Nationalparkzentrum im Criewener Schlosspark

Das Schloss Criewen und die Gebäude des früheren Gutshofes wurden in den vergangenen Jahren aufwendig rekonstruiert. Sie beherbergen heute das Nationalparkzentrum mit dem Deutsch-Polnischen Umweltbildungs- und Begegnungszentrum der Nationalparkverwaltung, der Naturwacht und eine Umweltbibliothek. Das Besucherzentrum des Nationalparks ist im ehemaligen Schafstall des Anwesens untergebracht. Das neu errichtete NATURA-2000-Haus lädt mit einem Wildnislabor zu ganz besonderen Entdeckungsreisen ein.

In dem von Peter Joseph Lenné um 1820 angelegten, etwa zehn Hektar großen Landschaftspark am Schloss steht noch heute die alte Dorfkirche, deren Ursprung bis in das 13. Jahrhundert reicht. Als Rittmeister von Arnim 1816 mit dem Bau des Herrenhauses begann, wurde das alte Dorf um die Kirche abgetragen, die neuen Häuser an der Straße nach Schwedt errichtet. Die Alte Gutsgärtnerei ist heute ein ökologischer Schau- und Lehrgarten. Dort sind alte, für die Region typische Kultur- und Wildpflanzen – Kräuter, Obst- und Gemüsesorten – zu besichtigen.

Die Hauptattraktion in Criewen ist aber ohne Frage die Ausstellung im Nationalparkhaus, die jedem Besucher die Möglichkeit bietet, selbst aktiv zu werden. Landschaftsmodelle, Moorprofile und eine Multimedia-Schau zeigen das untere Odertal im Wandel der Zeiten.

Im großen Oder-Aquarium schwimmen Hecht, Aland, Rapfen, Zander und sogar Störe, aber auch so kleine Arten wie Steinbeißer, Stichling und Bitterling. Am Poldermodell können Besucher Deichgraf spielen und die Auen fluten. Täglich finden im Nationalparkhaus fachkundige Führungen statt.

Nationalpark-Entdeckungen per Muskelkraft

Die 50 Kilometer Nord-Süd-Ausdehnung des Nationalparks kann auf dem neuen Uferradweg zwischen Stolpe und Gartz durchquert werden. Er führt als Teil des Oder-Neiße-Radwanderweges durch den Nationalpark und bietet ständig wechselnde Panoramen der Auenlandschaft. Auch Inline-Skater wissen den asphaltierten, meist auf der Deichkrone verlaufenden Weg zu schätzen. Insgesamt stehen dem Nationalparkbesucher über 200 Kilometer ausgeschilderte Rad- und Wanderwege zur Verfügung. Die Gaststätten der Region bieten typisch uckermärkische Gerichte an. Fahrräder können ausgeliehen werden. Auch auf dem Kremser, dem Pferdewagen, können Besucher die einzigartige Landschaft des unteren Odertals erleben. Der Grenzübergang bei Schwedt führt zu den benachbarten polnischen Landschaftsschutzparks.

Die Ruhe, Weite und Einsamkeit in Deutschlands einzigem Auen-Nationalpark ist das ganze Jahr über besonders in den frühen Morgenstunden auf den Wanderwegen der Deiche oder den im Frühjahr und Sommer nutzbaren Rundwegen durch die Niederung zu erleben. Ausgeschilderte Wander- und Lehrpfade durch Laubmischwälder bieten sich im hügeligen Terrain für Spaziergänge im Schatten alter Baumbestände an. Mitarbeiter der Brandenburger Naturwacht und des Nationalparks führen an fast allen Wochenenden im Jahr Erlebniswanderungen und Exkursionen durch. Zusätzlich können Gruppen auf Anmeldung Ausflüge in den Nationalpark und Vorträge im Nationalparkzentrum buchen.

Naturpark Barnim

Brandenburg

Besucher-/
Informationszentrum
Barnim Panorama

Wandlitz

Biesenthal

Bernau

Gut Hobrechtsfelde

Besucherinformation

Ortschaft

Naturlandschaft

Verortung in Brandenburg

BESUCHERINFORMATION

Verwaltung Naturpark Barnim
Breitscheidstraße 8-9
16348 Wandlitz

Telefon 033397-2999
www.naturpark-barnim.de
www.grossschutzgebiete.brandenburg.de

VERWACHSEN MIT DER METROPOLE

Die so genannte „Platte" liegt nördlich von Berlin. Sie entstand vor etwa 170.000 Jahren zur Zeit der Saale-Eiszeit. Den Feinschliff erhielt sie allerdings erst vor etwa 15.000 Jahren zur Zeit der jüngsten Eiszeit, der Weichsel-Eiszeit, als ein relativ „müder" Gletscher sich eher den Hinterlassenschaften der älteren Kaltzeit anpasste, als mit eigener Kraft die Landschaft zu gestalten. Die „Platte", das ist der Barnim, die Hochfläche nahe Berlins, eingerahmt vom Eberswalder Urstromtal im Norden, vom Odertal im Osten, dem Berliner Urstromtal im Süden und der Havelniederung im Westen. Egal aus welcher Richtung man sich nähert, sie ist – mal mehr, mal weniger – als herausragende Hochfläche sichtbar. Der Abbruch der Barnimplatte ins Berliner Urstromtal ist an der Landstraße B1/B5 Berlin-Alt-Kaulsdorf besonders eindrucksvoll.

„Grüne Brücken" nach Berlin

Die „Platte" ist nicht deckungsgleich mit dem Naturpark Barnim, dem einzigen länderübergreifenden Naturpark auf Brandenburger und Berliner Territorium. Sie erstreckt sich im Südosten weit über die Grenzen des Naturparks hinaus. Der Naturpark umfasst vor allem den so genannten Westbarnim, daneben Teile des Eberswalder Urstromtals und der Havelniederung, die dort von der Schnellen Havel durchflossen wird. Er ist rund 750 Quadratkilometer groß. 5,4 Prozent der Fläche liegen auf Berliner Gebiet in den Stadtteilen Pankow und Reinickendorf. Berlin steuert eines seiner ältesten Naturschutzgebiete zum Naturpark bei, das Kalktuffgelände am Tegeler Fließ, dazu den Bucher

KONTAKT

Tourismusverein Naturpark Barnim e. V.
Bahnhofsplatz 2
16348 Wandlitz
Telefon 033397-67277
www.barnim-tourismus.de

BARNIM PANORAMA/
Naturparkzentrum
Agrarmuseum Wandlitz
Breitscheidstraße 8-9
16348 Wandlitz
Telefon 033397-21558

Auf dem Barnimer Dörferweg bei Lübars

Forst und die Karower Teiche. Die Panke, das Tegeler Fließ und die Niederung des Lietzengrabens schaffen „grüne Brücken" für Tiere und Pflanzen zwischen der Metropole und ihrem Umland: einen natürlichen Biotopverbund und gleichzeitig Frischluftschneisen für den so wichtigen Luftaustausch in der Stadt.

Der Brandenburger Teil des Naturparks liegt zwischen den Ortschaften Bernau, Bad Freienwalde, Eberswalde, Liebenwalde und Oranienburg.

Die landschaftlichen Besonderheiten des Naturparks sind abwechslungsreich. Auffallend sind die vielen für den Barnim charakteristischen Feldsölle. Beliebt bei den Besuchern sind vor allen Dingen die schönen Seen. Es gibt große zusammenhängende Wälder, Fließe und Moore, Dünengebiete und Heiden und, bei Blankenfelde und Hobrechtsfelde, die einst nahezu aquatischen Flächen der ehemaligen Berliner Rieselfelder.

Im Wandlitzer und Liepnitzsee wird die als Delikatesse geschätzte Kleine Maräne gefischt. Bachneunauge, Westgroppe, Steinbeißer und andere geschützte Arten leben in den naturnahen Fließen. Vogelfreunde können dort auch den Eisvogel, die Gebirgsstelze und, als Wintergast, die Wasseramsel beobachten. Großes Beobachtungsglück braucht man, um einen Biber oder Fischotter zu sichten. Die Spuren des Bibers, Europas größtem Nager, sind jedoch unübersehbar: Auffällig sind die im Doppelkegelschnitt angenagten Bäume, zum Beispiel am „Langen Trödel". Wenn im Winter Schmalkost angesagt ist, schreckt „Meister Bockert" nicht einmal vor großen Stiel-Eichen zurück. Die Spuren des Fischotters entdecken dagegen meist nur Fachkundige: Seine Kötteln verraten die Gegenwart des scheuen, nachtaktiven Wassermarders, im Winter auch die Pfotenabdrücke im Schnee. Den flinken Fischer selbst bekommt man fast nie zu Gesicht.

Die typischen Binnendünengebiete des Naturparks entstanden, bevor sich nach dem Ende der jüngsten Kaltzeit eine schützende Vegetationsdecke gebildet hatte: Der frei liegende Sand wurde vom Wind zu Dünen aufgeweht. Sander glazialen Ursprungs

Rund 200 verschiedene Pflanzenarten sind in der Schönower Heide zu finden

Klare Gewässer und naturnahe Erlenbruchwälder
verleihen dem Briesetal ein reizvolles Landschaftsbild

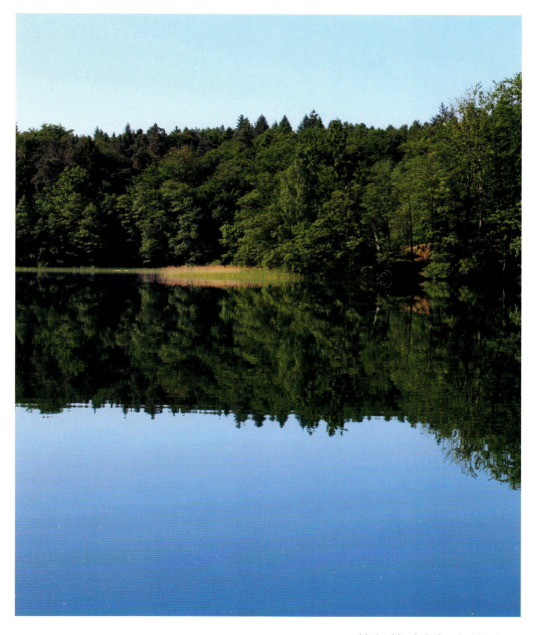

Bilderbuchlandschaft – der Liepnitzsee

finden sich im Süden und Westen des Naturparks mit der Schönower Heide, dem Briesetal und der Melchower Schweiz im Randbereich des Eberswalder Urstromtals zwischen Melchow und Biesenthal.

Bei geologischen Untersuchungen unweit der Stadt Finow wurde eine über 12.000 Jahre alte, unter den Dünen begrabene Braunerdeschicht entdeckt, die nach dem Fundort „Finowboden" genannt wurde. Sie entstand in einer zwischenzeitlichen Erwärmungsphase mit Pflanzenbewuchs gegen Ende der jüngsten Kaltzeit.

Geschichte und Geschichten

Der Barnimrand ist uraltes Siedlungsgebiet. Funde aus der Jungstein- und Bronzezeit, die im Agrarmuseum Wandlitz ausgestellt sind, belegen, dass der Barnim bereits seit der jüngeren Steinzeit vor rund 6.000 Jahren dauerhaft besiedelt war.

Die Anfänge der Besiedlung haben eine bewegte Geschichte. Während der Völkerwanderung verließen im 5. Jahrhundert die germanischen Erstsiedler die Gegend. Anschließend wanderten slawische Stämme ein. Orts- und Flurnamen mit Endungen auf -in, -ow, -itz oder -witz (zum Beispiel Finow, Wandlitz) erinnern an die slawische Besiedlung. Ende des 12. Jahrhunderts begann die deutsche Eroberung.

Der Sage nach soll der aus dem Hause der Askanier (Aschersleben) stammende Graf Albrecht I. von Ballenstedt, genannt „der Bär", im Barnim auf Bärenjagd gewesen sein. Er verirrte sich im dichten Wald und kam an eine Schänke. Das vorzügliche Bier, die schöne Gegend und nicht zuletzt die Wirtin bewogen ihn – Mitte des 12. Jahrhunderts – zur Gründung Bernaus. Tatsache ist, dass der von Slawen besiedelte und von unterschiedlichen Seiten umkämpfte Barnim erst Mitte des 13. Jahrhunderts endgültig in askanischen Besitz kam. Albrecht, der „Stammvater" der Mark, der die slawische Hauptburg Brennabor (Brandenburg) erobert hatte und von 1157 bis 1170 erster Brandenburger Markgraf war, ruhte da bereits seit über 70 Jahren in seiner Gruft im Ballenstedter Schloss.

Zu den von den Brandenburger Markgrafen errichteten Burgen gehörte auch die in Biesenthal. Mauerreste sind auf dem Schlossberg erhalten. Auf einer Sandinsel in der Nachbarschaft erhebt sich in der Finowaue der vier Meter hohe Reiherberg: Reste einer slawischen Fluchtburg mit einem 45 Meter Durchmesser messenden Rundwall.

Wälder und Sölle

Über die Hälfte des Naturparks ist bewaldet. Wie fast überall in Brandenburg dominiert die Kiefer. Besonders wertvoll aber sind die naturnahen Buchenwälder am Liep-

Rotbauchunke – der melancholische Ruf des kleinen Lurchs ist weithin hörbar

nitzsee und in der Barnimer Heide, der Eichenmischwald im Kreuzbruch und die Bruchwälder im Finow- und im romantischen Briesetal.

Eine Wanderung durchs Briesetal führt an einem bewaldeten Dünengürtel und an dem naturnahen Niederungsbach entlang, den an vielen Stellen ein geheimnisvoller Erlenbruch säumt. In Zühlsdorf geht es an einem kleinen, elektrisch betriebenen Sägewerk vorbei. Früher trieb hier die Briese das Rad einer Sägemühle an. Am einstigen Mühlenteich wechselt der Wanderweg auf das andere Ufer. Beim ehemaligen Forsthaus Wensickendorf bietet sich ein schöner Panoramablick über die Brieseniederung und den hangaufwärts führenden Dünengürtel.

Wenn Wanderer es an warmen Frühlings- und Sommertagen aus Ackersenken und Söllen leise läuten hören, müssen das nicht ferne Kirchenglocken sein. Wahrscheinlicher ist, dass der melancholische Ruf der Rotbauchunke, deren dumpfes „Uuhuuh, uuhuuh" an gedämpftes Glockengeläut erinnert, über die Feldflur schallt. Die Unkenrufe lassen die männlichen Tiere des nur etwa vier Zentimeter großen Froschlurchs nachmittags oder in der ersten Nachthälfte hören. Die Rotbauchunke ist stark gefährdet. Die intensive Landwirtschaft hat ihr immer mehr Lebensräume genommen: Sie siedelt in den kleinen, oft mondrunden Söllen inmitten der Feldflur.

Sölle, Kleingewässer und Feuchtgebiete in den Ackersenken werden nicht nur von Unken und anderen Amphibien wie Kammmolch, Knoblauchkröte und Moorfrosch als Lebensraum benötigt. Wenn der Mensch nicht eingreift, sind die meisten der

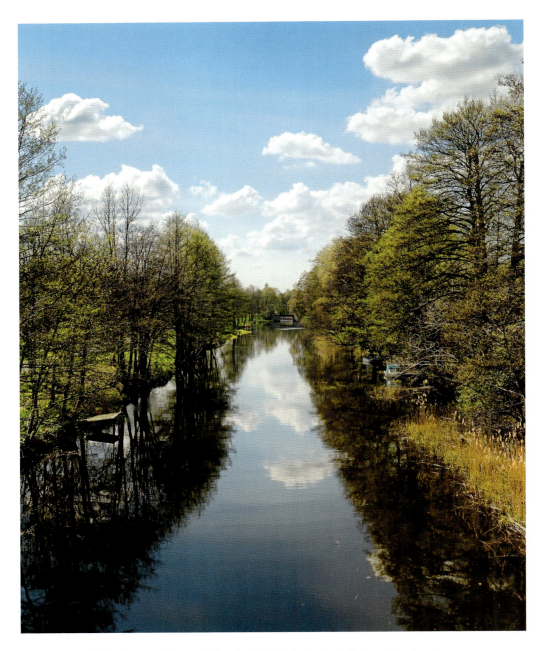

Der „Lange Trödel" bei Zerpenschleuse – Teilstück des bald wieder durchgängigen Finowkanals

rund 60.000 brandenburgischen Sölle fischfrei und damit idealer Lebensraum für viele Libellenarten und Wasserinsekten. Kleinwüchsige Pflanzenarten dieser Lebensräume wie der Sumpfquendel oder das Mäuseschwänzchen haben nur unter diesen konkurrenzarmen Bedingungen eine Chance zu wachsen.

Unterwegs zwischen Wandlitz und Liepnitzsee

Von den Bahnhöfen Wandlitz und Wandlitzsee führen Wanderwege durch hochstämmigen Buchenwald zum Liepnitzsee. Eine Viertelstunde Fußmarsch und der Wald gibt den Blick frei auf den See, dessen kleine Uferbuchten im Sommer oft von Badenden belagert werden. Längs des schmalen Weges am Südufer steht viel Totholz, in dem es vor Leben wimmelt. Es lohnt sich, den Blick in Richtung des lauten Gehämmers zu richten, das Schwarz-, Bunt- und Mittelspecht veranstalten, wenn sie an den abgestorbenen Baumstämmen auf Insektenjagd gehen.

Aus der Mitte des Sees wölbt sich eine Insel, der Große Werder. Einer Anekdote zufolge soll Ende des 19. Jahrhunderts der Bauer Spengler den Grafen von Redern aus dem Sumpf gezogen haben, wofür ihm dieser als Dank für 99 Jahre die Insel zur kostenlosen Nutzung überließ. Die Spenglers eröffneten hier eine Gaststätte, die noch heute existiert. Im Sommer sind Festland und Insel durch eine Fähre verbunden.

Nach steilem Auf und Ab am Nordufer des Sees ist der Höhenweg erreicht: Die ganze Schönheit des 114 Hektar großen Liepnitzsees liegt dem Wanderer zu Füßen.

Wer das Besucherzentrum des Naturparks besuchen will, braucht vom Bahnhof Wandlitz aus nur einen zehnminütigen Fußweg zu absolvieren. Auf 1.500 Quadratmeter Ausstellungsfläche wird Besuchern Naturschutz und Landwirtschaft unter einem Dach präsentiert. Im „Museumsstall" können die Besucher die Entstehung der Landschaft in der Eiszeit und ihre Gestaltung durch den Menschen bis in die Gegenwart erleben. In der „Museumsscheune" werden große Landmaschinen und traditionelles Landleben ausgestellt.

Baumkegel am Finowkanal

Der 1620 eröffnete Finowkanal ist eine der ältesten künstlichen Wasserstraßen nördlich der Alpen, die noch heute schiffbar sind. Während des Dreißigjährigen Krieges verfallen, wurde er Mitte des 18. Jahrhunderts auf Betreiben Friedrichs des Großen als „zweiter Finowkanal" wieder eröffnet.

Ein Schild weist den Weg zum „Treidelweg". Nachdem Wanderer die Fußgängerbrücke über den Oder-Havel-Kanal genommen haben, fällt ihr Blick nach wenigen Metern auf den idyllischen „Langen Trödel". Bis zur Eröffnung des Oder-Havel-Kanals Anfang des 20. Jahrhunderts war er ein Teil des Finowkanals. Mit Zuschüttung der „Zerpen-schleuse" wurde er zur Sackgasse. Heute wird die alte Durchgängigkeit wiederherge-stellt und der „Lange Trödel" und der Finowkanal für den touristischen Bootsverkehr zu einer neuen Atrraktion.

Die Kopfsteinpflasterstraße in Richtung Liebenwalde wird von Erlen und Weiden ge-säumt. Die in der charakteristischen Form einer Sanduhr angenagten Bäume sind das Werk des Bibers. Die einstigen „Treidelwege" am Kanal wurden zum Großteil als Rad- und Wanderwege ausgebaut.

Nonnenfließ ohne Nonnen

Der Naturparkbahnhof Melchow befindet sich am Nordrand der Barnimplatte. Von hier aus führt eine empfehlenswerte Wanderung zum Nonnenfließ, einem naturna-hen Niederungsbach, dessen Bett sich tief in die Hochfläche eingeschnitten hat. Eine Landschaft wie im Mittelgebirge: Hier fühlen sich Zwiebel-Zahnwurz, Gebirgsstelze und Wasseramsel wohl – Arten, die für das vorwiegend flache Brandenburg nicht gerade typisch sind. Im klaren Wasser, das in bilderbuchreifen Schleifen der Schwär-ze zufließt, schwimmen Westgroppe, Bachneunauge und Steinbeißer. In der Talsohle, an den Hängen und auf dem Plateau stehen alte Buchen und Traubeneichen. Hier ist es selbst an heißen Sommertagen angenehm kühl.

Für die Namensgebung gibt es verschiedene Deutungen. Eine Legende besagt, dass hier einst ein Nonnenkloster stand, das eines Tages mitsamt den Nonnen in einer überraschenden Flut versank.

Der Weg vom Bahnhof zum Nonnenfließ führt durch die ursprüngliche Dorfanlage, die 1432 von den Hussiten verwüstet wurde. Bei Spechthausen geht es am ehema-ligen Forsthaus Geschirr vorbei. Hier stand eine Mühle, die Lumpen für die Specht-hausener Papierfabrik stampfte. Der bereits unter Friedrich dem Großen gegründete Betrieb produzierte unter anderem Papier für die Banknoten der Deutschen Reichs-bank und im Jahr 1851 für die ersten Briefumschläge der preußischen Post.

Mächtig viel Moor und „dufte" Landschaft

Das Biesenthaler Becken mit seinen schmalen Fließen und kleinen Seen, stillen Mooren und steil aufragenden Sandrücken ist Quellgebiet der Finow. Als „Kames" werden diese von Schmelzwasserflüssen gegen Ende der letzten Kaltzeit aus Sand- und Kiesschichten aufgeschütteten Sandrücken bezeichnet. Im Biesenthaler Becken gibt es fast alle in Mitteleuropa vorkommenden Moortypen mit bis zu 18 Meter mächtigen Torfschichten. Ein ideales Betätigungsfeld für Geologen. Als „Archive der Landschaft" geben sie Auskunft über das Klima vergangener Epochen. So vielfältig wie die Moore hier sind, so oft wurden sie von Geologen bebohrt und vermessen. Abseits vom Weg blühen von Mai bis Juni auf den Nasswiesen ehemaliger Torfstiche zahlreiche Orchideenarten. Im buchenbestandenen, idyllischen Tal des Hellmühler Fließes gräbt der Eisvogel seine Nisthöhlen in die Wurzelteller umgestürzter Bäume. Noch bis 1986 bekamen Spaziergänger im Berliner Randgebiet eine ungefähre Vorstellung davon, wie es in der Millionenstadt vor dem Bau der Kanalisation gerochen haben muss. Über 100 Jahre lang wurden die kommunalen Abwässer an die Peripherie gepumpt, hier vorgeklärt und verrieselt. Mit dem Bau des „Klärwerks Nord" endete der Rieselbetrieb. Die landwirtschaftliche Nutzung der Rieselfelder, die einst den Eckpfeiler der Gemüseversorgung Berlins darstellten, wurde bereits in den 1960er Jahren endgültig aufgegeben. Seit 1985 werden die ehemaligen Rieselfelder

Nonnenfließ – klares Wasser mäandert unreguliert und naturbelassen durch den Laubwald

Die Spuren des Bibers sind nicht zu übersehen / Charakteristisches Merkmal des Wiedehopfes ist die fünf bis sechs Zentimeter aufrichtbare Federhaube

im Norden Berlins in eine Erholungslandschaft umgestaltet. Dabei werden als Kontrast zu den streng geometrischen Formen der ehemaligen Becken, Gräben und Dämme neue geschwungene Wege angelegt, die Wanderern und Radfahrern reizvolle Entdeckungstouren ermöglichen. Die ehemaligen Rieselfelder schaffen einen Übergang vom pulsierenden, urbanen Leben in die ruhige, hügelige Landschaft des Naturparks Barnim. Über mit großen Freiflächen durchzogene Wälder sind die Rieselfelder mit den Heideflächen der nördlich gelegenen alten Militärflächen Schönower Heide verbunden. Weite und Offenheit stellen ein reizvolles Gegenstück zum Bucher Forst dar, der mit seinem naturnahen Hochwaldbestand und vielen seit langem unberührten Erlenbrüchen die südliche Grenze des Rieselfeldareals bildet.

Die Karower Teiche gehören heute zu den bedeutendsten Berliner Naturschutzgebieten. Auf 130 Hektar finden sich Wald und Wiese, offene Wasserflächen mit üppigen Röhrichtgürteln, naturnahe Erlenbrüche und feuchte Hochstaudenfluren. Ein Rundweg führt um das Gelände, ein zweiter quert das Gebiet zwischen den Teichen. Drei Aussichtsplattformen bieten störungsarme Beobachtungsplätze, Infotafeln liefern Hintergrundwissen. Taucher-, Rallen- und Entenarten können hier ebenso beobachtet werden wie Graugänse, Rohrweihen und Rohrsänger. Ab dem zeitigen Frühjahr gesellen sich zu den Vögeln tausende Gras- und Teichfrösche, Erd-, Knoblauch- und Wechselkröten. Die zur Paarungszeit hellblau gefärbten Moorfrösche setzen auffällige Farbtupfer in die Teichlandschaft.

Schönower Heide – ein Jahrhundert militärisches Üben

Auch das nordöstlich an der Berliner Stadtgrenze gelegene rund 500 Hektar große Naturschutzgebiet Schönower Heide war militärisches Übungsgelände, auf dem Anfang des 20. Jahrhunderts die kaiserlichen Gardeinfanteristen trainierten. Ende desselben Jahrhunderts wurden sämtliche Gebäude der ehemaligen Streitkräfte abgerissen und ein Rundwanderweg mit Aussichtsturm angelegt. Von dort kann man die vom Aussterben bedrohten Charaktervogelarten der offenen Heideflächen wie Raubwürger und Brachpieper, Wiedehopf und Ziegenmelker, Schwarz- und Braunkehlchen, Steinschmätzer und Heidelerche beobachten. Die Heide wird durch Entbuschung freigehalten, um Besuchern den lila Weitblick und bedrohten Arten diesen selten gewordenen Lebensraum zu erhalten.

Nur ein Katzensprung

Die Ausflugsziele im Naturpark sind von Berlin aus gut zu erreichen: Ausflügler fahren mit der S-Bahn ins Briesetal, in den Bucher Forst und zu den Karower Teichen mit ihrer faszinierenden Vogelwelt.

Mit der „Heidekrautbahn" gelangen die Fahrgäste ins Zentrum des Naturparks. Schon seit mehr als 100 Jahren fährt sie von Berlin-Karow aus zu Ausflugsklassikern wie dem Wandlitzer- und dem Liepnitzsee. Am Wochenende führt die Wensickendorfer Strecke der Heidekrautbahn bis zum Bauernmarkt in Schmachtenhagen/Oberhavel. Das bunte Treiben dort gehört zu den erfolgreichsten Bauernmärkten in Deutschland. Mit der Ostbrandenburgischen Eisenbahn erreicht man das wildromantische Nonnenfließ, die Melchower Schweiz mit den Dünen und das Biesenthaler Becken.

Naturpark Märkische Schweiz

Brandenburg

Naturpark-
Besucherzentrum
Schweizer Haus
Buckow

Altfriedland

Reichenberg

Julianenhof

Waldsieversdorf

Besucherinformation
Ortschaft
Naturlandschaft
Verortung in Brandenburg

BESUCHERINFORMATION

Naturpark-Besucherzentrum
Schweizer Haus
Naturparkverwaltung, Naturwacht
Lindenstraße 33
15377 Buckow

Telefon 033433-15841/-48
np-maerkische-schweiz@lugv.brandenburg.de
www.grossschutzgebiete.brandenburg.de

TIEFE KEHLEN UND SÜSSE MÄUSE

Klein ist er, aber „oho": der älteste und kleinste unter den brandenburgischen Naturparks. „Oho" vor allem deshalb, weil hier auf engstem Raum eine unglaubliche Vielfalt an Landschaftsformen versammelt ist: bewaldete Hügelketten mit herrlichen Laubmischwäldern, dazwischen Schluchten und Täler, Wiesen und Felder, und überall Gewässer – große und kleine Seen, Fischteiche, Sölle, Quellen und Moore. Wohl kaum ein anderes Großschutzgebiet in Brandenburg hat so viele unterschiedliche Seetypen auf so engem Raum vorzuweisen wie der Naturpark Märkische Schweiz.

Tief, klar und groß, dazu kalkreich und nährstoffarm, so präsentiert sich der Schermützelsee (nicht zu verwechseln mit dem weiter südlich gelegenen Scharmützelsee bei Bad Saarow), der mit 146 Hektar Wasserfläche größte See im Naturpark. Ganz anders die in der Agrarlandschaft liegenden Grundmoränenseen und Kleingewässer um Hermsdorf und Obersdorf. Sie sind flach und nährstoffreich und verlanden sehr stark. Ihre ausgedehnten Schilfgürtel sind Lebensraum für Wat- und Wasservögel.

Dichter und Banker

Die Vorzüge dieser abwechslungsreichen Landschaft so dicht vor den Toren Berlins sind schon seit längerem bekannt. Darauf weist auch der Beiname „Schweiz" hin. Schweiz steht dabei für Idylle, Vielfalt und unverwechselbare Schönheit einer Region. Im 19. Jahrhundert wurde es Mode, solchen Landschaften, die dem romantischen Ideal einer Kultur- und Naturlandschaft am meisten entsprachen, den Beinamen

KONTAKT

Kultur- und Tourismusamt Märkische Schweiz
Sebastian-Kneipp-Weg 1
15377 Buckow
Telefon 033433-57500
touristinfo@amt-maerkische-schweiz.de

Internationales-Fledermaus-Museum Julianenhof
Julianenhof 15b
15377 Märkische Höhe/
Reichenberg
Telefon 033437-15256
fledermausmuseum@
freenet.de
nabu@nabu.maerkische-schweiz.com

*Der Schermützelsee ist der größte und tiefste See im
Naturpark Märkische Schweiz*

„Schweiz" hinzuzufügen. Damit wurde keineswegs auf die Hochgebirgslandschaft des
Alpenlandes Bezug genommen, sondern auf das Schweizer Mittelland. So reichte es
für eine der zahlreichen neuen „Schweizen" oft aus, einige Hügel und schöne Seen
aufweisen zu können – Berge waren nicht nötig.

Weltweit gibt es an die 200 „Schweizen", davon allein in Deutschland 61. Theodor
Fontane soll über diese Mode gespottet haben, „die Schweizen werden jetzt immer
kleiner". Und doch scheint er die Bezeichnung für die kleine Märkische Schweiz für
berechtigt gehalten zu haben, wie seine Beschreibung in den „Wanderungen durch
die Mark Brandenburg" (Band Oderland, 1862) verrät: „... und bei bloßer Nennung
des Namens steigen freundliche Landschaftsbilder auf: Berg und See, Tannenabhän-
ge und Laubholzschluchten, Quellen, die über Kiesel plätschern und Birken, die, vom

Winde halb entwurzelt, ihre langen Zweige bis in den Waldbach niedertauchen." Und er vergleicht die liebliche Schweiz der Mark dann doch mit deutschen Mittelgebirgen: „Wer den Harz, wer Thüringen und die Sächsische Schweiz kennt, ist manche liebe Stunde unter gleichen Bildern."

Fontanes Berliner Zeitgenossen ist das schöne Fleckchen rund 60 Kilometer östlich der Berliner Stadtgrenze auch nicht unbekannt. Vermögende Familien kaufen und bauen Häuser am Schermützelseeufer und lassen so das Städtchen Buckow wachsen. Von dem wusste schon der Leibarzt des Preußenkönigs Friedrich Wilhelm IV. seinem Dienstherren 1854 zu berichten, dass dort „die Lunge auf Samt" gehe. Knapp 100 Jahre später, 1952, erwirbt Bertold Brecht ein Anwesen in Buckow, auf dem er mit seiner Frau Helene Weigel fortan jeden Sommer verbringt.

Auch andere Prominente wie Egon Erwin Kisch, John Heartfield und Max Schmeling schätzten die Märkische Schweiz und hielten sich hier zur Sommerfrische auf.

Seen, Wälder, märkische Dörfer – und ein ausgezeichnetes Wanderwegenetz

Buckow – verwoben mit der umgebenden Natur

Gerade auch in jüngster Zeit kommen Berliner und weitgereiste Touristen immer zahlreicher, um sich in der Märkischen Schweiz zu entspannen, zu erholen und neuerdings auch zu kuren: Buckow ist der erste Kneippkurort Brandenburgs und seit 2006 Naturparkgemeinde. Hier, auf halbem Weg zur Oder, verschmelzen Stadt und Landschaft, sind verwoben mit den schönsten Wanderwegen, mit Schluchten und Hügeln, Aussichtspunkten und idyllischen Seeufern. Allein fünf Seen liegen in unmittelbarer Stadtlage Buckows. Die Stadt ist das kulturelle Zentrum des Naturparks, die meisten Wanderer starten von hier aus ihre Touren.

Kulturinteressierte werden sich den Besuch des Brecht-Weigel-Hauses und des Literaturmuseums nicht entgehen lassen. Veranstaltungen wie der Literatursommer – mit mehr als 11.000 Besuchern im Jahr bei steigender Tendenz – und die Veranstaltungsreihen „Klassik im Grünen", „Musik in Dorfkirchen" und „Geistliche Abendmusik" entfalten ebenfalls eine große Anziehungskraft auf die Besucher. Während der jährlich stattfindenden „Langen Nacht" können die Gäste die nächtliche Kultur und Natur von Buckow erkunden. Anlässlich der „Langen Nacht" führt die Naturwacht auf eine Fledermausexkursion, und unter dem Motto „Nachtschwärmer" wird das Nachtleben der Schmetterlinge beleuchtet. Die traditionellen Buckower Rosentage erinnern an die Bedeutung des Ortes als Rosenzüchterstadt.

Eines der schönsten Vorhaben der Besucher Buckows ist aber sicherlich eine Wanderung rund um den größten, schönsten und tiefsten See der Märkischen Schweiz, den von Wäldern und Höhen umsäumten bis zu 40 Meter tiefen Schermützelsee. In seinen Fluten soll einst der Sage nach Alt Buckow versunken sein – als Vergeltung Gottes dafür, dass zur Zeit der Christianisierung Brandenburgs Missionare in Buckow von den dort ansässigen heidnischen und der Missionierung überdrüssigen Slawen auf dem Marktplatz totgeschlagen wurden – so die Überlieferung.

Schweizer Haus – ein Weitwinkelblick auf die Welt

Zu der Fülle attraktiver Freizeitangebote, die Buckow zu jeder Jahreszeit bereithält, gehört auch die Naturpark-Erlebnisausstellung im Naturpark-Besucherzentrum Schweizer Haus. Das Besucherinformationszentrum wurde im Jahr 2000 eingeweiht. Es stellt in ganz besonderer Weise den schon erwähnten Übergang zwischen Stadt und Natur her. Das Gebäude wurde aus Massivholz errichtet, verwendet wurden Schwach- und Resthölzer, die beim Durchforsten der Wälder anfielen. Der Außenbereich ist mit dem unmittelbar angrenzenden Wald und der hier fast unberührten

*Die Zweigestreifte Quelljungfer ist an schnell fließenden,
klaren Bächen zu Hause*

Natur des Flüsschens Stobber eng verbunden. Besucher können von der Ausstellung direkt in die freie Natur hinüberwechseln.

Wappentier des Naturparks ist die Flussjungfer, die typischerweise an sauberen, sauerstoffreichen und eher größeren Bächen und Flüssen der Ebene und der Vorgebirge vorkommt. Besucher des Schweizer Hauses werden beim Eintreten von einem überdimensionalen Exemplar dieser Großlibelle beäugt. Ihre Facettenaugen bewirken einen Weitwinkelblick. Über einen Monitor können die Besucher die Umwelt mit den Augen dieser Libelle betrachten und die entsprechende Ansicht von sich selbst als Postkarte ausdrucken.

Auch andere Medien kommen in der Ausstellung zum Einsatz. So können Naturinteressierte hier „Landschaft hören", am Computer durch den Naturpark surfen oder ihn im Video aus der Vogelperspektive betrachten.

Die gestaltenden Kräfte der kleinen Schweiz

Ein solcher Blick von oben auf den Naturpark hat seinen besonderen Reiz. Wie eine Handvoll ausgestreuter Saphire leuchtet das tiefe Blau der Seen, eingebettet in das satte Grün der umgebenden Wälder. Auffällig sind die ungleichmäßigen Formen der

Die Trockentäler der Märkischen Schweiz werden „Kehlen" genannt

Gewässer, die die strengen Rechtecke und Färbungen der von hellem Gelb bis rötlichem Braun leuchtenden landwirtschaftlichen Flächen durchbrechen. Und hier und da ist ein fast kreisrundes Feldsoll mit geschlossenem Schilfgürtel zu entdecken, der das Kleingewässer von den im Wind wogenden Halmen der Felder abgrenzt. Landschaftsgestalter der Märkischen Schweiz war die Frankfurter Staffel der Weichsel-Kaltzeit mit ihrer letzten großen Vereisung vor etwa 12.000 Jahren. Mit der Schmelzwasserabflussbahn, der Buckower Rinne, entstanden zwischen der Lebuser und Barnimer Hochfläche drei besondere Landschaften der Märkischen Schweiz: das Rote Luch, der seen- und reliefreiche Buckower Kessel und das Stobbertal.

Bis zu 300 Meter dicke Eisschichten und ihre Schmelzwässer haben Lockergesteine wie Kies, Sand und Mergel zu Schichten von bis über 240 Metern Mächtigkeit aufgearbeitet, transportiert, ausgetaut, sortiert und geschichtet, und formten so die sichtbaren Erhebungen der Endmoränen im Buckower Kessel.

Fast alle eiszeitlichen Bildungen und Formen sind in der Region vertreten: Endmoräne, Grundmoräne, Oser, Sölle, Kehlen, Täler, Schwemmkegel, Plateauberge, die Seen und Niedermoore und nicht zuletzt riesige Findlinge. Weil auch diese glazialen Ausprägungen mit ihrer Vielzahl einzelner Geotope – wie den großen Findlingen, der Silberkehle, dem Sophienfließ, dem Großen und Kleinen Tornowsee – hier auf kleinstem Raum versammelt sind, ist die Märkische Schweiz auch als Geotop geschützt.

Eine Besonderheit stellt der Kleine Tornowsee dar: Er liegt auf einer Gletscherablagerung etwa 17 Meter höher als sein „großer Bruder", der Große Tornowsee, und dies in einem Abstand von nur 250 Metern.

Natürlich nahmen auch Verwitterung und Klima, Siedlungs-, Rodungs- und Nutzungseingriffe des Menschen Einfluss auf das Bild der heutigen Kulturlandschaft im Naturpark Märkische Schweiz.

Natürlich kurvenreich – der Stobber

Quer durch den Naturpark fließt der Stobber. Natürlich, kurvenreich und weit verzweigt schlängelt er sich von seinem Quellgebiet, dem Roten Luch, durch die Seen des Buckower Kessels und mündet am nordöstlichen Zipfel des Naturparks in den Altfriedländer Strom, einen ehemaligen Oderarm.

Im Roten Luch, dem größten zusammenhängenden Niedermoorgebiet östlich von Berlin, entspringt der Stobber auf etwa 47 Meter über dem Meeresspiegel und bildet hier ein seltenes Naturphänomen: eine Talwasserscheide. Das Wasser seines nördlichen Teils fließt über die Oder in die Ostsee, das seines südlichen Teils über Spree, Havel und Elbe in die Nordsee. Das Einzugsgebiet umfasst etwa 220 Quadratkilometer. Der Stobber stellt die Lebensader für viele Lebensräume, Tier- und Pflanzenarten des diagonal durch den Naturpark verlaufenden, zentralen Fließgewässersystems dar. Seine verbindende Funktion zwischen den unterschiedlichen Lebensräumen wurde jedoch im Laufe der Jahrhunderte durch Ausbau und Begradigung stark beeinträchtigt. Bereits in der Frühzeit der askanischen Besiedlung wurde sein Gefälle – 43 Meter auf einer Strecke von 25 Kilometern – für die Anlage von Mühlenstauen genutzt. Neun Wassermühlen trieb er an, neben anderen die Dammmühle (um 1300), die Stadt-Mühle Buckow von 1285 und die Eichendorfer Mühle von 1343. Heute erinnern nur noch wenige Überreste an deren ehemalige Standorte.

Die Stauanlagen waren für wandernde Fische und andere Wasserorganismen unüberwindbar. Zu den Aufgaben und Zielsetzungen des Naturparks gehörte von Anfang an, Lebensräume zu erweitern und zu verbinden. Deshalb wurden seit 1991 acht Staue zu Fischtreppen umgebaut. Die Fische können den Höhenunterschied nun treppauf Schritt für Schritt bewältigen. Allein zwischen der Pritzhagener und der Eichendorfer Mühle tummeln sich heute 20 Fischarten, darunter so seltene wie Döbel, Bitterling, Schlammpeitzger, Steinbeißer und Gründling. Vor dem Bau der Fischtreppen konnten hier nur sechs verschiedene Arten gezählt werden. Auch Biber, Fischotter, Wasserspitzmaus und Flussmuschel nutzen diesen Lebensraum. Wie die Flussmuschel liebt die Flussjungfer, die auch unter dem Namen Keiljungfer bekannt ist, das klare, sauerstoffreiche, bewegte Wasser. Das Wappentier des Naturparks ist eine von 53 bislang im Naturpark nachgewiesenen Libellenarten. Ihre Larven benötigen mehrere Jahre für ihre Entwicklung, die Gewässersohle muss dafür sandig bis kiesig sein, verschlammte und gestaute Bereiche werden gemieden.

Ab Buckow durchfließt der Stobber ein wildromatisches Tal. Auf 13 Kilometern Länge ist das Stobbertal mit seinen Seitentälern und der angrenzenden Wiesen- und Waldlandschaft seit 1990 als Naturschutzgebiet besonders geschützt. Dieses Naturschutzgebiet ist auch Heimstatt vieler seltener Pflanzenarten. Im Frühjahr erfreut ein wahrer Blütenteppich von Leberblümchen, Scharbockskraut und Gelben Anemonen den Wanderer. Dann ist auch der quäkende Ruf – „mjääk-mjääk" – des Mittelspechts zu hören, sogar in der Nähe des Naturpark-Besucherzentrums Schweizer Haus. Sein Klopfen ist dagegen seltener zu vernehmen als das des Buntspechts. Der seltene, selbst zur Gattung der Buntspechte gehörende Vogel bevorzugt die den Stobberbachlauf begleitenden Hartholzauenwälder. Er ernährt sich überwiegend von Insekten und deren Larven, die er in Ritzen der Baumborke findet. Im Frühling mag er besonders die frischen Baumsäfte. Dazu schlägt er die Rinde von Bäumen ab, um so an die dort austretenden Säfte heranzukommen.

Tiefe Kerben, lichte Höhen

Was dem Naturpark Hoher Fläming seine Rummeln sind, sind der Märkischen Schweiz ihre Kehlen. So werden hier die tief eingeschnittenen Rinnen genannt, die sowohl durch Schmelzwässer der Eiszeit, als auch durch Erosion als Folge mittelalterlicher Abholzungen entstanden sind. Neben zahlreichen namenlosen Kehlen gibt es mindestens zehn dieser Schluchten, die märchenhafte Namen tragen. Wann und wie sie diese Bezeichnungen erhielten, ist nicht für alle erklärt. Wanderer treffen auf die Kehlen an den steilen Hanglagen im Buckower Kessel. Besonders „zerfurcht" ist der Höhenzug am Westufer des Schermützelsees. Fischerkehle, Buchenkehle, Grenzkeh-

Lübars – Blick von der Berliner Stadtkante in den Naturpark Barnim

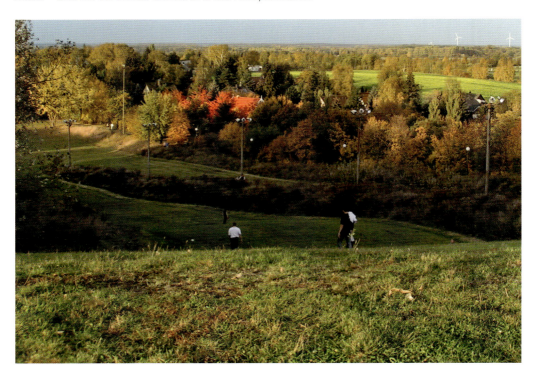

le, Langer Grund und Schwarze Kehle heißen die Einkerbungen hier. Die Kehlen sind durch ihre geringe Länge und Breite und das relativ starke Gefälle besonders bemerkenswert. Auf einer Wanderung rund um den Schermützelsee wird dies besonders anschaulich. Dabei bieten sich dem Wanderer vom Panoramaweg aus wundervolle Landschaftsbilder. In der Ferne ist von hier aus der höchste Gipfel der Märkischen Schweiz, der 129 Meter hohe Krugberg, zu erblicken.

Interessant ist die Geschichte der Schwarzen Kehle. Durch eiszeitliche Aufpressung, Stauchung und Faltung tertiärer Sedimente wurden Braunkohleflöze in abbaufähige, oberhalb des Seewasserspiegels liegende Positionen gerückt. 1851 wurde in diese Kehle ein Stollen vorgetrieben und in der Grube „Willenbrücher" mit dem Abbau von drei Braunkohleflözen begonnen. 30 Jahre später waren hier bereits 20 Arbeiter beschäftigt, die eine Jahresmenge von 20.000 Tonnen zu Tage förderten. Der Abbau erfolgte in einer Tiefe von 42 bis 44 Metern. Heute ist die Grube nicht mehr in Betrieb. Die Braunkohle verlieh der Kehle ihren Namen.

Am Sophienfließ, unweit der Drachenkehle, stand ein eindrucksvolles Naturdenkmal: die Wurzelfichte. Das weit verzweigte Wurzelsystem des 30 Meter hohen, 160 Jahre alten Baumes wurde im Laufe der Jahrzehnte vom Wasser zum Teil freigespült. Unter den freigelegten, armdicken Wurzelsträngen haben sich Hohlräume gebildet. Die Wurzelfichte ist ein Naturdenkmal, auf ihren Wurzeln darf nicht herumgeklettert werden. Der Anblick dieses Baumes „auf Stelzen" zog viele Besucher an, ein Foto der Wurzelfichte war eine beliebte „Trophäe". Im Januar 2007 fiel sie einem Orkan zum Opfer, die Wurzeln sind noch erhalten.

Die Kehlen „arbeiten" heute noch. Eine Vielzahl von Quellen und am Ufer austretende Wasserschichten lagern ausgewaschenes Material von den Hängen an der Mündung der Kehle am Seeufer ab. So entstanden über Jahrtausende die dem Ufer aufgesetzten Moore. Dieses Auswaschen der Schluchten und Kehlen führt immer wieder dazu, dass insbesondere nach heftigen Niederschlägen Erdschichten nachfallen oder ausbrechen und sich so genannte Schwemmfächer bilden.

Unterhalb der Wolfsschlucht am Nordwestufer des Kleinen Tornowsees wurde dieses Phänomen eines Schwemmfächers 1998 wissenschaftlich untersucht. Die Wolfsschlucht mit einer Länge von 250 Metern und einem Höhenunterschied von 40 Metern hatte vor etwa 10.000 Jahren die Form einer flachen Delle. Die Rodung der Wälder im Mittelalter und eine intensive landwirtschaftliche Nutzung bewirkten, dass der Ackerboden oberhalb der Wolfsschlucht bei starken Niederschlägen hangabwärts gespült, die Schlucht dabei tiefer eingekerbt und das dabei abgetragene

Bodenmaterial am Hangfuß unterhalb der Wolfsschlucht in Form eines Schwemmfächers abgelagert wurde. Ein besonders anschauliches Beispiel dafür, dass nicht nur die Eiszeit, sondern auch die Art der Landnutzung das gegenwärtige Landschaftsbild entscheidend mitgeprägt hat.

Im heute bewaldeten Feuchtgebiet des Kleinen Tornowsees wurde im 18. Jahrhundert Hopfen angebaut. Ein Grabensystem auf dem Schwemmfächer hielt das Regenwasser und die damit transportierten Bodensedimente aus der Wolfsschlucht von den Hopfenfeldern fern. Dadurch entstand eine Stufe zwischen der Wolfsschlucht und dem Kleinen Tornowsee. Sie ist noch heute zu sehen. Das Grabensystem verlor jedoch nach einem Starkregen am Ende des 18. Jahrhunderts seine Funktion. Heute ist es etwa mit einem halben Meter weiterer Bodenablagerungen aus der Wolfsschlucht überdeckt. Wie wichtig der Hopfenanbau als Erwerbsquelle war, beweist auch die Darstellung im Buckower Wappen.

Altfriedland – Tankstelle für Vögel

Schon lange vor der Klostergründung der Zisterzienser im Jahre 1271 gingen slawische Fischer im Gebiet der Altfriedländer Teiche ihrem Gewerbe nach.

Das belegen alte Aufzeichnungen. Im Laufe der Christianisierung wurde Fisch mehr und mehr zu einem unentbehrlichen Nahrungsmittel während der Fastenzeit. Um von den unregelmäßigen Fangerträgen der Fischer unabhängig zu sein, begann man seitens der Klöster, Fischteiche anzulegen. In Altfriedland waren es die Nonnen des Zisterzienserinnenklosters „Vredelant" (Friedland), die die ersten Teiche vor etwa 700 Jahren bewirtschafteten. Von diesem bedeutenden Kloster sind nur noch bauliche Reste erhalten. Heute können noch ein Kreuzgangflügel mit Kreuzrippenwölbung und das anschließende Refektorium besichtigt werden, letzteres ein schöner zweischiffiger Saal mit Sterngewölbe, das auf schlanken Säulen ruht. Konzerte im Refektorium und der Klostermarkt ziehen alljährlich viele Besucher in die alten Gemäuer. Das Kloster Altfriedland gilt unter den Klosterbauten der Region neben dem Kloster Chorin architekturhistorisch als bedeutsamster mittelalterlicher Klosterbau. Im Gegensatz zu den Backsteinruinen des eigentlichen Klosters ist die etwas abseits stehende Klosterkirche, ein einschiffiger Feldsteinbau, gut erhalten.

Ein Rundwanderweg von 5,5 Kilometern Länge führt um den Ort und das Kloster Altfriedland.

Zwischen 1965 und 1972 wurden die Altfriedländer und Karlsdorfer Teiche in der heutigen Form angelegt. Das ehemalige Niedermoorgebiet wurde damit nachhaltig überformt und einer intensiven Nutzung überlassen. Mit einer Fläche von 200 Hektar ist der Kietzer See der größte ablassbare Teich Deutschlands. Jedes Jahr im November bietet sich ein beeindruckendes Schauspiel: die Fischernte an den Altfriedländer Teichen. Beim Abfischen zuzuschauen, die Altfriedländer Fischsuppe zu probieren oder frisch gefangenen Fisch zu kaufen, lohnt allemal einen Besuch in der Naturparkgemeinde Altfriedland.

Die Fischerei ist immer noch ein wichtiger Erwerbszweig im Altfriedländer Teichgebiet, das außerdem für Petri-Jünger ein beliebtes Anglerparadies ist. Traditionell wird in dem geschichtsträchtigen Dorf alljährlich im August das Fischerfest gefeiert. Der Altfriedländer Kunstherbst und die Sommerkonzerte in der Klosterkirche gehören zu den kulturellen Höhepunkten der Region.

Fast die gesamte Naturparkfläche ist Europäisches Vogelschutzgebiet. Zu den 143 gezählten Brutvogelarten gehören Schwarz- und Weißstorch, Rot- und Schwarzmilan, Wespenbussard, Seeadler und Kranich, aber auch Sperbergrasmücke, Flussseeschwalben, Lach- und Silbermöwen und zahlreiche Entenarten. Ein Beweis für Güte und Vielfalt der Lebensräume. Hier im knapp 300 Hektar großen Teichgebiet von Altfriedland und Karlsdorf, dem Herzstück des Europäischen Vogelschutzgebietes, rasten im Herbst bis zu 40.000 Saat- und Blessgänse aus Nordeuropa – ein beeindruckendes Naturschauspiel, leicht zu beobachten von den Aussichtskanzeln.

Der örtliche Fremdenverkehrsverein organisiert ornithologische Beobachtungen am Gänserastplatz, Kremserfahrten ins Stobbertal und naturkundliche Wanderungen.

Süße Maus im alten Haus

Sie sieht wirklich „süß" aus, die Große Bartfledermaus, die, anders als ihr Name signalisiert, eher eine kleine Fledermaus ist: kuschliges, schwarz-braunes Fell, Knopfäuglein, spitze Zähnchen. Ihr Körper ist nur etwa fünf Zentimeter lang, die Flügelspannweite beträgt aber immerhin bis zu 20 Zentimeter. Die Große Bartfledermaus benötigt Wälder und Gewässer als Lebensraum, im Sommer nimmt sie auf Dachböden, im Winter in Kellern und Höhlen Quartier.

Naturschützer entdeckten vor einigen Jahren in Julianenhof im Naturpark Märkische Schweiz acht Fledermausarten, darunter eine deutschlandweit bedeutsame Wochenstube der Großen Bartfledermaus. Über 200 Tiere haben sich im Dachboden eines seit 1990 nicht mehr genutzten und inzwischen sanierten Stallgebäudes eines ehemaligen Gutshofes aus dem 19. Jahrhundert einquartiert. Der Eiskeller des Feldstein-Klinkerbaus diente den Fledermäusen als Winterquartier. So entstand die Idee, hier ein Fledermausmuseum als Erlebnis-, Bildungs- und Forschungsstätte einzurichten. Der Eiskeller wurde nach historischen Vorlagen wieder aufgebaut. Heute informiert eine Ausstellung einerseits über die Geschichte der alten Eiskeller-Kühltechnik, andererseits über die Bedeutung der Eiskeller als Winterquartier für Fledermäuse. Darüber hinaus soll das „Internationale-Fledermaus-Museum" die weltweiten historischen und aktuellen Forschungen zum Schutz der Fledermäuse umfassend dokumentieren und durch eine Erlebnisausstellung, wechselnde Sonderexponate, aber auch Tagungen, Vorträge und Führungen das „Naturerlebnis Fledermaus" einer breiten Öffentlichkeit nahe bringen. Insgesamt wurden im Naturpark Märkische Schweiz 15 verschiedene Fledermausarten nachgewiesen. Der Naturpark gehört damit zu einem der Schwerpunktgebiete im Fledermausschutz des Landes Brandenburg.

Märkische Dorfromantik

Zwei weitere Merkmale sind für den Naturpark Märkische Schweiz charakteristisch: Zum einen gehört die Region wohl zu den am besten ausgeschilderten Wandergebieten Brandenburgs. Das Wanderwegenetz umfasst rund 150 Kilometer. Gute Ausgangspunkte für Wanderungen sind die Ortschaften Buckow, Waldsieversdorf, Münchehofe, Pritzhagen, Ihlow, Prötzel und Altfriedland. Viele Wanderwege sind mit Bänken, Informationstafeln und Schutzhütten ausgestattet, zahlreiche Einrichtungen wie Naturparkverwaltung und Naturwacht, Fremdenverkehrsamt und Heimatverein bieten geführte Wanderungen, Exkursionen zu speziellen Themen und heimatgeschichtliche Führungen an.

Zum anderen trifft der Besucher gerade in der Märkischen Schweiz besonders häufig auf den „Prototyp" märkischer Dörfer: mit ihren aus Feldsteinen errichteten Kirchen, Bauerngehöften, Scheunen und Mauern und den bei Autofahrern nicht so beliebten Feldsteinstraßen. Die dörfliche Idylle hat auch heute ihren Reiz nicht verloren. Altfriedland, Ihlow und Dahmsdorf stehen stellvertretend für den Einklang von Natur und Dorf. Sie wurden als Naturparkgemeinden ausgezeichnet. Diesen Titel erhalten Kommunen, die das Ortsbild erhalten, den Ort mit neuen Ideen beleben und einen naturverträglichen Tourismus entwickeln. Altfriedland verfügt neben den bereits erwähnten Attraktionen über eine schöne Badestelle am Klostersee. Das Ortsbild in Ihlow wird vom Gutspark, dem Gutshaus, vielen Feldsteinbauten, Gärten und Beeten, Blumen und Obstbäumen und von dem Storchennest bestimmt, in dem jedes Jahr junge Störche aufwachsen. In der spätromanischen Feldsteinkirche finden im Sommer Konzerte statt. Dahmsdorf pflegt regionale Traditionen: Hier werden alte Hand-

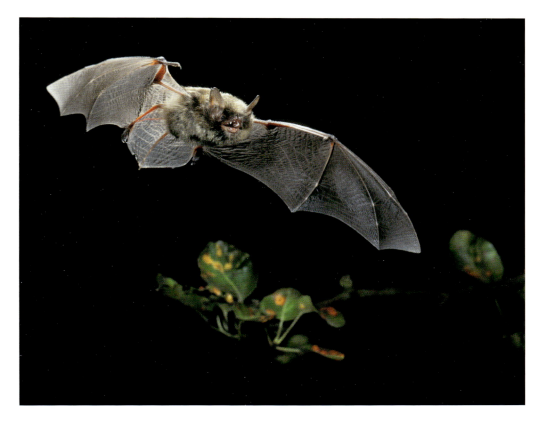

Die Große Bartfledermaus ist dämmerungsaktiv. In der Nähe von Gewässern jagt sie in niedriger Höhe kleine nichtaquatische Insekten

werkstechniken wie Weben, Spinnen und Filzen und Großmutters Wissen über Heilkräuter und andere Hausmittel bewahrt.

Mindestens so lohnend sind aber auch Besuche der örtlichen Feste. Beim Apfelfest im Naturpark-Besucherzentrum Schweizer Haus in Buckow können alte und neue Apfelsorten verkostet und bestimmt werden, dazu gibt es Tipps zur Pflege von Obstbäumen.

Naturpark Schlaubetal

Brandenburg

Müllrose

Naturpark Schlaubetal
Wirchensee

Chossewitz

Reicherskreuz

Besucherinformation
Ortschaft
Naturlandschaft
Verortung in Brandenburg

BESUCHERINFORMATION

Naturpark Schlaubetal
Wirchensee
15898 Neuzelle OT Treppeln

Telefon 033673-422
np-schlaubetal@lua.brandenburg.de
www.grossschutzgebiete.brandenburg.de

SCHATZKAMMER DER ARTENVIELFALT

Auf den Wirchenwiesen, wo die Schlaube entspringt, beginnt das Reich der Schlangenkönigin. Einst, so wird im Schlaubetal erzählt, habe hier ein Bauernjunge aus Treppeln einen herrlichen Palast mit glänzender Pracht erblickt. Langsam stieg er in das Kellergewölbe herab. Das geheimnisvolle Gemäuer war menschenleer. Überall lag glänzendes Gold. Da er jedoch der Versuchung nicht standhalten konnte und nach den Schätzen griff, verschwand das Schloss samt Schatzkammer für immer. Zurück im Pelz des Burschen blieb nur ein großes Goldstück, auf dem eine gekrönte Schlange zu sehen war – das Vermächtnis der Schlangenkönigin.

Ringelnattern tummeln sich noch heute in den Wirchenwiesen. Doch der Reichtum des Schlaubetals ist nicht mit Gold aufzuwiegen. Die Vielgestaltigkeit der Landschaft hat eine Fülle verschiedener Lebensräume hervorgebracht, die den Ansprüchen unterschiedlichster, seltener und gefährdeter Arten gerecht werden. Über 1.000 Pflanzenarten sind bis heute im Naturpark Schlaubetal nachgewiesen, darunter 13 Orchideenarten und bedeutende Farne wie Rippen- und Königsfarn. Fast 200 Vogelarten wurden festgestellt. Fischotter und mehrere Fledermausarten wie der Große Abendsegler und das Braune Langohr haben im Naturpark stabile Populationen. See- und Fischadler, Eisvogel, Schwarzstorch, Sumpfschildkröte und Bachforelle leben hier. Allein 13 Tier- und Pflanzenarten kommen im Bundesland Brandenburg nur noch im Naturpark Schlaubetal vor. Dazu gehören Frauenschuh und Korallenwurz als Orchideenarten sowie der Hochmoor-Perlmutterfalter. Allein im Schlaubetal sind bisher mehr als 720 Schmetterlingsarten

KONTAKT

**Schlaubetal-Information
im Haus des Gastes**
Kietz 5
15299 Müllrose
Telefon 033606-77290
www.schlaubetal-online.de
www.muellrose.de

*Ringelnatter – elegantes Reptil, für den Menschen
völlig harmlos*

festgestellt worden – das sind fast drei Viertel der in Brandenburg nachgewiesenen
Arten.

Ein Mittelgebirgsbach, Seen und Sanderflächen

Zu Recht wird das Schlaubetal als schönstes Bachtal Ostbrandenburgs bezeichnet.
Auf ihrem 23 Kilometer langen Lauf schlängelt sich die Schlaube durch Wälder und
Schluchten, durchfließt Seen und Teiche, lässt Bäche und Moore hinter sich, gesäumt
von Wiesen und Binnendünen. Unterwegs wandelt sie ihren Charakter vom wilden
„Mittelgebirgs"-Bach zum sanften Wiesenbach, der ursprünglich schließlich in den
Brieskower See und die Oder mündete. Wenig westlich davon liegt die Stadt Müllro-
se, das nördliche Tor zum Naturpark. Heute mündet die Schlaube, nachdem sie den
Großen Müllroser See und den Kleinen Müllroser See durchflossen hat, in den Oder-
Spree-Kanal.

Das Tal der Schlaube und die Reicherskreuzer Heide bilden das Herz des Naturparks.
Sie werden im Osten durch das Dorchetal mit seinen Übergängen zur Auenlandschaft von Oder und Neiße und nach Süden durch das Gubener Naherholungsgebiet
mit seinen Badeseen ergänzt.

Fast drei Viertel des Naturparks sind mit Wald bedeckt. Der unweit der Schlaube-Quellen gelegene und von ihr durchflossene Wirchensee ist von verschiedenen Laubmischwäldern umgeben. Erlenbrüche, Buchen- und Hainbuchenwälder begleiten den Oberlauf der Schlaube, die hier mit Klautzke-, Kesselfließ und Boberschenk und dem weiter nördlich gelegenen Planfließ noch unverbaute Seitenbäche besitzt. An einigen Stellen im Schlaubetal, unter anderem im Naturschutzgebiet Teufelssee zwischen Schernsdorf, Bremsdorf und Dammendorf, wachsen naturnahe Traubeneichenwälder. In diesem Bereich, in dem die Schlaube eine Kette von Seen durchfließt, sind auch noch ursprüngliche Buchenwälder erhalten geblieben.

Weiter nördlich schlängelt sich die Schlaube als Wiesenbach durch eine Landschaft mit unzähligen Mooren, bevor sie in einem unzugänglichen, von Erlenbruchwald dominierten Delta in den Großen Müllroser See mündet. Im Naturpark findet sich auch ein Moorkomplex, der den Biotoptyp des deutschlandweit gefährdeten Braunmoosmoores enthält.

Ein Herdenschutzhund sorgt für ein entspanntes Verhältnis zum Wolf

Bemerkenswert ist das Naturschutzgebiet Mahlheide. Auf Dünenstandorten haben sich Kiefern mit besonderen Wuchsformen erhalten.

Über Jahrhunderte, bis um 1950, wurde hier der Wald regelrecht gefegt, um Einstreu für die Ställe der Heidebauern zu gewinnen. Die Kiefern haben sich mehrfach geteilt – die Zweige wuchsen scheinbar wieder in den Boden.

Das Seen- und Moorgebiet des Drewitzer und des Staakower Waldes im Süden des Naturparkes verfügt dagegen über keine Fließgewässer. Die dünn besiedelte, fast völlig ebene Waldlandschaft aus Kiefern- und Eichenforsten wird durch Seen und Moore aufgelockert. Eiszeitliche Rinnenseen wie der Großsee und der Pinnower See bieten beliebte Bademöglichkeiten. Die Tauerschen Eichen, ein weitgehend natürlicher alter Traubeneichenbestand in diesem Gebiet, stehen unter Naturschutz. Hier sind Hirschkäfer und baumbrütende Mauersegler zu Hause.

Badesteg – nach einer Wanderung lockt eine erfrischende Abkühlung

*Entlang der Schlaube gab es besonders viele
Mühlen / Sinfonie der Farben im Herbst*

Das Kerbtal der Schlaube

Nur wenige hundert Meter nördlich des Wirchensees hat sich die Schlaube tief in die
sie umgebende Hochfläche eingegraben. Der Talgrund ist nicht breiter als der Bachlauf, beiderseits steigen die Hänge so steil an, dass hier eine geregelte Forstwirtschaft
nicht möglich ist. Wanderer fühlen sich wie in ein Mittelgebirge versetzt. Eichen und
Hainbuchen dürfen hier richtig alt werden, stürzen um und liegen wie Brücken hoch
über der Schlaube, werden zum Nährboden für eine Vielzahl holzzersetzender Pilze.
Kreisrunde und ovale Löcher an diesen toten Stämmen zeigen, dass sich auch Bock-
käfer und Holzwespen am Recycling des Holzes beteiligen.

In einem Reisighaufen brütet der Zaunkönig, sein Gesang ist weithin zu hören. Es
gibt hier kaum einen Altbaum, in dem nicht wenigstens ein Specht seine Höhle gebaut hat. Am Boden fehlen Gefäßpflanzen fast völlig, weil hier unten nur noch wenig
Licht ankommt. Es ist der ideale Standort für Moose, die eine hohe Luftfeuchtigkeit
brauchen, darunter das selten gewordene Weißmoos.

An vielen Stellen ist der Bachlauf kesselförmig erweitert. Die Ockerfarbe des Schlam-
mes zeigt an, dass hier Quellwasser austritt. Eine dieser Quellen ist total zerwühlt. Mit
ausgiebigem Suhlen gehen hier offenbar Wildschweine regelmäßig ihrer Körper-
pflege nach. Weiter flussabwärts weitet sich der Talgrund. Neben der Schlaube findet
ein Erlenbruchwald Platz. Zwischen den schwarzen Stämmen breiten sich Schlamm-

Sonnentau – Insektenfalle mit klebrigen Tentakeln

flächen aus mit der typischen Vegetation aus Seggenbulten, Brennnessel, Scharbockskraut und Sumpfdotterblume. An etwas trockeneren Stellen zeigen Waldsauerklee und Buschwindröschen ihre weißen Blüten. Mitten in dieser unzugänglichen Wildnis hat ein Kranichpaar sein Nest gebaut.

Am Wirchensee beginnt ein etwa vier Kilometer langer Naturlehrpfad um den 36 Hektar großen, stellenweise bis zu 16 Meter tiefen und von steilen Ufern umgebenen See. Infotafeln zur Tier- und Pflanzenwelt, zum Thema Baumsterben und Forstwirtschaft begleiten den Wanderweg. Der Pfad führt am Waldseehotel, dem Aussichtspunkt „Försterblick" und dem Quellbereich der Schlaube vorbei. Am Wirchensee liegt auch das Gebäude der Naturparkverwaltung mit einer Ausstellung zur Pflanzen- und Tierwelt des Naturparks. Auf der gegenüberliegenden Straßenseite befindet sich die Schlaubemühle. Das frühere Wohnhaus des Müllers ist heute ein Naturschutz-Informationszentrum.

Der Ziskensee, Perle im Schlaubetal

Auf halbem Wege zwischen Wirchen- und Großem Treppelsee, etwas abseits der Schlaube und nahe bei Kieselwitz, liegt wie eine leuchtende Perle der Ziskensee inmitten von Laubwald. Sein Wasser ist so nährstoffarm, dass Schilf nicht gedeihen kann. An seinen Rändern wachsen stattdessen Torfmoose, die Schwingrasen ausbil-

Rund 60 Prozent der in Deutschland vorkommenden
Fischadler leben in Brandenburg

den. Darauf stehen vereinzelt spärlich benadelte Kiefern, die scheinbar überhaupt nicht wachsen wollen. Die kleinen Blätter des Rundblättrigen Sonnentaus breiten ihre Tentakel aus, von deren klebrigem Sekret eine kleine Libelle nicht mehr los kommt. Weithin leuchten die weißen Samenbüschel des Wollgrases. Im Wasser des Sees schwimmt eine Schellente mit ihren Jungen. Auf einem Seerosenblatt tankt ein Kleiner Wasserfrosch die Sonnenwärme. Er muss sich vor der Ringelnatter in Acht nehmen, die gerade vorbeischwimmt. Mit einem weiten Sprung bringt er sich in Sicherheit und versteckt sich am Grund des Gewässers. Hoch oben zieht ein Seeadler vorüber. Ein Graureiher am gegenüberliegenden Ufer hat gerade einen kleinen Fisch gefangen. Mit elegantem Flug entfernt er sich, um den Nachwuchs im Horst zu füttern. An den nicht weit entfernten Fischteichen hätte er leichtere Beute gehabt, aber dort wäre er nicht so ungestört gewesen.

Buchenwald am Treppelsee

Ein Stück weiter nördlich, vom Wirchensee etwa 5,5 Kilometer bachabwärts, liegt der Große Treppelsee. Sein gesamtes Westufer wird von einem ursprünglichen Buchenwald eingenommen, der als Bestandteil des Naturschutzgebietes „Schlaubetal" schon seit vielen Jahren besonderen Schutz erfährt. Wie ein Dom aus Ästen und Blättern reicht dieser Hallenwald aus hohen Buchen an vielen Stellen bis ans Ufer heran. Poetisch sind die Flurnamen dieser Winkel am See: Himmel und Hölle. An manchen Stellen ragen die Baumkronen über das Seeufer hinaus oder berühren mit ihren weit ausladenden Ästen den Wasserspiegel. Abgestorbene Bäume bleiben oft im Wasser liegen und schaffen für die Wassertiere wichtige Kleinstrukturen.

Bezaubernd ist das zarte Grün der Laubwälder am See im Frühling. Ganz besonders schön ist die Waldkulisse im Herbst. Dann erstrahlt das Herbstlaub im Licht der schräg stehenden Sonne in warmen Gelb- und Ockertönen, glitzert das Wasser durch die bunten Zweige hindurch. Wenn im Laufe des Tages spätsommerliche Temperaturen erreicht werden und der mildwürzige Duft des Waldbodens in der Luft hängt, mag sich so mancher Besucher fragen, ob er noch einmal ein Bad in den kühlen Fluten wagt.

Der Große Treppelsee ähnelt dem Wirchensee: Auf ihren Rundwegen bieten sich an vielen Stellen sehr schöne Aussichten auf den See und das gegenüberliegende Ufer.

Sinfonie der Farben auf der Reicherskreuzer Heide

Auf der Reicherskreuzer Heide, die südlich der Schlaubequellen liegt, rollten vor einigen Jahren noch Panzer. Jetzt wächst überall das dunkelgrüne Heidekraut, das im Frühherbst die Landschaft bis zum Horizont mit einem violetten Blütenteppich überzieht. Dazwischen sind überall kleine Flecken offener Sandflächen und anspruchsloser Gräser zu sehen. Birken und Kiefern versuchen, auf dem nährstoffarmen Sand Fuß zu fassen. An den gelben Nadeln sieht man den Kiefern an, dass es dem Boden an Magnesium mangelt. Viele der halbhohen Bäume sind vom Rotwild geschält und sehen sehr zerzaust aus. Im Mai leuchten von weitem die Strauchgruppen des Besenginsters in sattem Gelb.

Die Stille wird durch den Gesang der Heidelerchen noch unterstrichen. Auf einem Feldstein sonnt sich eine Zauneidechse. Sie ist sofort verschwunden, als der Schatten eines Kolkraben über sie hinweggleitet. Mit seinen typischen Rufen verschwindet der Rabe hinter den Kiefern am Horizont. Plötzlich zieht, von irgendetwas aufgeschreckt, ein Rudel Rothirsche vorbei und sucht neue Deckung. Am Wegrand huscht wohl auf der Jagd nach kleineren Insekten ein goldgrün glänzender Sandlaufkäfer vorüber, so schnell, dass er vom Wiedehopf, der den Boden ständig nach Fressbarem absucht, nicht erbeutet werden kann. Ganz anders die Rote Röhrenspinne: Sie sitzt reglos vor ihrer Wohnröhre und wartet auf vorbeilaufende Insekten, die sie dann behände überwältigt und innerhalb ihrer Behausung verzehrt.

*Wie ein purpurner Teppich überzieht die blühende
Heide die Landschaft*

Das in der Nähe von Reicherskreuz und Henzendorf gelegene Naturschutzgebiet Reicherskreuzer Heide im Süden des Naturparks Schlaubetal ist 30 Quadratkilometer groß. Es dient nicht nur dem Schutz des Lebensraumes Heide und seiner vielen Tier- und Pflanzenarten, sondern auch der Grundwasserbildung: Mit ihren niedrigen Verdunstungsraten auf den durchlässigen Sandböden haben Heideflächen zur Neubildung und Anreicherung trinkbaren Grundwassers einen unschätzbaren Wert.

Das Naturschutzgebiet Reicherskreuzer Heide und Schwansee ist aufgrund der Munitionsbelastung noch weitgehend gesperrt. Die Weite der prachtvollen Heidelandschaft kann jedoch bei geführten Wanderungen oder auf einem Naturlehrpfad, der mit einem Beobachtungsturm ausgestattet ist, erlebt werden. Dieser Weg wurde von Munition freigeräumt und kann gefahrlos begangen werden. Auf dem Weg von Henzendorf in die Heide befindet sich ein Findlingspark mit unbearbeiteten und von

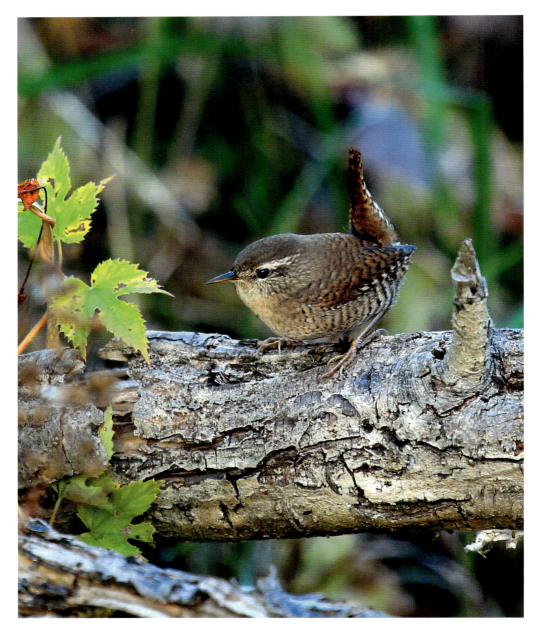

Der Zaunkönig, drittkleinster Vogel Europas, lebt in Büschen,
Hecken und im Dickicht von Wäldern, Gärten und Parks

*Die Alte Schlaube ist ein flaches, stellenweise verkrautetes Fließ,
das nahe dem Katharinengraben in Müllrose entspringt*

Künstlern bearbeiteten Findlingen. Jedes Jahr Ende August findet am Heidehof in Henzendorf das Heidefest statt.

Mühlen auf Touren

Auffälliges Zeugnis der Kulturgeschichte sind die vielen Mühlen des Schlaubetals. Wohl kein anderer Wasserlauf in einem Waldgebiet Brandenburgs verfügte je über so viele Wassermühlen, wie sie hier seit dem Mittelalter entstanden sind, und deren Mühlräder sich Jahrhunderte lang klappernd und rauschend gedreht haben. Seit dem 15. Jahrhundert machten sich die Bewohner der Region im Schlaube-, Oelse- und Dorchetal die Wasserkraft zunutze. Die Häufung der Mühlen in den drei Tälern ergab sich daraus, dass in der weiteren Umgebung sonst kein geeignetes Gewässer für einen störungsfreien Mühlenbetrieb vorhanden war. Heute findet hier jedoch längst kein Mühlenbetrieb mehr statt. Dennoch lohnt sich ein Besuch der erhaltenen und liebevoll restaurierten Mühlen im Schlaube- und Dorchetal. Manche Mühle schafft heute auch wieder Lohn und Brot für ihre Betreiber, die sie als gemütliche Gaststätte betreiben oder ein sehenswertes Mühlenmuseum mit Schauvorführungen eingerichtet haben.

Eine Mühlentour von rund 14 Kilometern Länge verschafft Besuchern einen Eindruck von der Vielfalt der Mühlen im Schlaubetal. Ein guter Startpunkt ist die Bremsdorfer Mühle, wo sich das Mühlrad noch heute neben der Gaststätte dreht.

Danach führt die Wanderung entlang der Schlaube durch grüne Wälder zur Kieselwitzer Mühle. Dort befindet sich heute eine Fischaufzucht. Weiter geht es ins Oelsetal zur Klingemühle: Hier sollten Besucher einmal um den idyllisch gelegenen Mühlenteich wandern (vier Kilometer), bevor sie den Weg zur nahe gelegenen Jankemühle einschlagen. Nach einem kurzen Abstecher zur Walkemühle, von der leider nur noch Mauerreste vorhanden sind, gelangt man auf einem befestigten Weg zurück zum Ausgangspunkt.

Eine weitere empfehlenswerte Wanderung (sieben Kilometer) führt von Müllrose zur Ragower Mühle. Als Startpunkt eignet sich gut der Markt im historischen Stadtkern von Müllrose. Am Ostufer entlang, mit seinem schönen Ausblick auf den Großen Müllroser See, erreicht man über den Bahnübergang Wustrow und den Belenzsee die Ragower Mühle.

Für die Ragower Mühle wurde einst wahrscheinlich sogar das Flussbett der Schlaube verlegt, um das Wasser in einen neu angelegten Mühlenteich zu leiten. Sie ist die einzige Mühle im Schlaubetal mit erhaltener Mühlentechnik, wurde als technisches

Denkmal liebevoll restauriert und beherbergt eine Gaststätte mit Mühlenmuseum. Die Stauanlage wurde 2005 neu gebaut und durch ein Gerinne ergänzt, in dem wandernde Wassertiere auch flussaufwärts den Höhenunterschied überwinden können. Die waldreiche ursprüngliche Umgebung bietet sich besonders für Radtouren und Wanderungen an. Hier beginnt auch der „Christophoruspfad", ein Lehrpfad zum Thema Wasser. Er bietet Besuchern Gelegenheit, selbst aktiv zu werden, zum Beispiel mit einer Pumpe Wasser aus dem See in ein kleines Wasserspiel aus Holz zu befördern und dessen Lauf zu verfolgen. Am Ende des Pfades befindet sich ein Labyrinth, das auch für Rollstuhlfahrer geeignet ist.

Die schönste unter den Schlaubemühlen war und ist wohl die Bremsdorfer Mühle mit ihrem malerischen Fachwerk. Im ruhigen Mühlenteich spiegelt sich der schmucke Fachwerkbau der heutigen Ausflugsgaststätte wie ein verzaubertes Märchenschloss wider. Um die Tradition zu wahren, wurde an der Mühle das alte Wasserrad durch ein kleineres, neues ersetzt – es „klappert" heute noch.

Die benachbarte Jugendherberge wird vor allem von Schulklassen als „Stützpunkt" für Ausflüge in die Natur genutzt.

Die Müllroser Mühle ist die einzige noch produzierende Mühle in Ost-Brandenburg, die auch heute wettbewerbsfähig ist. Das Wasserrad am Abfluss des Großen Müllroser Sees gibt es längst nicht mehr. Heute bestimmt der auffällige, sechsstöckige, rote Ziegelbau der Industriemühle an seinem Nordufer zusammen mit der Kirche und dem historischen Marktplatz die Silhouette der Stadt. Es ist nachweislich der älteste Mühlenstandort des Schlaubetals. Da die Mühle sich im ständigen Produktionsbetrieb befindet, sind Führungen nicht möglich.

Naturpark für Wanderer

Der Naturpark Schlaubetal eignet sich hervorragend zum Wandern. Eine Vielzahl von kleineren und größeren Touren führen durch seine abwechslungsreiche Landschaft. Zum Beispiel rund um den Hammersee (5,5 Kilometer) durch die einzigartige Landschaft Siehdichum. Sie liegt mitten im Herzen des Schlaubetals. Wer die 5,5 Kilometer um den See absolviert hat und danach im Forsthaus Siehdichum einkehrt, wird verstehen, woher dieser Ort seinen Namen hat.

Ein originelles Wandererquartier bietet die Wagenburg Groß Drewitz bei Guben. Hier wird auf echten Planwagen unweit des Kiefernwaldes am Göhlensee geschlafen. Besondere Attraktion für Besucher sind Mittelalterspiele wie „Knochenzielwurf", „Schandei" und „Hufeisenwerfen". Die Nacht kann im Freien oder in selbstgebauten

Hütten verbracht werden, abends trifft man sich am Lagerfeuer und röstet Knüppelkuchen.

Eine echte Spezialität für Wanderer ist der „Schlaubetal-Teller", den 30 Gastwirte der Region servieren und auf dem Gutes aus der Umgebung liegt. Fleisch und Wurst, Gemüse und Kartoffeln stammen von hier ansässigen Landwirten. Die fangfrischen Fische stammen aus den umliegenden Seen oder aus Teichen, die vor Jahrhunderten von Zisterziensermönchen angelegt wurden. Das Bier liefert die Klosterbrauerei Neuzelle, Waldpilze und Wildbret kommen aus den Wäldern der Gegend. Die Wege vom Erzeuger zum Verbraucher sind kurz, Frische und nachvollziehbare Herkunft dadurch garantiert.

Erholungsort Müllrose

In dem landwirtschaftlich geprägten, dünn besiedelten Naturparkgebiet gibt es 21 Dörfer und die mittelalterliche Kleinstadt Müllrose. Vor allem der Friedrich-Wilhelm-Kanal und die Mühlenindustrie verliehen Müllrose in früheren Zeiten wirtschaftliche Bedeutung. Seit Februar 1996 ist das mittelalterliche Bürgerstädtchen und Tor zum Naturpark als Erholungsort anerkannt. Über das ausgebaute Wanderwegenetz lässt sich der Naturpark von dort aus hervorragend erschließen. Wer in der Stadt bleiben will, schlendert die Uferpromenade entlang oder wandert vom historischen Marktplatz aus um den Müllroser See (ca. neun Kilometer).

Im Sommer können die Badestrände des Müllroser Sees am Frei- und Strandbad für eine erfrischende Unterbrechung der Wanderung genutzt werden. Der Rundweg führt vom Müllroser Markt an der Mühle vorbei zur Seeallee. Am Katharinensee und Freibad entlang geht es zum Bahnübergang Wustrow und zur Schlaubebrücke. Der Weg führt am Westufer entlang zurück in die Stadt.

Das Erbe der Zisterzienser – Kloster Neuzelle

Eine bedeutende Rolle in der geschichtlichen Entwicklung der Region spielte das 1268 gegründete Kloster Neuzelle. Neuzelle ist das einzige, einschließlich der Außenanlagen vollständig erhaltene Zisterzienserkloster Brandenburgs und eine der wenigen unzerstörten Klosteranlagen Deutschlands und Europas, zudem das größte Barockdenkmal Ost- und Norddeutschlands.

Der Klosterkomplex wurde zwischen 1300 und 1330 errichtet. Die dreischiffige Hallenkirche der Abtei wurde in der für die Gegend typischen Backsteingotik ausgeführt. Im Mittelalter konnten die Mönche von Neuzelle umfangreichen Grundbesitz erwer-

Barockwunder Brandenburgs – das Kloster Neuzelle

ben. Über 30 Dörfer in der Niederlausitz und einige der Mark Brandenburg gehörten zur Klosterherrschaft. Im Verlauf des Dreißigjährigen Krieges wurde die Klosteranlage schwer beschädigt und danach beim Wiederaufbau konsequent im Stil des Barock umgestaltet. Die Neuzeller Stiftskirche St. Marien ist der bedeutendste Sakralbau der Niederlausitz. Sie blieb katholisch, während die ehemalige Leutekirche „Zum Heiligen Kreuz" evangelische Pfarrkirche wurde. Neuzelle ist heute ein beliebtes touristisches Reiseziel mit umfangreichem kulturellen Angebot.

Naturpark Dahme-Heideseen

Brandenburg

Infopunkt
Prieros

Besucherzentrum
Burg Storkow

Königs
Wusterhausen

Märkisch Buchholz

ⓘ Besucherinformation
◉ Ortschaft
▪ Naturlandschaft
▪ Verortung in Brandenburg

BESUCHERINFORMATION

**Besucherzentrum Burg Storkow
im Naturpark Dahme-Heideseen**
Schlossstraße 6
15859 Storkow (Mark)

Telefon 033678-73108
Tourismus@storkow.de
www.storkow.de
www.grossschutzgebiete.brandenburg.de

SEEN UND GESEHEN WERDEN

Ein lautes Kreischen erfüllt die Luft – ein Geräusch, das die Leute innehalten und zum Himmel blicken lässt. Es ist ein großer Gänseschwarm, der über ein Dorf hinweg fliegt. Einige der Beobachtenden ducken sich unwillkürlich und blicken der wilden Horde nach, die sich zum Äsen laut schnatternd auf dem nächsten Feld niederlässt. Wenig später ist es wieder still. Im Frühjahr übernehmen dann sofort die Singvögel wieder das Regiment über Zwitschern und Pfeifen, Trällern und Tirilieren.

Für die Menschen in den Dörfern rund um die Groß Schauener Seenkette im Naturpark Dahme-Heideseen ist eine solche Geräuschkulisse normal, besonders zur Zeit des Vogelzugs im Frühjahr und Herbst. Tierische Konzertdarbietungen aller Art – Kreischen, Gackern, Piepsen oder Gurren – sind ihnen wohlbekannt. Schließlich teilen sie dieses idyllische Stück Land mit vielen gefiederten Mitbewohnern und solchen auf vier Pfoten. Aus den dichten Schilfgürteln der Seen ertönen besonders im Frühjahr die Rufe der Rohrdommel und die klangvollen Melodien diverser Rohrsänger. Aus Gebüschen erschallen die virtuos vorgetragenen Strophen der Nachtigall, und die Kormorane veranstalten in ihrer Kolonie ein ganz schönes „Remmidemmi". Im Erlenbruchwald und den Nasswiesenbereichen sind die ersten gold-gelb blühenden Sumpfdotterblumen zu sehen. Der Kranich besetzt seine Brutplätze und die 40 bis 60 Brutpaare der Graugans sitzen schon versteckt auf ihren Gelegen. Überall am Seeufer, besonders gut am Steg der Fischerei Köllnitz, hört der Naturliebhaber die glucksenden Rufe der Moorfrösche, die im Flachgewässer ablaichen.

BESUCHERINFORMATION

Infozentrum und Naturparkverwaltung
Arnold-Breithor-Straße 8
15754 Heidesee OT Prieros
Telefon 033768-9690

Biogarten Prieros
Mühlendamm 14
15754 Heidesee OT Prieros
Telefon 033768-50130

Haus des Waldes
15754 Heidesee OT
Gräbendorf
Telefon 033763-64444

KONTAKT

**Tourismusverband
Dahmeseen e. V.**
Bahnhofsvorplatz 5
15711 Königs Wusterhausen
Telefon 03375-252019

**Tourismusverband
Oder-Spree e. V.**
Ulmenstraße 15
15526 Bad Saarow
Telefon 033631-868100

Kranich-Junge sind Nestflüchter

Die Groß Schauener Seenkette vermittelt Besuchern den Eindruck von „unberührter Natur". Die Seen sind Restgewässer großer wassergefüllter Becken und als Flachseen mit einer durchschnittlichen Wassertiefe von nur zwei Metern ausgebildet. Sie verlanden langsam. Die riesige Wasserfläche (960 Hektar) wirkt wie ein einziger See. Breite Schilfgürtel und nahezu undurchdringliche Uferzonen bieten zahllosen Tieren Deckung. Hier sind das Treiben der Haubentaucher und der Gaukelflug der Rohrweihe zu beobachten. See- und Fischadler zeigen über den Wasserflächen ihre Flugkünste oder halten von hohen Ansitzen auf abgestorbenen Bäumen Ausschau nach Beute. Ein besonderes Naturschauspiel bietet der Seeadler, wenn er über der Kormorankolonie auf der Halbinsel Wochowsee kreisend auf das Schlüpfen der Jungvögel lauert, um dann eine leichte Beute zu haben. Im Umfeld liegen dann noch einige kleine Waldseen: Dobrasee, Alter Wochowsee, Küchensee und der fast verlandete Karasee. Das etwa zehn Quadratkilometer große Naturschutzgebiet entwickelt sich bereits in weitgehend natürlicher, vom Menschen wenig beeinflusster Weise. Die Flachwasser-Seenkette zählt zu den bedeutendsten in Europa. Das Gebiet gehört zu den „Heinz Sielmann Naturlandschaften". Die Stiftung des berühmten Naturfilmers hat das Areal erworben, um diese ökologisch bedeutenden Flächen für den Naturschutz zu sichern und als Lebensraum für bedrohte Arten wie Fischotter, See- und Fischadler, Rohrdommel und Kranich zu erhalten.

In Zusammenarbeit mit einem Partnerbetrieb wird die extensive Fischerei im Seengebiet fortgeführt. Naturverträglicher Tourismus ermöglicht es Besuchern, die Natur direkt zu erleben. Ein 32 Kilometer langer Radweg führt durch die wertvollen Naturräume und einmal rund um die Seenkette. Der Beobachtungsturm bei Selchow ermöglicht einen Einblick in die lebhafte Welt der Wasservögel. Unterwegs kann man sich mit einem Bad im Dobrasee erfrischen. Empfehlenswert ist ein Aufenthalt in der „Erlebniswelt Fischerhof". Die neu gestaltete interaktive Ausstellung „Eintauchen und Abheben" auf dem Gelände der Fischerei Köllnitz ermöglicht es, die Sielmann Naturlandschaft Groß Schauener Seen aus ungewöhnlicher Perspektive zu entdecken. Zur Erlebniswelt gehören auch Restaurant und Hotelbetrieb, das Fischereimuseum und das „Adler TV": Den Zuschauern wird hier eine „Live-Show" mit Blick in die Kinderstube einer Fischadlerfamilie geboten. Besucher können sich durch die Erlebniswelt,

Wo gefischt wird, ist der Graureiher nicht weit

*Die mit Kiefern bewachsene Düne bei Storkow – eine der
größten Binnendünen Brandenburgs*

durch das Fischereimuseum und über den Fischereilehrpfad führen lassen. Über einen Naturlehrpfad gelangt man zu einem weiteren, nahe gelegenen Aussichtsturm.

Storkow – „Mekka" für Paddler und Radler

Mit erstmaliger Erwähnung im Jahre 1209 gehört das südöstlich von Berlin gelegene Storkow zu den ältesten Städten der Mark Brandenburg. Wechselnde Adelsherren haben hier gewirkt und die Region geprägt. Als Ausgangspunkt für die Neugründung der Siedlungen Beeskow, Friedland, Lieberose und andere hatte die Storkower Burg besondere Bedeutung. Die Besitzer der Burg wechselten häufig. 1978 zerstörte ein Brand das Hauptgebäude vollständig. 800 Jahre nach der Ersterwähnung erstrahlt die vollständig rekonstruierte Burg im Herzen der Stadt seit 2009 in neuem Glanz. Zu zahlreichen Gelegenheiten wird hier ein abwechslungsreiches Kulturprogramm geboten. Die Gemäuer beherbergen die Tourist-Information und das Besucherzentrum des Naturparks Dahme-Heideseen mit der Erlebnisausstellung „Mensch und Natur – eine Zeitreise", einen Laden, das Burgcafé und die Stadtbibliothek. Im Naturparkzentrum erhalten Besucher Informationen zu zahlreichen Naturerlebnistouren in der Region.

Für Naturwanderer ist der 8,5 Kilometer lange Rundweg zu den Salzwiesen ideal. Der mit Infotafeln ausgestattete Salzweg startet an der Burg Storkow und führt an den Luchwiesen vorbei. Unterwegs ist die alte Groß Schauener Fachwerkkirche sehenswert. Vom Aussichtsturm auf den Marstallwiesen lässt sich die Umgebung mit seltenen Pflanzen und Vögeln gut beobachten. Die salzige Tour können interessierte Besucher auch mit einem ausgebildeten Natur- und Landschaftsführer unternehmen. Er erklärt, warum gerade in Brandenburg derartig salzige Böden vorkommen und zeigt, wie und wo das Salz an die Oberfläche tritt.

1746 wurde der Storkower Kanal angelegt. Mit ihm wurde eine Verbindung zur Dahme – die ursprünglich der Flößerei diente und heute eine beliebte Wasserroute der Touristen ist – und zu den Berliner Gewässern hergestellt.

Die Stadt Storkow entwickelte sich in den letzten Jahren immer mehr zu einem Mekka für Radler. Rund um die Stadt und den Scharmützelsee entstand ein gut ausgebautes Radwegesystem von mehr als 600 Kilometern, das noch ständig erweitert wird.

Die „Nachtigall" von der „Bugker Sahara"

Der Naturpark Dahme-Heideseen mit seinen über 100 Seen, zahlreichen Fließgewässern, Quellen und Mooren und den im Kontrast zum Gewässerreichtum kargen, sandigen Böden und Dünen ist eine typische Jungmoränenlandschaft. Sanfte Hügel, Binnendünen und herausragende Erhebungen in Kombination mit den weiträumigen, unzersiedelten Waldgebieten ergeben ein ebenso abwechslungsreiches wie schönes Landschaftsbild. Und auch die offene, reich gegliederte Kulturlandschaft mit Wiesen, Feldern und langen Alleen, die sich durch menschliche Nutzung aus der ursprünglichen Wald- und Sumpflandschaft entwickelt hat, ist eine Wohltat fürs Auge. Kiefernwälder mit ihrem würzigen Duft bedecken weite Teile der Naturparkfläche. Es gibt aber auch urtümliche Eichenmischwälder mit alten knorrigen Traubeneichen, zum Beispiel in den Naturschutzgebieten „Dubrow" (slawisch für Eiche) und „Radeberge". Erlenbruchwälder in den Verlandungsbereichen der Seen wecken mit ihrem feuchten, sumpfigen Untergrund und ihrer Unzugänglichkeit bei vielen Besuchern die Assoziation von „Urwald". Den kargen Böden mit ihren Kiefernwäldern, der Dahme und den vielen Seen verdankt der Naturpark seinen Namen.

Eine Besonderheit ist die Storkower Binnendüne. Wenn sich Besucher zu dem rund 36 Meter hohen Aussichtspunkt aufmachen, können sie sich unterwegs durch Hinweistafeln über ihre Entstehungsgeschichte und die Artenvielfalt der Düne informieren. In der vielgestaltigen, abwechslungsreichen Landschaft ist ein großes Artenspektrum der Tier- und Pflanzenwelt zu Hause. Die Flechten-Kiefernwälder und Sandtrockenrasen bieten Arten wie der Schlingnatter, dem Wolfsmilchschwärmer, dem Silbergras und der Grasnelke Lebensraum. Der Wolfsmilchschwärmer, Schmetterling des Jahres 2014, ist ein Nachtfalter, der mit seinen auffällig rot, schwarz und weiß gefärbten Hinterflügeln Fressfeinde abschreckt.

Ein selten gewordener Charaktervogel der trockenen, lichten Kiefernwälder mit großen freien Stellen und sandiger Heidegebiete mit lockerem Baumbestand ist die Heidelerche. Sie ist vor allem auf den ehemaligen Truppenübungsplätzen bei Hermsdorf und in der „Bugker Sahara" – einem trockenen Kiefernwaldgebiet in der Nähe von Storkow – anzutreffen. Ihr Reviergesang ist überaus abwechslungsreich und besteht aus bis zu 100 unterschiedlichen Strophen. Manche halten sie für einen besseren Sänger als die Nachtigall. Manchmal kann man bei Spaziergängen ihre kunstvoll gebauten Nester mit Resten der weißlichen, grau und braun gescheckten Eier im Gras entdecken.

Die Entlehnung des Namens von der großen afrikanischen Wüste für die „Bugker Sahara" ist natürlich eine übertriebene, aber populäre Bezeichnung. Sie rührt von den gelben Sandflächen her, auf denen sich, anders als in Afrika, ein bizarrer Bauernkiefernwald mit Flechten, Moosen und Silbergras ausbreitet. Überall finden sich dort seltene, wärmeliebende Tierarten wie der Wiedehopf, die Zauneidechse und Sandlaufkäfer.

Aufgrund des nährstoffarmen Untergrunds wachsen Bäume hier nur langsam und fast strauchartig. Aus forstwirtschaftlicher Sicht war dieser Bewuchs nie ein Nutzwald. So ist in der „Bugker Sahara" und an manchen anderen Standorten im Naturpark ein geradezu mystisch wirkender Märchenwald erhalten geblieben.

Willy Walker und die Verwandtschaft in der „Kneipe"

Wenn der Tag geht, kommt Willy Walker, Wappentier des Naturparks und Maskottchen, das durch den Naturpark-Infopunkt in Prieros führt. Der Walker ist ein Verwandter des Maikäfers, ein dämmerungs- und nachtaktives, bis dreieinhalb Zentimeter großes Krabbeltier aus der Familie der Blatthornkäfer. Sein Lebensraum befindet sich an und in warmen, sandigen Kiefernwäldern. Das Weibchen legt im Sommer seine

*Typisch Wiedehopf – wellenförmiger Flug mit tief
gefingerten Flügeln*

Eier im Sandboden ab. Die Larve des Walkers ernährt sich von Wurzeln, die Käfer
fressen Kiefernadeln. Auffällig sind die marmorierten, schwarz-braun-weißen Zeich-
nungen der Käfer und die großen gefiederten Antennen, mit denen vor allem die
Männchen ausgestattet sind.

Der Walker ist in den letzten Jahren sehr selten gesehen worden. Etwas häufiger
findet man seinen Verwandten, den Hirschkäfer, der im Naturschutzgebiet Dubrow
(slawisch für Eiche) mit seinen stattlichen Alteichen einen idealen Lebensraum vor-
findet. Hirschkäfer ernähren sich als ausgewachsene Tiere fast ausschließlich von –
manchmal angegorenen – Baumsäften und dem Saft reifer Früchte. Ein Leben wie
in der Kneipe sozusagen – kurz, intensiv und mit stets verfügbaren „Getränken".
Denn während die ausgewachsenen Käfer nur etwa einen Monat lang leben, brauchen ihre Larven für ihre Entwicklung mehrere Jahre. Dabei sind sie auf den Mulm
modernder Eichenstubben als Nahrung angewiesen. Auch der Hirschkäfer ist inzwischen sehr selten und steht wie der Walker unter Naturschutz. Das auffällige „Geweih"

Der bis zu 75 Millimeter groß werdende Hirschkäfer zählt zu den größten und auffälligsten Käfern Europas

Der Aurorafalter ist ein Tagfalter aus der Familie der Weißlinge, den man häufig an Hecken, Waldrändern und auf feuchten Wiesen sieht

besitzen nur die Hirschkäfermännchen, es sind die vergrößerten Oberkiefer des Käfers. Sie dienen nicht mehr als Fresswerkzeug, sondern ausschließlich für die Paarungskämpfe: Rivalen werden damit vom Baum gehebelt oder auf den Rücken gedreht. Wer unter der fachkundigen Aufsicht des Försters im „Haus des Waldes" bei Gräbendorf schon einmal einen Hirschkäfer mit seinem stattlichen „Geweih" auf der Hand gehalten hat, wird dieses Erlebnis so schnell nicht vergessen.

Das Haus des Waldes ist ein forstliches Zentrum der Waldpädagogik in Brandenburg mit Bibliothek, Werkstatt, Streuobstwiese, Spielplatz, Walderlebnisgarten und Walderlebnispfad. Auch Lagerfeuerstelle, Backofen und Grillplatz gehören zur Ausstattung. Für Besucher gibt es eine Fülle von Veranstaltungsangeboten: Vorträge, Exkursionen und Führungen. Das Haus des Waldes liegt im Naturschutzgebiet Dubrow südöstlich von Königs Wusterhausen.

Der Naturpark und seine Dahme

Die Naturpark-Region ist altes Siedlungsgebiet. Funde zeigen, dass es hier schon vor 7.000 Jahren menschliche Siedlungen gab. In einer nahe Klein Köris gelegenen Ausgrabungsstätte wurden Überreste einer germanischen Siedlung aus dem 2. oder 3. Jahrhundert freigelegt. Führungen durch das Freilichtmuseum Klein Köris können mit dem örtlichen Förderverein vereinbart werden.

Schon seit Fontanes Zeiten und besonders seit Beginn des 20. Jahrhunderts kommen die Berliner zahlreich „raus int Jrüne". Das Dahme-Seengebiet ist ein traditionelles Bade- und Wassersportrevier.

Den Dichter brachten in der zweiten Hälfte des 19. Jahrhunderts die damals noch unberührten Dörfer und Siedlungen zum Schwärmen, als er an Bord der „Sphinx" auf dem Wasserweg von Köpenick über Dolgenbrodt nach Teupitz reiste. Im vierten Teil der „Wanderungen durch die Mark Brandenburg" (im Kapitel „Spreeland" unter der Überschrift „Die Wendische Spree – An Bord der Sphinx", 1881) hat Fontane diese Route beschrieben.

In den 1920er Jahren entstanden vor allem entlang der Dahmegewässer neue Einfamilien- und Wochenendhaussiedlungen, Hotels und Zeltplätze. Die Berliner schätzen den Landstrich besonders als Wochenendadresse für Erholung und Entspannung. Viele traditionsreiche Ruder- und Kanusportvereine in Blossin, Wolzig und Storkow haben sich in diesem Wassersportrevier vor den Toren Berlins mit seinen naturnahen Fließen angesiedelt. Gerne wird auf der Dahme von Prieros nach Märkisch Buchholz gepaddelt oder vom Storkower See über die für Motorboote gesperrte Glubigseenkette bei Wendisch Rietz zum Springsee. Vom Wolziger See über den Storkower Kanal erreichen Wassersportler von Prieros kommend auch das Oder-Spree-Seengebiet bis zum Scharmützelsee auf dem Wasserweg.

Paddeln von Prieros nach Märkisch Buchholz

Prieros ist ein sympathischer Ausflugsort mit schöner Dorfaue, der sich nicht nur für Wasserwanderer besonders gut als Ausgangspunkt oder Zielort eignet. Auch Wanderungen, Reit- und Radtouren bieten sich von Prieros oder Umgebung aus an. In Prieros ist das Naturpark-Besucherzentrum in einem ehemaligen Nebengebäude der alten Prieroser Schule untergebracht. Ein Biogarten zeigt auf kleinstem Raum die wichtigsten Lebensraumtypen des Dahme-Heideseengebiets. Das mit Reed gedeckte Heimathäuschen auf dem Dorfplatz unweit der Kirche beherbergt eine Sammlung zur Ortsgeschichte – liebevoll zusammengetragene Schätze der Heimatkunde. Prieros wurde einst als slawisches Rundlingsdorf angelegt.

Die umgebenden Wälder, Wiesen und Badeseen und nicht zuletzt auch die preiswerten Quartiere, auch für Familien und Schulklassen, machen das Dorf zu einem idealen Erholungsort.

Eine beliebte Paddeltour führt von Prieros nach Märkisch Buchholz. In der 1301 erstmalig als „Buchholt" urkundlich erwähnten Stadt gibt es eine sehenswerte Kirche aus dem 14. Jahrhundert. 1908 bis 1912 wurde der Spreeumflutkanal mit diversen Wehren gebaut und die Dahme schiffbar kanalisiert. In dieser Zeit entstand auch die beeindruckende Kaskaden-Wehranlage, mit der eine Höhendifferenz von mehr als sechs Metern überwunden wird. Im Zuge von Sanierungsarbeiten wurde hier eine Sportbootschleppanlage installiert. Märkisch Buchholz wird auch gern als das „Tor zum Spreewald" bezeichnet, weil man von hier über den Kanal und den Köthener See direkt auf dem Wasserweg dorthin kommt.

Echte Pferdestärken

Für Reiter gibt es im Naturpark Dahme-Heideseen mehr als 30 Reiterhöfe. Diverse Reitvereine bieten gute Voraussetzungen für erlebnisreiche Streifzüge hoch zu Ross. Rund um Prieros sind Besucher besonders gern mit Planwagen oder Pferdekutsche unterwegs. Eine beliebte Tour startet an der Fischerei Köllnitz beziehungsweise dem Aalhof Gödicke und führt durch Wälder, Felder und Wiesen zu einem Landwirtschaftsbetrieb nach Streganz. Dort kann man Produkte aus eigener Schlachtung verkosten und einen Einblick in das Leben auf dem Land bekommen.

Der Naturpark Dahme-Heideseen mit seinen sonnigen Kiefernwäldern und Dünen ist wie geschaffen für den Walker, einen seltenen und geschützten Großkäfer

Für Kinder gibt es zahlreiche Tiere zum Streicheln. Die Tour endet in Prieros. Dort können die Naturparkausstellung im Besucherzentrum, das Heimathaus, der Biogarten oder der Botanische Garten besucht werden. Sehenswert ist auch der neue Dorflehrpfad rund um den alten Prieroser Dorfanger.

Am südlichen Rand des Naturparks ist die Dahme ein naturnaher Flusslauf mit Mäandern und Altarmen, angrenzenden Feuchtwiesen und bewaldeten Moränenhängen. Das „Dahmetal bei Briesen", ein Naturschutzgebiet, das nur etwa einen Kilometer südwestlich von Briesen im Süden des Naturparks liegt, ist für den Bootsverkehr gesperrt. Das Schutzgebiet ist Lebensraum für seltene und gefährdete Tiere wie Eisvogel oder Fischotter. Angler wissen diesen Teil des Flusses als Laichgebiet für viele Fischarten zu schätzen und engagieren sich für dessen Schutz. Für Naturliebhaber ist

Waldsauerklee wächst an schattigen und frischen bis feuchten Stellen in Laubmisch- oder Nadelwäldern

eine Wanderung auf den schmalen Pfaden entlang der Hänge von Staakmühle nach Briesen besonders zu empfehlen, wenn im Frühjahr zwischen den Buchen Busch-windröschen und Leberblümchen blühen.

Ein paar Kilometer westlich in der Nähe von Teupitz liegt der Tornower See. Er kann fast vollständig auf einem ufernahen Weg umwandert werden. Auf einem etwa 1,5 Kilometer langen Abschnitt von Klingespring bis Hohe Mühle ist ein Naturlehrpfad angelegt. Unterwegs informieren Schautafeln über den Wald als Lebensraum und seine Arten.

Bei der Wanderung durch das Naturschutzgebiet Briesensee-Klingeberg trifft man auf geologische Besonderheiten wie das Klingespring, ein Erosionstal mit naturnahem Wald. Dort stehen über 200 Jahre alte Kiefern aus natürlichem Aufwuchs, dazwischen

Tüpfelfarn und zahlreiche Wintergrüngewächse. Besonders üppig muten die Quellen und naturnahen Fließe mit seltenen Pflanzen wie Brunnenkresse, Sauerklee und Milzkraut an. Früher trieb das aus dem Hang rinnende Wasser ein kleines Glockenspiel an, so kamen „Klingespring" oder „Klingeberg" zu ihren Namen.

Philadelphia, Boston und ein Hauch von Nordsee

Philadelphia würden wohl die wenigsten Touristen an der Nordsee oder in einer Großschutzgebietslandschaft des Landes Brandenburg vermuten. Es ist auch allenfalls ein Hauch von Nordsee, der bei Philadelphia, dem kleinen, ehemaligen Kolonistendorf im Naturpark Dahme-Heideseen, zu spüren ist. Im Gebiet zwischen Storkow und Philadelphia tritt stellenweise salzhaltiges Wasser aus dem Erdboden. Es stammt aus unterirdischen Salzschichten, die vor mehreren Millionen Jahren durch das Aus-

Die Dahme schlängelt sich zwischen Golßen und Märkisch Buchholz
als kleines, weitgehend naturbelassenes Fließ nach Norden

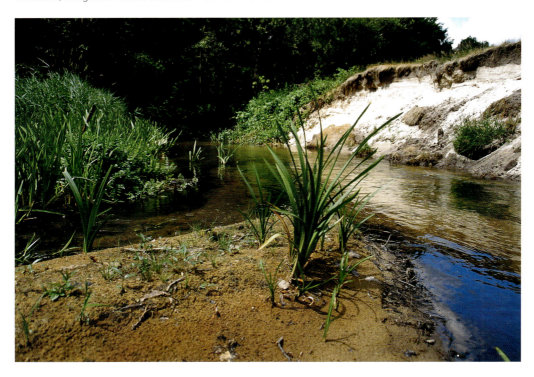

trocknen eines Meeres entstanden sind. Hier finden sich Pflanzen und Tiere, die diese Lebensräume bevorzugen, zum Beispiel Strandaster, Stranddreizack und Salz-Binse – Seltenheiten in dieser vom Meer weit entfernten Landschaft und eben vielleicht ein Hauch von Nordseestrand. Würde man den Boden hier kosten, wäre das Salz sogar zu schmecken. Der Salzgehalt reicht aus, um der an dieses salzige Milieu angepassten Vegetation einen Konkurrenzvorteil zu verschaffen. Binnensalzstellen, die zu den geschützten Lebensräumen gehören, gibt es wenige aber auch anderswo in Brandenburg.

Was die fremdländischen Namen anbelangt, hat der Naturpark Dahme-Heideseen noch ein paar mehr davon zu bieten. Zwischen Philadelphia und Boston liegt hier zwar nicht New York, sondern Storkow. Dafür ist in diesem Großschutzgebiet des Landes Brandenburg Kamerun nur ein paar Kilometer entfernt, an anderer Stelle findet sich sogar eine „Sahara". Die kleinen brandenburgischen Dörfer erhielten ihre Namen großer amerikanischer Städte vom Preußenkönig Friedrich II., der ein großer Amerika-Fan war: Die Kolonisten hatten sich beschwert über die den Dörfern mit ihren Urkunden zugewiesenen Namen. So hatte Philadelphia ursprünglich „Hammelstall" geheißen.

Königs Wusterhausen und die königliche Jagdleidenschaft

Königs Wusterhausen mit seinen direkten Verkehrsanbindungen an Berlin stellt heute das nordwestliche Tor zum Naturpark dar. Als Friedrich Wilhelm I. (1713 bis 1740), der spätere „Soldatenkönig" und „Vater des Regiments der langen Kerls", als zehnjähriger Kurprinz den Ort von seinem Vater zum Geschenk erhielt, hieß er noch „Wendisch Wusterhausen". Als König ließ er die alte Burg zum Jagdschloss ausbauen und benannte den Ort in Königs Wusterhausen um.

Friedrich Wilhelm I. war ein leidenschaftlicher Jäger. Im Jagdschloss von Königs Wusterhausen hielt er seine berühmten Tabakskollegien ab und veranstaltete große Hofjagden. Eigens zum Jagen ließ Friedrich Wilhelm I. 1724 den 140 Hektar großen Königs Wusterhausener Tiergarten anlegen. Zuweilen wurden bei solchen Jagden 600 Forstbeamte und 4.000 Treiber aufgeboten. 110 Kilometer Wald wurden mit Netzen und Tüchern umstellt. In die Jagdgeschichte ging der Tausch der wohl berühmtesten Rotwildtrophäe der Welt gegen ein paar „lange Kerls" ein, den der Soldatenkönig 1727 mit dem sächsischen Kurfürsten August I. (dem Starken) abschloss: Friedrich gab das Geweih eines von seinem Vater bereits 1696 in der östlich Berlins gelegenen Jacobsdorfer Heide erlegten „66-Enders" dafür her. Seitdem hängt das

Geweih nicht mehr in Königs Wusterhausen, sondern im Jagdschloss Moritzburg bei Dresden. Das Schloss in Königs Wusterhausen ist nach aufwendigen Renovierungsarbeiten heute als Museum für Besucher geöffnet, zum Thema Jagd gibt es eine Fülle interessanter Informationen und Exponate.

Der letzte Preußenherrscher Wilhelm II. (1888 bis 1918) soll historischen Aufzeichnungen zufolge 78.300 Wildtiere, darunter 2.133 Rothirsche, geschossen haben. Diese Jagdlust befriedigte der Kaiser j.w.d: „janz weit draußen". Zu seinen Lieblingsrevieren zählte unter anderem die Dubrow im Dahmeland. Ein Gedenkstein in den Katzenbergen erinnert noch heute an die letzte Hofjagd am 8. November 1913, in der in einer Jagdzeit von einer Stunde und fünfzehn Minuten 560 Stück Wild erlegt wurden – von Kaiser Wilhelm II. allein zehn Schaufler und zehn Sauen.

Waldfriedhof Halbe

In Halbe, unmittelbar an der Bahnstrecke zwischen Berlin und Cottbus gelegen, befindet sich die größte Kriegsgräberstätte der Bundesrepublik Deutschland. Auf dem Waldfriedhof sind an die 26.000 Soldaten und Zivilisten, die ihr Leben noch kurz vor Ende des Zweiten Weltkriegs in der Kesselschlacht bei Halbe verloren, beigesetzt. Die Gesamtzahl der Toten bei dieser Kesselschlacht ist nicht bekannt, wird aber auf 60.000 Gefallene geschätzt. Auch heute werden in der Region bei Bauarbeiten oder anderen Gelegenheiten immer noch Gebeine gefunden, monatlich finden Bestattungen dieser Toten statt. Kleine, unscheinbar wirkende Grabsteine erinnern auch an hunderte Opfer der Stalin-Ära aus dem nahe gelegenen Internierungslager Ketschendorf, die hier ebenfalls beigesetzt sind.

Der denkmalgeschützte Waldfriedhof wurde 1951 von den Potsdamer Landschaftsarchitekten Walter Funke und Hermann Göritz als großräumige Parkanlage geplant. Die an eine Kiefernheide angelehnte Bepflanzung übernahm unter anderem der Betrieb des bekannten Staudenzüchters und Gärtners Karl Foerster. Mit ihrer friedlich wirkenden Natürlichkeit verleiht sie dem Ort eine besondere Würde. Der Park des Soldatenfriedhofs steht unter Denkmalschutz.

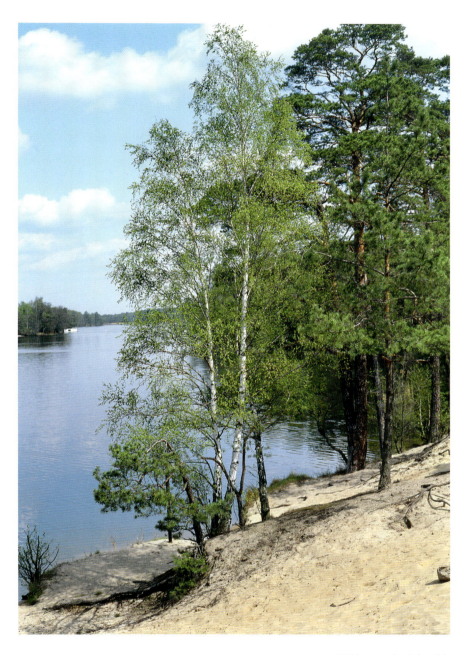

Frühling an der Schmölde

Biosphärenreservat Spreewald

Brandenburg

Besucher-/
Informationszentrum
Alte Mühle Schlepzig

Lübben

Informationszentrum
Schlossberghof Burg

Besucher-/
Informationszentrum
Haus für Mensch
und Natur Lübbenau

Besucherinformation
Ortschaft
Naturlandschaft
Verortung in Brandenburg

BESUCHERINFORMATION

Haus für Mensch und Natur Lübbenau
Informationszentrum, Verwaltung des
Biosphärenreservates, Naturwacht
Schulstraße 9
03222 Lübbenau

Telefon 03542-89210
Telefon Naturwacht 03542-879168
br-spreewald@lugv.brandenburg.de
www.grossschutzgebiete.brandenburg.de

TEUFELS WERK UND SPREEWÄLDERS BEITRAG

Der Spreewald ist ein teuflisch schönes „Paradies". Die Spree, eben noch ein „ordentlicher" Fluss, fächert sich plötzlich in Hunderte von Wasserläufen auf. Der Legende nach lieferte hier einst Luzifer eher unfreiwillig ein Meisterstück ab: Als er die Geduld verlor, gingen ihm die Ochsen durch, die er vor seinen Pflug gespannt hatte, um das Land an der Spree umzubrechen. Wild hin und her springend, rissen die Tiere einen Wirrwarr an Gräben und Wasserläufen ins Erdreich.
Wie ein dichtes Netz durchziehen diese Fließe die Landschaft. Eingeschlossen in dieses Labyrinth der Wasserläufe liegen hohe Wälder, kleine Wiesen und Felder und romantisch anmutende Siedlungen. Für Besucher eine ansprechende Idylle. Das Leben hier war jedoch immer hart.
Denn Jahrtausende lang war die sumpfige Spreeniederung allein von einem Urwald aus Erlen und Eschen, Ulmen und Stieleichen überzogen, in dem Wölfe, Hirsche und sogar Elche lebten. Menschen siedelten nur in den Randlagen des unwirtlichen Waldgebietes. Erst ab dem 17. Jahrhundert begannen sie, auch den sumpfigen inneren Spreewald zu erschließen. Mühsam haben Generationen von deutschen und wendischen Siedlern gleichsam vom Kahn aus den Urwald gerodet und kultiviert. Auf Schwemmsandinseln, den Kaupen, errichteten sie ihre Gehöfte, verwandelten gut drei Viertel des Waldes in Wiesen oder in die durch Erdaufschüttung künstlich erhöhten Horstäcker. Dort wurden Getreide, Kartoffeln und Gemüse gezogen, zum Beispiel die heute zu Berühmtheit gelangte Spreewaldgurke und der Meerrettich. So formten die Menschen über die Jahrhunderte das unverwechselbare

KONTAKT

Infozentrum Alte Mühle Schlepzig
Außenstelle der Verwaltung des Biosphärenreservates
Naturwacht Unterspreewald
Dorfstraße 52
15910 Schlepzig
Telefon 035472-276
Telefon Naturwacht
035472-5230

Informationszentrum Schlossberghof Burg
Ausstellung, Kräutergarten, Natur-Erlebnis-Uhr
Byhleguhrer Straße 17
03096 Burg
Telefon 035603-6910
Telefon Naturwacht
035603-750146

Spreewald-Tourismuszentrale
Lindenstraße 1
03226 Vetschau OT Raddusch
Telefon 035433-72299
tourismus@spreewald.de
www.spreewald.de

Fußgänger-Brücke bei Burg

Gesicht des Spreewaldes, das auf Besucher anmutig und idyllisch fast wie ein großer Landschaftspark wirkt.

Mit dem Urbarmachen und Besiedeln des Urwaldes veränderte sich nicht nur das Bild der Landschaft. Auch die Zahl der heimischen Tier- und Pflanzenarten nahm erheblich zu. Denn zu den Tieren und Pflanzen des Waldes und der Fließgewässer gesellten sich nun die der offenen Landschaft.

Bis ins 20. Jahrhundert gestaltete sich das Leben in der Fließlandschaft auf ganz eigene, ziemlich mühselige Weise. Dörfer und Äcker waren häufig ausschließlich auf dem Wasserweg erreichbar, die Gehöfte ringsum von Fließen eingeschlossen, der Kahn war das einzige Transportmittel. Hochwasser und Trockenzeiten erschwerten das ohnehin harte Dasein.

Typisch Spreewald: Markenzeichen alt und neu

Natürlich ist die Verzweigung der Spree kein Teufelswerk, sondern eine Folge der jüngsten Eiszeit. Gletscher hatten im Norden des heutigen Oberspreewalds Moränenzüge aufgetürmt und Sander geschüttet. Die Schmelzwasser flossen am Ende der Weichsel-Vereisung durch das Baruther Urstromtal Richtung Nord-Westen ab. In dieses Urstromtal ergoss sich nördlich der heutigen Stadt Cottbus die Spree, hier erstreckt sich der Oberspreewald. Beim heutigen Lübben war der weitere Abfluss blockiert, so dass sich die Urspree ihren Weg nach Norden suchen musste und sich im Bereich einer alten Gletscherzunge nochmals in zahlreiche Wasserläufe verzweigte – der heutige Unterspreewald entstand.

Geringes Gefälle und eine nahezu ebene Geländeoberfläche formten schließlich das eigentliche Labyrinth der Fließe. Wasseradern, die sich ständig veränderten, durchflossen die durch die Eiszeit geschaffene Spreeaue, Pflanzenreste, sandige und tonige Sedimente setzten sich im Wechsel der Strömungen ab, Überflutungen trugen bei zur Entstehung von Mooren, und schließlich überzog der Urwald die Spreeniederung. Heute lassen die naturnahen Wälder im Ober- und Unterspreewald ein wenig ahnen, wie es damals war. So zum Beispiel der Buchenhain bei Schlepzig, wo auf feuchtem Grund Erlen- und Eschenwald wächst, an höher gelegenen Stellen Stieleichen und Hainbuchen das Bild bestimmen.

Eine Besonderheit ist der märchenhafte Erlenhochwald im Oberspreewald – wie die Gurke und der flache handgestakte Kahn traditionelles Markenzeichen der Region –, größtenteils künstlich begründet. Er ist ein Produkt der geregelten Forstwirtschaft, die in der ersten Hälfte des 19. Jahrhunderts eine Periode ablöste, die von der Übernutzung der Wälder geprägt war.

Ein neues Markenzeichen erhielt der Spreewald im Jahr 1990 mit seiner Ausweisung zum Biosphärenreservat und der Anerkennung durch die UNESCO im Jahr darauf – als eines von 621 Biosphärenreservaten in 117 Ländern weltweit. Aufgabe des Schutzgebietes ist nicht nur, die vom Menschen geprägte und dennoch weitgehend naturnahe Auenlandschaft zu erhalten oder Fehler der Vergangenheit zu „reparieren". Der Anspruch ist höher: Er zielt darauf, die Region umfassend ökologisch zu betreuen und das Leben und Arbeiten gemeinsam mit den Spreewäldern nachhaltig zu gestalten.

Vielfalt, Abwechslung, Artenreichtum

Schon vor mehr als 100 Jahren entdeckten Künstler den besonderen Zauber des Spreewaldes. Malern der Romantik bot er viele Motive. Für Theodor Fontane war die Region ein „landschaftliches Kabinettstück", wie er in seinen „Wanderungen durch die Mark Brandenburg" beschreibt. Bereits diese ersten Spreewaldtouristen schwärmten von der ruhigen Fahrt im handgestakten flachen Kahn, die bis heute Besucher in den Spreewald lockt. „Wie bezaubernd wirkt das stille, leise plätschernde Hingleiten des Kahnes im Waldesdunkel. Im Schatten der himmelanstrebenden Erlen, fern vom Getriebe der geschäftigen Welt, glaubt der Reisende durch ein Märchenreich zu schweben," schrieb der Lehrer Paul Fahlisch im Jahr 1900.

Doch nicht nur dieses einmalige Landschaftsbild macht den Reiz des Spreewaldes aus. Für den aufmerksamen Beobachter hält er Erlebnisse bereit, die heutzutage selten geworden sind.

Die Wiesen und Felder, Wälder und Fließe sind auch Lebensraum einer vielfältigen Tier- und Pflanzenwelt. Darunter befindet sich manche Art, die andernorts längst nicht mehr anzutreffen ist. Leuchtend gelb blühen im Frühling auf den Wiesen Sumpfdotterblumen und Hahnenfuss. Bekassine und Kiebitz brüten in den Wiesen, und Rotbauchunke, Moor- oder Grasfrosch lassen lautstark ihr Konzert ertönen. Zum Sommer gehören die vielfarbig schimmernden Libellen, die an den Ufern der Fließe von Pflanze zu Pflanze gaukeln, die Ringelnatter, die sich eilig davon schlängelt, die bunte Blütenpracht der Spreewaldwiesen. Mäusebussard und Rotmilan ziehen ihre

Tausendfach reflektieren die filigranen Flügel dieser
Großlibelle das Morgenlicht der Sonne

Singschwäne im Biosphärenreservat Spreewald

Kreise, Weißstörche oder Kraniche suchen nach Futter. Im Herbst und Winter schließlich bevölkern Wasservögel in großer Zahl das Gebiet. Sie legen hier auf der Reise nach Süden eine Rast ein. Seeadler können auf ihrer Jagd nach Beute beobachtet werden.

Rund 6.000 Tier- und Pflanzenarten sind im Spreewald heimisch. Zu den europaweit ausdrücklich geschützten Arten gehören der Biber, der das Gebiet seit etwa zehn Jahren wieder erobert sowie die hier vorkommenden 17 Fledermausarten, die Rotbauchunke, seltene Fischarten wie der Bitterling oder der Schlammpeitzger und die Grüne Mosaikjungfer, eine Libellenart. Ebenso zählen der Eremit, ein äußerst seltener Käfer, und der Fischotter dazu. Heute ist der Otter wieder in ganz Brandenburg verbreitet. Obwohl dieser äußerst scheue, nachtaktive Wassermarder nur mit ganz viel Glück einmal beobachtet werden kann, ist er nahezu im gesamten Gewässernetz zu Hause.

Damit das so bleibt, wurden für den Fischotter – wie natürlich für andere Arten auch – besondere Schutzmaßnahmen ergriffen. Gitter in den Reusen der Fischer sorgen dafür, dass sich die Tiere nicht verfangen und ertrinken. Und damit die Fisch-

Der Schwarzstorch sucht seine Nahrung schreitend im flachen Wasser oder auf Feuchtwiesen

otter beim Queren von Straßen nicht überfahren werden, wurden bereits an vielen Brücken im Spreewald Otterpassagen eingebaut. Sie haben schon manchem Tier das Leben gerettet.

Lebendige Traditionen in der Region verwurzelt

Wichtige Verbündete bei der Erhaltung der Kulturlandschaft sind die Nachfahren jener, die sie schufen: die Spreewälder Bauern. Angesichts der schwierigen Standortverhältnisse und des hohen Grünlandanteils ihrer Flächen in den 1990er Jahren ohnehin gezwungen, neue Wege zu suchen, haben sich zahlreiche Betriebe für den Ökolandbau entschieden. Rund 70 Prozent der landwirtschaftlichen Fläche im Biosphärenreservat werden heute ökologisch bewirtschaftet. Damit ist der Spreewald derzeit die größte Ökoanbau-Region Deutschlands. Darüber hinaus hat sich der Spreewald zur Gentechnik freien Region erklärt.

Schwierig ist es, die traditionelle Landwirtschaft der Bauern in den Ortschaften Lehde und Leipe zu erhalten. Ihre durch die Fließlandschaft erzwungene kleinteilige und aufwendige Wirtschaftsweise – viele Felder sind zum Beispiel nur mit dem Kahn erreichbar – rechnet sich nicht mehr. Gerade sie aber ist es, die das besondere Bild des inneren Spreewaldes prägt und die Kulturlandschaft erhält. Die Wiesen müssen gemäht, die Felder bestellt werden, sonst nehmen die Grauweide und andere Vorboten des Waldes die Landschaft wieder in Besitz. Und das geht nicht nur Tieren und Pflanzen der offenen Landschaft an die Lebensgrundlage. Auch die Spreewald-Touristen bekämen dann eine weniger reizvolle Landschaft zu sehen. Gemeinsam steuern Biosphärenreservat und Bauern dagegen. Zu diesem Zweck wurde 2007 die Bürgerstiftung Kulturlandschaft Spreewald gegründet, über die jetzt auch Spenden und private Gelder eingeworben werden können (www.spreewaldstiftung.de). Ziel ist es, Spreewaldhöfe und Kulturlandschaft zu erhalten – aber nicht museal, sondern lebendig.

Genauso gilt dies für die niedersorbische beziehungsweise wendische Sprache und Kultur. Denn der Spreewald ist Heimat der nationalen Minderheit der Sorben/Wenden. Zweisprachige Ortsschilder machen dies sichtbar, Bräuche wie die Vogelhochzeit oder der Zapust, die wendische Fastnacht und nicht zuletzt die Festtagstrachten sind lebendige, farbenfrohe Tradition. So wird für den Interessierten ein Besuch im Spreewald immer auch zum Erlebnis dieser Kultur.

Kostbarkeit Wasser

Wie vor 100 Jahren ist es auch heute noch besonders reizvoll, den Spreewald auf dem Wasserweg zu entdecken. In trockenen Zeiten kann das heute allerdings auch einmal schwierig werden. Denn im Labyrinth der Fließe herrscht Wassermangel, verursacht vor allem durch den intensiven Lausitzer Braunkohletagebau in den 1960er bis 1980er Jahren. Zur Trockenlegung der Braunkohlegruben im Einzugsgebiet der Spree wurden damals große Mengen Grundwasser abgepumpt und über die Spree abgeleitet. Als dann nach 1990 nahezu alle Tagebaue schlossen, reduzierte sich der Wasserzulauf zum Spreewald dramatisch. Zudem werden jetzt die entstandenen Grundwasserabsenkungstrichter und die ehemaligen Tagebaue wieder mit Wasser aufgefüllt. Selbst wenn diese in einigen Jahren zu Seen geworden sind, wird weniger Wasser als vor dem Bergbau im Spreewald ankommen. Denn das neue Lausitzer Seengebiet verändert den Wasserhaushalt auf Dauer.

Vieles wird deshalb getan, um den Wasserhaushalt zu stabilisieren. Bis 2013 wurden allein durch ein Naturschutzgroßprojekt des Bundes, mit Beteiligung des Landes Brandenburg und eines regionalen Zweckverbandes, über das so genannte Gewässerrandstreifenprojekt Spreewald mehr als 60 einzelne Maßnahmen im Gesamtumfang von mehr als sieben Millionen Euro umgesetzt. Fließe werden renaturiert, Altarme wieder angeschlossen und Wehre für Fische und kleine Wasserlebewesen passierbar gemacht. Das dient dem Wohl der vielen Tier- und Pflanzenarten, für die die Fließe oder feuchten Wiesen Lebensraum und Speisekammer sind. Es dient aber auch dem Wohl derer, die als Touristen in der artenreichen Landschaft Erholung und eindrucksvolle Naturerlebnisse suchen und derjenigen, die vom Fremdenverkehr leben.

Spreewald „klassisch" per Kahn und Boot …

Die von zwei Spreearmen umflossene Ortschaft Leipe war bis 1936 nur über den Wasserweg erreichbar. Noch heute ist der wichtigste Verkehrsweg des Dorfes die Wasserstraße, ihr ist auch die schmucke Seite der Häuser zugewandt. Das unter Denkmalschutz stehende Lehde ist auch als „Venedig des Nordens" bekannt. Es beherbergt ein einzigartiges Freilandmuseum, das einen lebhaften Eindruck in die Lebensweise der sorbischen/wendischen und deutschen Spreewaldbewohner vor über 100 Jahren bietet. Beide Ortschaften sind beliebtes, malerisches Ziel und liegen am Wasserweg zahlreicher Kahntouren.

Die Fahrt im traditionellen Spreewaldkahn ist von vielen Orten aus möglich. Von den rund 1.550 Kilometern Wasserläufen, die das Biosphärenreservat durchziehen, werden heute 276 Kilometer für die touristische Kahnfahrt genutzt. Neben den klassischen Touren mit Gurken und Schnäpschen bieten manche Kahnfährleute auch Spezielles an, beispielsweise die „Ökologische Kahnfahrt" zu Flora und Fauna und in den Fließen.

Doch nicht nur Kähne sind auf den Wasserwegen unterwegs. Das Paddeln ist längst ebenso beliebt. Aus gutem Grund: Sich mit dem Boot ins Labyrinth der Fließe zu wagen, still dahin zu gleiten, zu beobachten und zu lauschen, das ist Erholung und Naturerleben pur. Auch wer kein eigenes Boot besitzt, kann im Spreewald dem Paddel-Vergnügen frönen. Überall werden Boote stunden- oder tageweise verliehen. Karten und gute Tipps, wie man auf den unter Naturschutz stehenden Fließen richtig unterwegs ist, gibt es gratis dazu. Für den, der mehr als einen Tag lang auf Tour gehen will, ist ebenfalls gesorgt: 14 Biwakplätze laden dazu ein, für eine Nacht das Zelt aufzuschlagen.

… und mal anders – zum Beispiel per Rad

Als Radlerparadies macht die flache Spreewaldlandschaft ebenfalls zunehmend Furore. Mehrere hundert Kilometer ausgebaute Radwege führen quer durch Wald und Wiesen oder entlang von Fließen – hier radelt es sich besonders schön. Unbedingt zu empfehlen ist zum Beispiel eine Radtour durch Burg im Oberspreewald, dem Ort

Mit Kajak und Kanadier – klassisches Spreewald-
Wasserwandern

mit der größten Anzahl von Blockbohlenhäusern diesseits der Alpen. Als Streusiedlung erstreckt sich Burg zwischen Wiesen, Fließen, Äckern und Gärten, und leicht
kann sich eine Tour über sechs, sieben Stunden hinziehen. Beim Info-Zentrum des
Biosphärenreservates „Schlossberghof Burg" nahe dem Bismarckturm sollte man unbedingt vorbeischauen. Eine kleine ständige Ausstellung informiert dort über die
Streusiedlung und die Landwirtschaft, die sie prägte. Auf dem Außengelände gilt es,
die Spreewaldnatur mit allen Sinnen zu entdecken: Im Kräutergarten grünen rund
600 verschiede Heil- und Gewürzpflanzen und im benachbarten denkmalgeschütz-
ten Spreewaldhaus bietet der Spreewaldkoch Kräuter- und Kochseminare mit regionalen Zutaten an. Gleich daneben entsteht ein weiteres Blockbohlenhaus im Original
wieder neu, das an einer anderen Stelle in Burg abgetragen werden musste. Hier
erfährt man künftig mehr zur Spreewälder Bautradition, aber auch zum ökologischen
Bauen in modernen Häusern. Ein ganz besonderes Angebot, nicht nur für Sehbehinderte, hält die Natur-Erlebnis-Uhr bereit. In dieser durchgehend barrierefrei gestalteten

*Die stimmbegabten Schwarzmilane äußern je nach Stimmung ein melodiöses
Trillern oder ein möwenartiges Miauen oder sogar wiehernde Rufe*

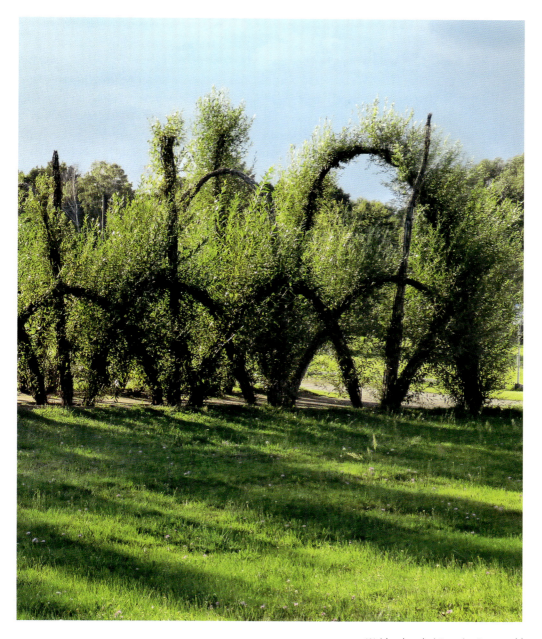

Weidendom bei Burg im Spreewald

Anlage kann der Besucher an geöffneten Tagen oder auf Anmeldung auf die visuelle Orientierung verzichten und stattdessen die übrigen Sinne schärfen: Hier kann man den Spreewald schmecken, tasten, riechen und hören.

Auch der Natur-Erlebnis-Pfad „Hupatz" des Biosphärenreservates am Burger Polenzweg ist ein weitgehend barrierefreies Angebot, den Spreewald einmal anders kennen zu lernen. Auf einem Weg von rund einem Kilometer Länge bieten neun Stationen Gelegenheit, Elemente der Kulturlandschaft Spreewald ein wenig genauer zu ergründen. Man kann wie eine Libelle sehen, typische Vogelstimmen auf Tastendruck hören, Spreewaldtiere „erschaffen", ganz ohne Technik telefonieren – und noch anderes mehr. Anfassen und ausprobieren wird bei dieser spielerischen Entdeckungsreise in die Natur ganz groß geschrieben, und Aha-Erlebnisse sind garantiert.

Außergewöhnliche Einblicke in die Geheimnisse der Spreewälder Vogelwelt bieten zwei Beobachtungstürme, die über den Europawanderweg (E) 10 per Fahrrad gut zu erreichen sind. Nachdem man im Haus für Mensch und Natur, dem Informationszentrum des Biosphärenreservates in Lübbenau, der Entwicklung des Spreewaldes vom Urwald zur Kulturlandschaft auf den Grund gegangen ist, radelt oder läuft man auf dem E 10 Richtung Lübben. Über einen fast einen Kilometer langen Steg geht es über das Moor zum Barzlin, einer alten slawischen Siedlungsstätte. Von dort sind es nur noch wenige Schritte zum Beobachtungsturm am Polder Kockrowsberg. In diesem etwa 200 Hektar großen Feuchtgebiet mit ausgedehnten Röhrichten, offenen Wasserflächen und Feuchtwiesenbereichen sind Weißstörche, aber auch der äußerst scheue und seltene Schwarzstorch vom Frühjahr bis in den Spätsommer hinein auf Futtersuche, ebenso See- und Fischadler. Auch stolze Hirsche tummeln sich hier oft. Im Herbst und im Winter schließlich ist der Anflug großer Schwärme von nordischen Gänsen oder Kranichen zu ihren Schlafplätzen ein beeindruckendes Erlebnis.

Nicht minder spannende Beobachtungen verspricht auch der zweite Beobachtungsturm am Wussegk nahe Schlepzig im Unterspreewald. Vom Infozentrum Alte Mühle des Biosphärenreservates in Schlepzig erreicht man diesen Turm zu Fuß oder per Rad über den Archedamm in wenigen Minuten. Und wer über den bloßen Augenschein hinaus mehr über die Region, Natur und Landschaft erfahren will, ist gern eingeladen, sich einer der zahlreichen Führungen der Naturwacht anzuschließen.

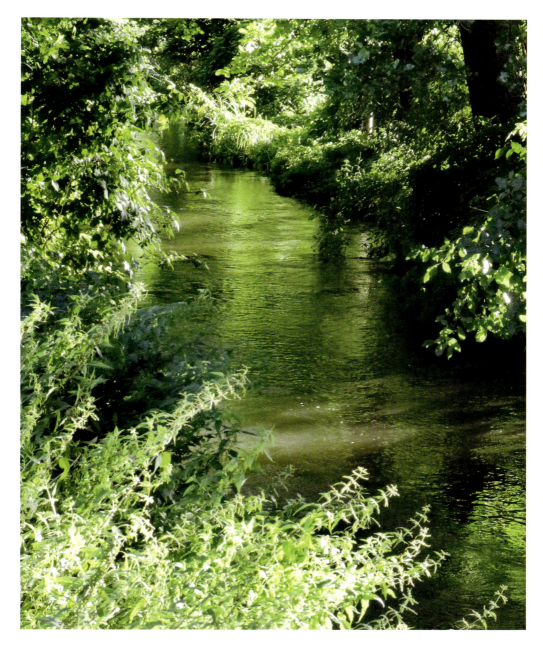

Das Labyrinth der Fließe im Spreewald ist einzigartig in Europa

Naturpark Niederlausitzer Landrücken

Brandenburg

Freilichtmuseum
Höllberghof
Langengrassau

Luckau

Naturpark-
Erlebniszentrum
Wanninchen

Naturpark-Info
Gärtnereihaus

Besucherinformation
Ortschaft
Naturlandschaft
Verortung in Brandenburg

BESUCHERINFORMATION

**Heinz Sielmann Naturpark-
Erlebniszentrum Wanninchen**
Wanninchen 1
15926 Luckau OT Görlsdorf

Telefon 03544-557755
wanninchen@sielmann-stiftung.de
www.sielmann-stiftung.de
www.grossschutzgebiete.brandenburg.de

ZWEITE CHANCE FÜR DIE NATUR

Die Metamorphose der Landschaft vollzog sich weder sanft noch natürlich. Auf der einen Seite der riesigen Grube fraß sich das rotierende Rad mit den mit Stahlzähnen bewehrten Eimern auf zwei Etagen in die Landschaft. Das deckende Grün verschwand, sichtbar wurden alle möglichen Farben der Bodenschichten: von Grau über Ocker, Braun bis in tiefstes Schwarz. Auf der anderen Seite des ratternden, quietschenden Monstrums – der Braunkohle-Förderbrücke mit den Ausmaßen des liegenden Eifelturms – türmten sich kahle Kegel auf, wenn der Abraum vom 500 Meter langen Förderband wieder „ausgespuckt" wurde. Eine Mondlandschaft entstand, zunächst beinahe symmetrisch, schließlich mit von Regen und Wind erodierten, zerfurchten, steil abfallenden Hängen von bizarrer Schönheit.

Seit nach 1990 fast alle Tagebaue in der Lausitz aufgegeben wurden, erobert sich die Natur die Bergbaufolgelandschaft zurück. Pflanzen besiedelten die trockenen, nährstoffarmen Flächen. Vogelarten, die als Lebensraum Rohböden und offene Sandflächen benötigen, haben die Landschaft aus zweiter Hand gern angenommen. Andernorts sind sie bereits verschwunden, weil sie dort die Lebensbedingungen, auf die sie sich spezialisiert haben, nicht mehr vorfinden.

Die nährstoffarmen Offenlebensräume und Gewässer wurden zuerst besiedelt. Flussregenpfeifer, Uferschwalbe, Wiedehopf, Raubwürger, Schwarzkehlchen und Brachpieper profitieren vom spärlichen Pflanzenbewuchs. Dieser wiederum ist Folge der durch den Bergbau freigelegten, ausgewaschenen Mineralien, die die Böden und die Seen stark sauer machen.

KONTAKT

**Naturparkverwaltung
Niederlausitzer Landrücken
Naturpark-Info
Gärtnereihaus**
Alte Luckauer Straße 1
15926 Luckau OT Fürstlich
Drehna
Telefon 035324-3050
np-niederlausitzer-landrue-cken@lugv.brandenburg.de
www.np-nlr.brandenburg.de

Freilichtmuseum Höllberg-hof Langengrassau
Heideweg 3
15926 Heideblick OT
Langengrassau
Telefon 035454-7405
www.höllberghof.com

**Tourismusverband
Niederlausitzer Land**
Nonnengasse 1/Kulturkirche
15926 Luckau
Telefon 03544-3050
www.niederlausitz.com

Auf einer Insel im Stoßdorfer See brüten pro
Saison 3.000 bis 4.000 Lachmöwen-Paare

Ganz schön sauer

Im Naturparkgebiet sind die Tagebaurestlöcher inzwischen weitestgehend geflutet. Das einst weiträumig abgesenkte Grundwasser steigt wieder an. Große Seen und Sumpfgebiete sind entstanden. Noch dauert die Sicherung der Kippenflächen an. Auch deshalb nimmt die Vegetation die Flächen nur langsam in Besitz. Und auch Erholungssuchende, für die ein Teil der neuen Landschaft reserviert ist, müssen sich noch gedulden.

Das Flutungswasser wurde aus der Spree zugeführt. Es sollte nicht nur den Wasserkörper auffüllen, sondern auch die Wasserqualität verbessern. Denn die neuen Seen sind überwiegend extrem sauer und enthalten nur geringe Nährstoffkonzentrationen. Ihre biologische Besiedlung ist zunächst sehr artenarm. Es wird Jahrzehnte dauern, bis sich die Seen neutralisieren. Es gibt Versuche, den Prozess an einzelnen Seen durch eine Kalkung zu beschleunigen.

Landschaft im Wandel – wohl nirgendwo trifft dieses oft benutzte Etikett so ins Schwarze wie in den beiden brandenburgischen Naturparks der Lausitz. Wo sich der Wandel der Landschaft sonst in Generationen, Jahrhunderten oder gar Jahrtausenden vollzieht, können Besucher im Naturpark Niederlausitzer Landrücken dieser erneuten Metamorphose zusehen, Zeugen eines sich fast täglich ändernden Landschaftsbildes werden.

Ein bisschen Mongolei in Brandenburg

In diesem Naturpark erfolgt der Übergang von der typischen brandenburgischen Landschaft mit Kiefernheiden, weiträumigen Äckern und kleinen Dörfern zum „Neuseeland" abrupt. Unvermittelt glaubt sich der Besucher in eine andere Welt versetzt. Ihm stockt der Atem, wenn er plötzlich vor einem ehemaligen Tagebau steht. Von stählernen Großgeräten oder erwarteter Kraterlandschaft ist nur 1,5 Jahrzehnte nach der Einstellung der Kohleförderung nichts mehr zu sehen. Manch Betrachter mag sich nach Skandinavien, in die Mongolei oder Griechenland versetzt fühlen, je nachdem in welche Richtung er schaut. Und wenn er nach Monaten oder Jahren zurückkehren sollte, sieht schon wieder alles ganz anders aus.

So surreal dieses Landschaftsbild zuweilen anmutet – längst ist es keine Mondlandschaft mehr: Sie ist voller Leben. Die sich dynamisch verändernde Landschaft lockt seltene Pflanzen und Tiere geradezu an. Eine Insel im Stoßdorfer See beherbergt die größte Möwenkolonie Brandenburgs. Mehrere zehntausend nordische Gänse übernachten im Herbst auf den neuen Seen, häufig belauert von hungrigen Seeadlern. Tausende Kraniche nutzen die Flachwasserbereiche als Schlafplatz während der Rast. Die geschützte Sand-Strohblume bildet Bestände, soweit das Auge reicht. Entomologen – Insektenkundler – entdecken im Naturpark Niederlausitzer Landrücken für Brandenburg längst ausgestorben geglaubte Insekten.

Arche Noah Bergbaufolgelandschaft

Für die Arten des nährstoffarmen Offenlandes gingen parallel zur Bergbauzeit anderenorts die meisten Refugien verloren. In der Niederlausitz haben sie es gerade noch geschafft, die „Arche Noah Bergbaufolgelandschaft" zu besteigen. Dies war vor allem dadurch möglich, dass in der DDR-Zeit wegen fehlender technischer Möglichkeiten Teile der Bergbaugebiete nicht sofort saniert und nutzbar gemacht werden konnten. Naturschützern war dieses Paradoxon im Schatten der Umweltzerstörung lange bekannt. Mit Beginn der Sanierung nach dem Mauerfall und Ende der DDR musste gehandelt werden. Die Gründung eines Naturparks, der die ehemaligen Bergbauflächen einschloss, war unter Beteiligung und im Interessensausgleich mit anderen Nutzern hilfreich. Es gelang, sieben Naturschutzgebiete im ehemaligen Bergbaugebiet zu etablieren. Große Areale sind Teil eines europäischen Vogelschutzgebietes. Damit wurde auch die Voraussetzung für das Engagement der Heinz Sielmann Stiftung geschaffen.

Die Stiftung des bekannten Tierfilmers hat sich diesem einzigartigen Naturentwicklungsgebiet angenommen. Die spannenden Prozesse der Biotopentwicklung können dadurch weitgehend ungestört ablaufen. Von den rund 80 Quadratkilometern Bergbaufolgelandschaft gehören inzwischen über 30 Quadratkilometer der Heinz Sielmann Stiftung. Dieses Gebiet ist aber für interessierte Besucher keineswegs tabu. Im Gegenteil, als „Sielmanns Naturlandschaft Wanninchen" wird es immer bekannter. Es gibt bereits ein umfangreiches Netz von Rad- und Wanderwegen, Schutzhütten und Aussichtspunkten. Das Heinz Sielmann Naturpark-Erlebniszentrum Wanninchen süd-

*Wilde Schönheit – viele der ehemaligen Tagebaurestlöcher
entwickeln sich zu attraktiven Naturlandschaften*

Rastende Kraniche

lich von Luckau hält für Besucher vielfältige Informationen zur neuen Seenlandschaft bereit.

Mit Millionensummen wurde die Sanierung der Bergbaufolgelandschaft von Bund und Land seit 1991 finanziert. Die Renaturierung großer Teile der Hinterlassenschaften des Braunkohletagebaus ist dabei kein zufälliges Produkt dieser Sanierungsarbeiten. Dahinter steckt ein Plan, der zwischen Regionalplanern, Naturschützern und Kommunalpolitikern abgestimmt und bereits 1993 verabschiedet wurde. Auch heute noch finden regelmäßige Beratungen und Befahrungen mit den Beteiligten der Sanierungsgebiete statt.

Die Sanierung wird noch mehrere Jahre andauern, verschiedene Landschaftsbereiche sind aus Sicherheitsgründen gesperrt. Die ehemaligen Tagebaue bestehen aus verkipptem Abraum und den Restlöchern, die sich wieder mit Wasser füllen. Der aufgeschüttete Boden ist besonders an den Böschungen der neuen Gewässer gefährlich, weil er zu Rutschungen neigt. In der Niederlausitz, deren nacheiszeitliche – ursprüngliche – Seen bereits vor Jahrtausenden verlandet waren, wird es dann wieder eine „junge" Landschaft mit klaren Seen, sandigen Ufern, Dünenheiden und Steppenrasen geben. Allein im Naturpark entstanden fünf Seen mit über 100 Hektar

Wasserfläche. Die endgültige Zahl der kleineren Seen steht noch gar nicht fest, weil das Wasser noch ansteigen und die Landschaft verändern wird.

Der Landrücken

Der 1997 gegründete Naturpark Niederlausitzer Landrücken ist 585 Quadratkilometer groß. Die Kleinstädte Luckau, Calau und Sonnewalde begrenzen ihn im Norden, Osten und Süden. Der Naturpark befindet sich in unmittelbarer Nachbarschaft des Biosphärenreservates Spreewald, getrennt nur durch einen schmalen Landschaftsstreifen mit der Autobahn Berlin-Cottbus. Die Endmoräne des Landrückens, die von Nordwesten nach Südosten verläuft, bildet das Rückgrat des Naturparks, der in dieser Richtung auch seine größte Ausdehnung von rund 70 Kilometern erreicht.

Diese Endmoräne wurde in der jüngsten Phase der Saale-Eiszeit, die etwa vor 230.000 Jahren begann und vor 128.000 Jahren endete, aufgeschoben. Die gewaltigen Gletscher hinterließen zahlreiche Findlinge aus Nordeuropa. Der größte von ihnen ist mit 20 Kubikmetern der Teufelsstein in den Gehrener Bergen. In ganz Südbrandenburg findet sich kein mächtigerer Felsbrocken.

Der bewaldete Niederlausitzer Landrücken erreicht heute noch Höhen von rund 150 Metern über dem Meeresspiegel und liegt damit rund 100 Meter über dem Niveau

Raubwürger bevorzugen Habitate mit sehr guter Rundumsicht

des Spreewaldes im Baruther Urstromtal. Nordöstlich des Höhenzuges haben die Gletscherzungen das Luckauer und das Altdöberner Becken ausgeschoben. In diesen eher feuchten Niederungen herrscht Landwirtschaft vor. Die Ränder der Beckenlandschaft bilden trockene Grundmoränenplatten, die meist von Wald bedeckt sind. Im Süden und Südwesten des Landrückens schließen sich trockene Hochflächen mit eiszeitlichen Sandern an. Auf diesen Hochflächen liegen die Rochauer und Babbener Heide, die beiden größten Waldgebiete der Region.

Die Mehrzahl der Siedlungen liegt an den Grenzen der Platten und Niederungen sowie am Fuße des Landrückens. Eine Besonderheit ist eine erdgeschichtlich ältere, aus dem Tertiär stammende Hochfläche, die den eiszeitlichen Gletschern trotzen konnte: die Calauer Schweiz. Erhalten blieb auch ein alter Lauf der heute rund 80 Kilometer südlicher fließenden Elbe mit Kies und Geröll aus Böhmen und dem Erzgebirge. Heiß begehrt sind bei Sammlern die in den geologischen Formationen verborgenen Halbedelsteine wie Amethyste und Achate, ebenso wie die in der Bergbaulandschaft nicht selten anzutreffenden Bernsteine.

Kauz mit Socken und Einwanderer aus dem Süden

So, wie sich die Wege von Gesteinen aus Nord und Süd auf dem Gebiet des Naturparks Niederlausitzer Landrücken kreuzten, wurde die Niederlausitz nach der Eiszeit auch zum Ansiedlungsraum von Pflanzen und Tieren unterschiedlicher Regionen. Auf sehr engem Raum herrschen recht unterschiedliche Klimaverhältnisse. Die kühl-feuchten Hochflächen wären ohne menschlichen Einfluss von Traubeneichen-Kiefernwäldern bewachsen. Charakterarten dieser Wälder sind Rothirsch, Raufuß- und Sperlingskauz. Der possierliche Raufußkauz verdankt seinen Namen den „Socken", die er trägt: Seine Füße sind befiedert, zum Schutz vor Kälte. Der Raufußkauz hat im Naturpark seinen Verbreitungsschwerpunkt im Land Brandenburg.

Die zahlreichen Bachtäler am Nordrand der Endmoräne sind unter anderem mit natürlichem Fichtenwald bestanden. Der Mittelgebirgscharakter des Höhenzuges wird durch Vorkommen von Rippenfarn, Siebenstern, der Zweigestreiften Quelljungfer – einer Libellenart, die in europäischen Gebirgen bis zu einer Höhe von 1.500 Metern vorkommt – und des Bergmolchs bekräftigt.

Im Gegensatz dazu ist in den Mooren und Teichen am Fuße des Höhenzuges ein atlantischer Einfluss unverkennbar. Gagelstrauch, Mittlerer Sonnentau und Glockenheide sind dessen charakteristische Vertreter, die für den Nordwesten Mitteleuropas hier einen Verbreitungsschwerpunkt haben.

Überlagert wird dies alles von einer kontinentalen Prägung mit kalten Wintern und warmen Sommern. Sie ist für die Niederlausitz charakteristisch. Typische Vertreter dieser Klimazone sind Blau-Schillergras und Sumpf-Porst. In den wärmebegünstigten Beckenlandschaften und ganz besonders in der Bergbaufolgelandschaft häufen sich in jüngster Zeit Vorkommen von Arten, die ursprünglich in Südeuropa beheimatet sind. Beispiele sind Schwarzkopf- und Mittelmeermöwe, Südliche Mosaikjungfer und Feuerlibelle.

Die erfolgreiche Ausbreitung der früher nur im Mittelmeerraum fest beheimateten Feuerlibelle wird im Zusammenhang mit dem Klimawandel gesehen. Der Zuwanderer aus dem Süden hat sich innerhalb nur weniger Jahre erfolgreich in Südostbrandenburg etabliert. Feuerlibellen halten sich vorzugsweise an flachen, sich im Sommer stark erwärmenden Gewässern mit reicher Unterwasservegetation auf. Ihre Hauptflugzeit in Brandenburg sind die Monate Juni und Juli. Durch ihren leuchtend roten Hinterleib fallen die Männchen besonders auf.

Wer schmeißt denn da mit Lehm? – Höllberghof Langengrassau

Der Naturpark Niederlausitzer Landrücken verfügt über drei Informationszentren. Besucher erhalten hier interessante Ausflugstipps, die Ausstellungen vermitteln auf anschauliche Weise Fakten zu Geschichte, Landschaft und Natur.

Bei Langengrassau in der Gemeinde Heideblick (unweit der B 87) wurde vom Naturpark-Förderverein ein typischer Niederlausitzer Dreiseitenhof nach historischem Vorbild nachgebaut. Anfang der 1990er Jahre war in Niewitz der letzte Lehmfachwerkbauernhof der Region abgerissen worden. Der Höllberghof des Naturpark-Fördervereins, am Rand der malerischen Höllenberge gelegen, wurde durch weitere Gebäude aus Lehmfachwerk ergänzt: Eine Scheune, ein Kossätenhaus – nach einem 1991 in Jetsch abgerissenen Gebäude – und ein Backhaus, abgetragen in Bornsdorf, vervollständigen das Ensemble des Freilichtmuseums Höllberghof. Neben Informationen zur historischen ländlichen Architektur mit Lehmfachwerk erfahren die Besucher hier viel über die traditionelle Landnutzung und ihre Wirkung auf Mensch und Umwelt. Ein Hofladen bietet Produkte an, unter anderem von „mittelalterlichen" Weideschweinen und Skudden-Schafen, die auf dem Hof gehalten werden. Heiratswillige nutzen das Ambiente des Hofes gern für Hochzeiten und Feste nach altem Brauch. Für Schulklassen oder Firmenbelegschaften werden Aktionstage organisiert, Führungen werden auf Voranmeldung angeboten.

In stetem Wandel – Bergbaufolgelandschaft
Naturschutzgebiet Wanninchen /
Einwanderer aus dem Süden – die Feuerlibelle

Vom Höllberghof aus können Wanderer zu einer schönen Rundwanderung auf dem Käuzchensteig durch die Höllenberge (2,5 Kilometer) oder zu einer Radtour über den Kornradenweg nach Wanninchen (17 Kilometer) starten.

Erleb' Dein blaues Wunder – Heinz Sielmann Naturpark-Erlebniszentrum Wanninchen

Direkt am Rande des ehemaligen Tagebaus und damit am Ufer des 560 Hektar größten Sees steht das Heinz Sielmann Naturpark-Erlebniszentrum Wanninchen. Es ist in einem umgebauten Bauernhof untergebracht, dem einzigen Haus, das von dem abgebaggerten Ort Wanninchen übrig geblieben ist. Direkt vor der Haustür vollzieht sich die einzigartige Entwicklung des Naturschutzgebietes Wanninchen. Die Heinz Sielmann Stiftung erwarb hier rund 3.100 Hektar Fläche, um sie als großräumige, unzerschnittene Lebensräume für seltene Tier- und Pflanzenarten zu erhalten. Auf Radrundwegen ist diese sich rasant verändernde Landschaft erfahrbar, das Naturpark-Erlebniszentrum ist für Wander-, Rad- und Skater-Touren ein guter Ausgangspunkt. Der „Wiedehopfweg" beispielsweise führt entlang des Schlabendorfer Sees nach Schlabendorf oder Fürstlich Drehna.

Die Besichtigung des Naturpark-Erlebniszentrums ist auch für Rollstuhlfahrer gut geeignet. Eine Aussichtsplattform mit Rampe ermöglicht einen fantastischen Blick über die sich wandelnde Landschaft. Hier ist im Herbst der Einflug tausender Kraniche und Gänse zu erleben. Führungen bedürfen der Voranmeldung. Die Heinz Sielmann Stiftung veranstaltet Ferienaktionen für Kinder und Familien. Neben der Ausstellung des Naturpark-Erlebniszentrums befinden sich auf dem Gelände eine Streuobstwiese, ein Weiher, ein Reptiliengehege, ein Findlingsgarten, ein Naturerlebnis-Spielplatz und ein Aussichtsturm. In einer künstlich angelegten Nistwand brüten Uferschwalben. Bis zu 130 Vogelpaare haben hier Platz.

Aufschwung Ost am Ende der Welt – Fürstlich Drehna

Im Mittelalter zählte der Adelssitz Fürstlich Drehna mit Wasserschloss und Landschaftspark zu den elf Standesherrschaften der Niederlausitz, vor etwa 20 Jahren schien der Ort am Ende der Welt zu liegen: Der Braunkohletagebau kreiste das Dorf von drei Seiten ein und überbaggerte den Nordteil des Parks samt der anschließenden Wald- und Teichlandschaft. Heute ist davon kaum noch etwas zu spüren. Der Ortskern, das restaurierte Wasserschloss und der Landschaftspark stehen unter Denkmalschutz, der historische Gasthof „Zum Hirsch" und das Gärtnereihaus am Markt, in dem die Naturparkverwaltung ihren Sitz hat, sind wieder „in Betrieb". Im Erdgeschoss des Gärtnereihauses bietet ein kleines Besucherzentrum einen schnellen Überblick über die Ausflugsziele im Naturpark.

Zum Ensemble gehört auch wieder eine Windmühle, die nach Voranmeldung besichtigt werden kann. In der Brauerei wird nach traditionellem Rezept das „Schlossbräu" hergestellt. Der unmittelbar vor dem Ort entstandene Drehnaer See soll in wenigen Jahren als Erholungsgebiet dienen.

Naturpark auf Touren

Der Naturpark Niederlausitzer Landrücken ist ein Dorado für Radfahrer: Ein umfangreiches Netz von Radwegen verbindet die Ausflugsziele miteinander. Die Wege am Rand der Bergbaufolgelandschaft sind längst kein Geheimtipp mehr. Auch zum Skaten finden sich ideale Strecken. Freunden des Pferdesports werden zahlreiche Möglichkeiten zum Reiten und für Kutschfahrten geboten.

Die Kranich-Tour, ein Radrundweg, der fast alle Höhepunkte des Naturparks und sogar einen Abstecher in den Spreewald zwischen Leipe und Lübbenau zu bieten hat, ist rund 200 Kilometer lang.

Seinen Namen verdankt der Radrundweg dem Kranich-Rastplatz im Luckauer Becken. Bis zu 7.000 „Vögel des Glücks" wurden hier schon gezählt. Der Beobachtungsturm an der Straße Goßmar-Freesdorf ermöglicht einen guten Überblick über

Der Höllberghof bei Langengrassau ist ein nachgebauter
traditioneller Dreiseitenhof

den Schlafplatz der Tiere im Naturschutzgebiet Borcheltsbusch. Dieses unzugängli-
che, 300 Hektar große Moor beherbergt noch zahlreiche andere seltene Arten. Im
Spätsommer und Herbst können sich Besucher das Geschehen an zwei Abenden
pro Woche auf dem Kranichrastplatz von einem Naturwächter erklären lassen.

Kalauer unterm Wischer, Plinsen auf dem Teller

Lohnendes Ziel einer Tour durch den Naturpark ist der Nachbau einer historischen
Slawenburg unweit von Raddusch. Die Besiedlung der Lausitz ist slawischen
Ursprungs. Vom slawischen Volk der Lusizi leitet sich auch der Name dieser Landschaft ab. Das Museum der Burganlage vermittelt Einblicke in die reiche Geschichte
der Niederlausitz, eine Gaststätte lädt zum Einkehren ein.

Wer in der Stadt Calau, einem weiteren Punkt der Rundtour, Anordnungen des „chi-
nesichen Verkehrsministers Um Lei Tung" nicht befolgt und falsch parkt, kann vor
Feiertagen statt eines Knöllchens schon mal einen (solchen) Kalauer unter dem
Scheibenwischer vorfinden. Die berühmten doppelsinnigen Wortspiele oder auch

Rekultivierter Tagebausee – der Gräbendorfer See

flachen, derben oder faulen Witze sollen auf die Vertreter des Schusterhandwerks zurückgehen. Calau war einst eine Hochburg der Schuster. Im Rathaus werden Kalauer gesammelt. Der „Witzerundweg" führt zu interessanten Orten der Stadt.

Die Calauer Schweiz steigt südlich der Stadt steil empor und bildet am Kesselberg mit 161 Metern Höhe das „Dach" des Naturparks. Südlich davon glaubt man sich nach Thüringen versetzt. Malerisch im Tal zwischen „Schweiz" und Landrücken liegen die drei Plinsdörfer Gosda, Weißag und Zwietow. Ihr Name bezieht sich auf eine regionale Delikatesse, die Buchweizenplinsen, die in den Gaststätten auch heute noch auf der Speisekarte steht.

Im Südosten des Naturparks ist Altdöbern mit seinem beeindruckenden Barockschloss unbedingt einen Besuch wert. Der Landschaftspark mit dem Salzteich eignet sich für lauschige Spaziergänge, die man mit einer Tasse Kaffee in der restaurierten Orangerie beschließen kann. Am Ortsrand entsteht der Altdöberner See. Wenn er nach 2020 seinen Endwasserstand erreicht, ist er aufgrund seiner beachtlichen Tiefe der wasserreichste der Lausitzer Seen.

In nordwestlicher Richtung geht es weiter nach Crinitz. Mehrere Töpfer haben ihre Werkstätten in dem Töpferort, fast alle bieten Führungen, einige auch Kurse an. Alljährlich im April findet hier ein großer Töpfermarkt statt. Eine Museumseisenbahn verbindet Crinitz mit Finsterwalde. Zu besonderen Anlässen werden Fahrten angeboten. Noch weiter nordwestlich liegt Bornsdorf. Nach dem Einsturz blieb vom Schloss nur der Turm übrig. Jetzt ist er wieder begehbar und bietet einen herrlichen Rundblick auf den Landrücken und dessen Vorland.

Weiter in nordwestlicher Richtung gelangen die Touristen in die Gehrener Berge. Hier wurde die historische Waldbühne wiederbelebt. Im Sommerhalbjahr finden dort Veranstaltungen statt. Nicht weit davon kann auf dem Königsberg der Teufelsstein besichtigt werden. Der Sage nach soll derjenige, der es schafft, den Stein sieben Mal ohne Luft zu holen zu umrunden, dem Teufel begegnen. Die Nordwestgrenze des Naturparks bildet schließlich das Dahmetal mit seinen zahlreichen Wassermühlen. Hier treffen Niederlausitz und Fläming aufeinander.

Die wohlhabende Kaufmannsstadt Luckau nennt sich „Perle der Niederlausitz". Im Spätmittelalter war sie Hauptstadt im Markgraftum. Damals wurde das Land vom Böhmischen König regiert, 1815 kam Luckau schließlich zu Preußen. Die gotische Nikolai-Kirche zählt zu den größten des Landes und kündet von der einstigen Bedeutung. Heute können Besucher die mittelalterliche Struktur des Stadtkerns mit Graben, Mauer und Wachtürmen und die höchste Anzahl mittelalterlicher Kellergewölbe in

Reizvolles Ensemble – Schloss und Park Fürstlich Drehna

Bemerkenswert auf der Vogelinsel im Stoßdorfer See sind vor allem Lachmöwen, Flussseeschwalben, Kiebitze, Graugänse, Schnatter- und Tafelenten

Brandenburg bestaunen. Der Landesgartenschau im Jahr 2000 war es gelungen, die historischen Mauern mit den gestalteten Gartenanlagen harmonisch zu verbinden. Vieles ist davon auch heute noch zu besichtigen. Im Niederlausitz-Museum wird ein umfangreiches Bild zur Geschichte und Natur der Region vermittelt.

Naturpark Niederlausitzer Heidelandschaft

Brandenburg

Friedersdorf

Naturparkhaus
Bad Liebenwerda

Elsterwerda

Plessa

Besucherinformation
Ortschaft
Naturlandschaft
Verortung in Brandenburg

BESUCHERINFORMATION

**Naturpark Niederlausitzer
Heidelandschaft**
Markt 20
04924 Bad Liebenwerda

Telefon 035341-6150
np-niederlausitzer-heidelandschaft@lugv.brandenburg.de
www.naturpark-nlh.de
www.grossschutzgebiete.brandenburg.de

BLÜHENDE LANDSCHAFTEN

Früher hatte ihn fast jedes Dorf, den Ring aus Obstgehölzen. Im Frühjahr zur Obstblüte ein an Schönheit kaum zu überbietender Anblick.
Um den Dorfanger gruppieren sich die Bauernhäuser, und hinter denen liegen die Obstgärten. Meist waren das in Brandenburg die traditionellen Bauerngärten mit vielen verschiedenen Obstsorten, locker
verteilte Hochstämme mit relativ weitem Abstand zueinander: Apfel-,
Kirsch-, Pflaumen- und Birnbäume, dazu gelegentlich Pfirsich-, Apriko-
sen-, Nuss- und Quittenbäume. Typisch für Brandenburg sind aber
auch die Obstbaumalleen an Feldwegen und (ehemals) wenig befah-
renen Landstraßen.

Natürlich sind diese Obstpflanzungen auch zur Erntezeit besonders
attraktiv, wenn die Obstbäume ihre Zweige schwer beladen und ver-
führerisch jedem Frucht-Fan entgegenstrecken.

In der Region um Döllingen und Hohenleipisch im Naturpark Niederlausitzer Heidelandschaft trifft der Besucher noch auf eine solche historische Obstwiesenlandschaft. Allerdings ist der Bestand an Obstwiesen in den letzten Jahren bundesweit um mindestens 70 Prozent
zurückgegangen, weil die Pflege der alten Obstwiesen zu aufwendig ist
und die Bewirtschaftung nicht mehr lohnt. Es ist wirtschaftlich nicht
mehr interessant, deshalb werden die kleinen Paradiese hinter dem
Haus mehr und mehr vernachlässigt. Damit verschwinden auch viele
regionale Obstsorten. Den Kunden im Supermarkt werden zumeist
nur noch fünf, sechs standardisierte Sorten angeboten.

Im Naturpark Niederlausitzer Heidelandschaft gibt es das größte Streu-
obstgebiet Brandenburgs zu entdecken. Diese Landschaft ist keines-

KONTAKT

**Tourismusverband
Elbe-Elster-Land e. V.**
Markt 20
04924 Bad Liebenwerda
Telefon 035341-30652

wegs nur etwas fürs Auge oder für obsthungrige Mägen. Streuobstwiesen sind kleine Naturparadiese, ein idealer Lebensraum für zahlreiche Tier- und Pflanzenarten.

Allein ein Apfelbaum kann mehr als tausend Tierarten beherbergen, Bäume und Wiese zusammen bringen es auf bis zu 5.000 Tierarten. Ein Lebensraum auf mehreren Etagen: Grünspecht und Wendehals brüten in den Baumhöhlen der knorrigen alten Obstbäume, Schmetterlinge wie der Admiral laben sich am Fallobst. Die Gräser und Wiesenkräuter sind für Tagfalter und Schwebfliegen Nahrungsgrundlage wie auch für Bienen- und Hummelarten, die aber vor allem auch das reiche Blütenangebot nutzen. „Nützlinge" und „Schädlinge" halten hier ein ökologisches Gleichgewicht. Blattläuse zum Beispiel dienen Florfliegen, Marienkäfern und den zahlreichen Vogelarten als Nahrung. Schafhaltung hilft, die Mäusepopulation auf der Wiese zu kontrollieren: Die wolligen Rasenmäher treten beim Weiden die Mäuselöcher zu. Der relativ weite Abstand zwischen den Obstbäumen ermöglicht es zudem auch Greifvögeln, Mäuse zu schlagen. Gleichzeitig sorgt er für gute Lichtverhältnisse und Durchlüftung.

Der Frühling verwandelt die Streuobstwiesen in ein großes Blütenmeer

Ausritt im Herbst – der Naturpark ist ein Reiterparadies

Kernstück des Streuobstanbaus im Naturpark Niederlausitzer Heidelandschaft ist der Pomologische Schau- und Lehrgarten in Döllingen. „Pomologie" ist die Lehre vom Obstanbau. Auf einer drei Hektar großen Fläche wachsen hier über 400 Obstgehölze alter und neuerer Obstsorten. Besucher können die Entwicklung der Obstbäume von ihrer Wildform bis zu den neuesten Züchtungen verfolgen, ebenso verschiedene Wuchs- und Kronenformen betrachten. Nicht jede Obstbaumsorte blüht um die gleiche Zeit, so dass man einen Blühkalender der besonderen Art erleben kann. Ein besonderer Höhepunkt ist der im September stattfindende Niederlausitzer Apfeltag. Mitgebrachtes Obst kann durch einen Pomologen bestimmt werden. In einer Apfelausstellung werden bis zu 100 Apfelsorten präsentiert. Dazu werden Kulturprogramm, Regionalmarkt und die Präsentation traditionellen Handwerks geboten. Die Gaststätten bieten Kreationen rund um Apfel und Kartoffel an, die Naturwacht Führungen durch den pomologischen Schaugarten.

Zu Gast bei Heidschnucken und Ziegenmelker

Es waren aber natürlich nicht die Streuobstwiesen, die dem Naturpark seinen Namen gaben. Die großen, fast baumlosen Flächen mit Besenheide im Zentrum des Naturparks haben bei der Namensgebung Pate gestanden. Wie überall in Brandenburg sind auch diese großen Heideflächen durch die militärische Nutzung entstanden: Der 30-jährige Übungsbetrieb, der bis 1988 andauerte, hat hier in dem einst geschlosse-

Apfelbäume bei Döllingen – Reservoir alter Regionalsorten

nen großen Waldgebiet auf etwa 300 Hektar Silbergrasfluren und Heideflächen hinterlassen.

Wer zur Zeit der Heideblüte Ende August, Anfang September das Farbspiel eines bis zum Horizont weiß bis violett blühenden Pflanzenteppichs genießen möchte, muss jedenfalls nicht in die Lüneburger Heide fahren. Im zentral gelegenen Naturschutzgebiet „Forsthaus Prösa" bietet sich dem Wanderer das gleiche, immer wieder begeisternde Bild. Das Offenhalten der Flächen findet nach Abzug der Panzer auf sanftere Weise statt: Weidende Heidschnucken sorgen dafür, dass Vögel wie der Wiedehopf und der nachtaktive Ziegenmelker, im Volksmund auch Nachtschwalbe genannt, weiterhin günstige Lebensbedingungen vorfinden.

Der Ziegenmelker soll seinen Namen dem Umstand verdanken, dass er sich nachts oft in der Nähe des Weideviehs aufhält, denn beim Vieh findet er immer viele Insekten. Angeblich wegen seines breiten Rachens nahmen die Menschen früher an, er würde die Ziegen melken. Spekuliert wird auch, dass menschliche Milchräuber den auffällig beim Vieh herumfliegenden Vogel ersatzweise des Milchklaus beschuldigten.

Noch eine weitere militärische Hinterlassenschaft erweist sich heute als wertvolle Überlebenshilfe für eine andere faszinierende, selten gewordene Tierart. An lauen Sommerabenden sind sie gut zu beobachten, die nächtlichen Flieger: Kleine flatternde Schatten, die die waghalsigsten Flugmanöver ausführen, lautlos und mit ungeheurer Geschwindigkeit. Die – seit Urzeiten einzig verbliebenen – fliegenden Säugetiere nutzen die alten Bunkeranlagen im ehemaligen Militärgelände zur Überwinterung und als Kinderstube. Einige Fledermausarten benötigen zum Überwintern möglichst gleichbleibend warme und mit hoher Luftfeuchtigkeit ausgestattete Quartiere, bei uns meist Keller oder Bunker. Fledermäuse stehen unter Naturschutz, Fledermausquartiere werden nach EU-Naturschutzrecht europaweit geschützt.

Wildreiche Wälder

Die an die Heideflächen angrenzenden Wälder bilden eines der größten, unzerschnittenen Traubeneichenmischwaldgebiete Deutschlands. Weit ab von Lärm und Hektik können hier urige, bis zu 300 Jahre alte Eichen bestaunt werden.
Einst frönten in diesen Waldgebieten die sächsischen Kurfürsten ihrer Jagdlust. Die im 17. und 18. Jahrhundert stattfindenden, zum Teil dreiwöchigen Jagden brachten zuweilen über 400 Stück Wildbret. Noch heute sind Großsäuger wie Rotwild oder Wildschweine in den Wäldern und in der Feldflur häufig anzutreffen. Es war jedoch besonders der Auerhahn, der es den Königen und Fürsten vergangener Zeiten angetan hatte. Eine Forstkarte von 1747 bezeichnet vier „Auerhahnbalzen" allein in der Liebenwerdaer Heide.
Durch die Nachkriegswirren mit vielen Bränden und Holzeinschlägen und durch die spätere großflächige Nutzung als Truppenübungsplatz ging der Bestand dieses truthahngroßen Hühnervogels jedoch immer weiter zurück.
Ein Artenschutzprogramm soll jetzt wieder Lebensraum für diesen Großvogel schaffen. In einem Pilotprojekt werden Auerhühner ausgesetzt und mit Sendern ausgestattet. Ökologischer Umbau des Waldes wird dann nicht nur dem Auerhuhn, sondern auch anderen altholzbewohnenden Arten wie Raufußkauz, Schwarzstorch, Hirschkäfer und Waldschnepfe nützen und soll zu deren größerer Verbreitung beitragen.

Rettung vom Lobenhirten – nur für Sonntagskinder

In unmittelbarer Nähe befindet sich ein Schatzkästchen der besonderen Art – das Moorgebiet „Der Loben". Es ist eine der wertvollsten Landschaften im Naturpark, ein etwa 1.670 Hektar großes Naturschutzgebiet. Hier wurden 45 Lebensraumtypen

Offenfläche mit Callunaheiden und Silbergrasfluren

*Zur Wiederansiedlung des Auerhuhns wurde
2011 ein Pilotprojekt gestartet*

nachgewiesen, darunter Torfmoosmoore, Feuchtwiesen, Torfstiche, Tongruben, Kiefern-Moorwald, Erlenbruchwald und Moorheiden. 316 Pflanzenarten wurden gezählt, 32 davon gelten als gefährdet.

Moore können große Mengen Wasser aufnehmen und in Trockenzeiten langsam wieder an ihre Umgebung abgeben. Sie sind unverzichtbar für den regionalen Wasserhaushalt und bestimmen das regionale Klima entscheidend mit. Entwässerungen haben ihnen stark geschadet. Melioration durch Landwirtschaft und Bergbau schnitten den Loben einst von einer ständigen Wasserzufuhr ab. Um die Verlandung zu stoppen, wurde der Wasserhaushalt im Naturschutzgebiet durch vielfältige Maßnahmen stabilisiert und der Lebensraum von Sumpfporst, „fleischfressendem" Sonnentau, Laubfrosch und Kranich erhalten. Auch Wanderer und Radfahrer können auf der

Heide-Moor-Tour, zu der man im Besucherzentrum des Naturparks Informationen erhält, weiterhin die geheimnisvolle Welt des Moores erleben.

Geheimnisvoll und unheimlich, so haben unsere Vorfahren die Moore empfunden, stand man hier doch stets auf unsicherem, trügerischem Boden. Kein Wunder, dass sich besonders um Moore viele Sagen und Legenden ranken. Die Gefahren des Moores spiegeln sich auch in der Sage vom Lobenhirten wider: Er soll auf seiner Flöte gespielt haben, wenn sich ein Fuhrwerk dem Moor näherte. Doch sein Spiel hörten nur die Sonntagskinder, die er damit vor dem Versinken rettete. Auch von versunkenen Wirtschaften und ganzen Ortschaften erzählen Sagen in allen Regionen immer wieder. In diesem Fall soll es die „Lobenburg" gewesen sein, die einst im Moor versunken ist.

Urgewalten als Landschaftsgestalter

Die vor etwa 180.000 Jahren zu Ende gegangene Saaleeiszeit formte die älteste Landschaft im Süden Brandenburgs. Die zurückweichenden Eismassen hinterließen im Bereich des rund 484 Quadratkilometer großen Naturparks Niederlausitzer Heidelandschaft ein riesiges natürliches Staubecken, das so genannte Kirchhain-Finsterwalder Becken. Hier sammelten sich die nacheiszeitlichen Schmelzwasser, um dann durch ein Tor zum Urstromtal in die Niederung der Schwarzen Elster abzufließen.

Weite Wälder auf der Hochebene im Norden, moorige, sumpfige Landschaft in den Niederungen der Kleinen und Schwarzen Elster im Süden, so muss man sich das Gebiet des Naturparks noch vor über 800 Jahren vorstellen. Mit der Gründung des Klosters in Dobrilugk und der folgenden Ausweitung des Klosterbesitzes durch die Zisterziensermönche begann die umfassende Kultivierung dieses Landstriches. Wälder wurden gerodet oder durch Beweidung stark aufgelichtet, Fischteiche angelegt und Landwirtschaft betrieben.

Schon damals hat der Abbau von Bodenschätzen im Gebiet des Naturparks stattgefunden. Dabei waren es zunächst Raseneisenstein, Grauwacke, Ton und Torf, die als Baumaterial benötigt wurden. Vor etwa 150 Jahren begann das Schürfen nach dem „Schwarzen Gold", der Kohle. Noch heute wird in der Region Kies für die Baustoffnutzung abgebaut.

Trittsteine der Bergbaugeschichte

Die Eismassen der Saaleeiszeit haben durch ihr Kommen und Gehen den Süden Brandenburgs geformt. Kaum weniger gewaltig war der zweite Landschaftsgestalter der Region – der großflächige Braunkohletagebau. Er schuf Kulturlandschaften von teilweise bizarrem Aussehen. Die Spuren sind im Naturpark überall zu finden. Kleinere und größere Wasserflächen, Bruchfelder und steppenartige Landschaften zeugen davon. Insgesamt waren hier mehr als 40 Gruben bergamtlich registriert, sieben Brikettfabriken produzierten den begehrten Brennstoff.

Die Hinterlassenschaften des Braunkohleabbaus bieten neue Chancen für Mensch und Natur. Die stillgelegten Gruben, die Teiche und Seen haben sich inzwischen zu Naherholungsgebieten oder zu wertvollen Refugien für seltene Tier- und Pflanzenarten entwickelt. Findlinge mit dem Schriftzug „Trittsteine der Bergbaugeschichte" weisen an den einzelnen Stationen des auf diese Weise „ausgeschilderten" Radweges den Weg, Tafeln informieren über die Abbaugeschichte. Am Weg sind Sehenswürdigkeiten wie das Weißgerbermuseum in Doberlug-Kirchhain, ein ehemaliger Steinkohleerkundungsschacht, die Klosterkirche und das Schloss in Doberlug, der Hammerteich und die Kirche sowie die Blockhäuser in Fischwasser zu besichtigen.

An den alten Steinbruch in Fischwasser erinnert nur noch ein Gewässer. Eine Sage erzählt von einem armen Hirten, der im Wald eine sonderbare blaue Blume gefun-

Der Biber hat sich wieder in ganz Brandenburg ausgebreitet

den haben soll. Sie hatte ihm viel Glück und Reichtum gebracht. Nicht verwunderlich, dass sich auch die Bewohner von Fischwasser eine solche blaue Blume wünschten. Sie suchten im Wald, gruben nach ihr – und trugen dabei der Sage nach den ganzen Felsen ab.

Unter Schutz: Fauna und Felsen

Im Naturpark Niederlausitzer Heidelandschaft kommen etwa 50 Säugetierarten vor. Besonders erwähnenswert ist das flächendeckende Auftreten von Biber und Fischotter. Während im 14. Jahrhundert der Biber an der Schwarzen Elster noch äußerst häufig anzutreffen war, kam es nach 1851 zur Zeit der Elsterregulierung zum Einbruch der Bestände. Erst in den 1970er und 1980er Jahren konnten wieder zahlreiche Ansiedlungen des Bibers, besonders in Altarmen und Gräben entlang der Schwarzen Elster, verzeichnet werden.

Noch im letzten Jahrhundert war der scheue Fischotter in den Gräben um Plessa, an der Schwarzen und Kleinen Elster, an den Maasdorfer Teichen und am Mühlstrom bei Plessa zu finden. Heute besiedelt der Fischotter im Naturpark die Schwarze Elster, deren Altarme und die Große Röder. Dazu kommen alle Fischteichgebiete sowie ältere Restlöcher der Abbaugebiete Tröbitz und Rückersdorf.

Ein besonderes naturtouristisches Highlight ist der Rothsteiner Felsen. Sein Gestein, die Grauwacke, entstand vor etwa 560 Millionen Jahren, als die gesamte Region noch den Grund eines Meeres darstellte. Die Grauwacke wurde durch Ablagerungen aus heißen Quellen stark verkieselt und ist daher sehr widerstandsfähig. Durch tektonische Vorgänge wurde sie später an die Oberfläche gehoben.

Der Rothsteiner Felsen hat von jeher das Interesse der Bevölkerung gefunden. Im Vordergrund stand dabei zunächst die wirtschaftliche Bedeutung. Rothsteiner Schotter wurde beim Bau vieler Straßen der Umgebung als Untergrund verwendet. Ebenso weisen die Fundamente vieler Gebäude im gleichnamigen Ort Rothsteiner Gestein auf. Der Felsen wurde 1915 als Flächennaturdenkmal unter Schutz gestellt. Jedes Jahr im Juli feiern die Einheimischen und ihre Gäste am Fuß des Felsens das Rothsteiner Felsenfest.

„Es klappert die Mühle …"

Von den einst etwa 160 Wind- und Wassermühlen in der Region von Elbe und Elster im 18. Jahrhundert sind nicht mehr viele übrig geblieben. Diejenigen allerdings, die restauriert wurden, haben sich zu kleinen Schmuckstücken entwickelt und lohnen einen Besuch, beispielsweise auf einer Radtour. Erst 2004 wurde die wieder aufgebaute Bockwindmühle von Elsterwerda der Öffentlichkeit übergeben. Die Elstermühle in Plessa stammt aus dem Jahre 1420 und kann heute als Museum besichtigt werden, die gemütliche Mühlenschänke bietet regionale Köstlichkeiten an.

Das Mühlenhofmuseum in Grünewalde, auf dem Grundstück einer ehemaligen Wassermühle, zeigt Geräte, Maschinen und Ausrüstungen, an denen die Geschichte des Getreideanbaus, der Ernte und der Verarbeitung anschaulich wird.

Natürlich ist auch die Vierte im Bunde, die Paltrockwindmühle in Oppelhain, sehenswert. Der Name dieses Mühlentyps stammt wohl vom so genannten Pfalzrock, weil die Form der Mühle Ähnlichkeit mit diesem Pfälzer Kleidungsstück hat. Im Kräutergarten Oppelhain sind nicht nur rund 60 regionaltypische Wild- und Gewürzkräuter zu beschnuppern. In dem rund 4.000 Quadratmeter großen Gelände sind auch zahlreiche mannshohe Mühlenmodelle der Region zu bestaunen.

Spurensuche: „Gute Wiese" und Bad Liebenwerda

Die Mönche des Zisterzienserordens, die vor rund 800 Jahren an den Ufern der Kleinen Elster bei Doberlug („dobry lug" – auf deutsch „gute Wiese") siedelten, prägten die gesamte Region. Sie rodeten Wälder, entwässerten sumpfige Niederungen, legten Fischteiche und Weinberge an und betrieben Bienenzucht.

Im 13. Jahrhundert gehörten dem Kloster nahezu 60 Orte, Wirtschaftshöfe und andere Besitzungen. Noch heute weisen viele Kirchen, Teiche und alte Flurnamen auf die Anlage und Nutzung durch die Zisterzienser hin.

Eine rund 50 Kilometer lange Radtour, zu der man Informationen und den Streckenverlauf von der Naturparkverwaltung erhält, verbindet nicht nur Besichtigungsmöglichkeiten zahlreicher sehenswerter Kirchen, des Bauernmuseums in Lindena und des Weißgerbermuseums in Doberlug-Kirchhain. Sie führt auch durch das Naherholungsgebiet Bad Erna, durch alte Wälder, an Wiesen entlang, die ein Nahrungsparadies für Storch & Co sind, und zu kleinen Flüsschen, wo sich Fischotter und Biber zu Hause fühlen.

Im Besucherzentrum des Naturparks in Bad Liebenwerda kann man ganz ungefährlich zum Gipfelstürmer werden, denn das Modell des Rothsteiner Felsens ist auch zum Besteigen gedacht. Ein Apfel-Memory gibt einen kleinen Einblick in die Vielfalt der verschiedenen Sorten. Auf den Plauderbänken im Besucherzentrum können die Besucher interessanten Geschichten aus dem Norden oder dem Süden des Naturparks in den entsprechenden Dialekten lauschen: Mitten durch den Naturpark ver-

Wer genau hinsieht, bemerkt auch die kleinen Naturschauspiele

läuft auch heute noch eine Sprachgrenze. Vom Wappentier des Naturparks, dem Auerhuhn, erhält man einen Eindruck anhand der Präparate von Hahn, Henne und Küken. Dazu gibt es die Balzrufe des Hahns zu hören und interessante Informationen zu dieser vom Aussterben bedrohten Tierart.

Naturpark Nuthe-Nieplitz

Brandenburg

Beelitz

Keilberg

NaturParkZentrum
am Wildgehege
Glauer Tal

Wurzelberg

- Besucherinformation
- Ortschaft
- Naturlandschaft
- Verortung in Brandenburg

BESUCHERINFORMATION

**NaturParkZentrum am Wildgehege
Glauer Tal**
Glauer Tal 1
14959 Trebbin OT Blankensee

Telefon 033731-700460
mail@besucherzentrum-glau.de
np-nuthe-nieplitz@lugv.brandenburg.de
www.naturpark-nuthe-nieplitz.de
www.grossschutzgebiete.brandenburg.de

„WILDNIS" VOR DEN TOREN BERLINS

Im Süden des Naturparks Nuthe-Nieplitz, nur rund 100 Kilometer von der Stadtgrenze Berlins entfernt, liegt eines der größten unzerschnittenen Areale Mitteleuropas: Weder Ortschaften noch bewirtschaftete Felder sind zu finden, kein einziger asphaltierter Verkehrsweg durchschneidet ein Gebiet von rund 100 Quadratkilometern. Auf dieser riesigen, von landwirtschaftlicher und industrieller Nutzung verschont gebliebenen Fläche findet sich eine Landschaft, die dem nahe kommt, was man sich unter dem Begriff „Wildnis in Deutschland" vorstellen kann. Ausläufer von Wüste, Steppe und Taiga scheinen sich bis kurz vor die Tore der nahen Millionenmetropole Berlin vorgewagt zu haben. Der Schießplatz Jüterbog war einer der ältesten Truppenübungsplätze Deutschlands. Fast 150 Jahre lang wurde diese Fläche als Truppenübungsplatz von königlich preußischen Rekruten, der Wehrmacht und der Roten Armee genutzt. Für Übungen der Wehrmacht machte man nach 1933 selbst vor der Umsiedlung ganzer Dörfer nicht halt. Seit 1945 nutzte die Rote Armee das Gelände. Als 1993 schließlich als letzte die russischen GUS-Truppen abzogen, tat sich dem Naturschutz eine historische Chance auf. Bereits 1999 wurde auf dem ehemaligen Truppenübungsplatz Jüterbog das Naturschutzgebiet Forst Zinna-Jüterbog-Keilberg ausgewiesen. Die im Jahr 2000 gegründete Stiftung Naturlandschaften Brandenburg konnte nach und nach 7.200 Hektar der Fläche erwerben, um hier dauerhaft Wildnisschutz zu betreiben. Schon jetzt finden auf dem größten Teil der Fläche keine Eingriffe mehr statt. Die Natur kann sich frei entfalten. Wo einst Panzer den Boden verwundeten, entsteht nun durch natürliche Dynamik ein Mosaik aus Heide-

KONTAKT

**Tourismusverband
Fläming e. V.**
Küstergasse 4
14547 Beelitz
Telefon 033204-628762
www.reiseregion-flaeming.de

Ehemaliger Truppenübungsplatz – unzerschnittene Weite

landschaften, Vorwäldern, Feuchtgebieten und Sandflächen mit vielfältigen Lebensräumen für zahlreiche Tier- und Pflanzenarten. Diese Lebensräume sind im Wandel,
mancherorts werden aus Sandlandschaften Steppen und aus Heiden Pionierwälder,
anderenorts entstehen durch Brände neue Offenflächen. Natürliche, durch Selbstent-
zündung entstehende, periodisch wiederkehrende Waldbrände haben eine wichtige
ökologische Funktion. Sie halten nicht nur die großen Flächen offen, sie verknappen
auch das Nährstoffangebot, die Flammen verzehren die degenerierenden Altpflanzen:
eine Voraussetzung für die Verjüngung und den Erhalt von Heiden und Offenflächen.
Dagegen spielt die historische Nutzung der Heiden durch Schafbeweidung und Abplaggen, die ebenfalls Nährstoffe entziehen, auf diesen Flächen schon seit rund 150
Jahren keine nennenswerte Rolle mehr. Durch Abplaggen wird die Humusschicht
abgehoben und dann als Stallstreu, Brennmaterial oder Dünger verwendet.
Aber nicht nur Trockenrasen, Heiden und verschiedene Vorwaldstadien prägen das
Gebiet. Es finden sich auch Erlenbruchwälder, Hutewaldreste, Zwischenmoore und
Quellgebiete. Wertvolle Gewässerlebensräume sind das 50 Hektar große Feuchtge-
biet Röthepfühle sowie ein letzter unverbauter und frei mäandrierender Abschnitt

der Nuthe und die Hangquellmoore im Bereich des Keilbergs. Mit dieser Vielfalt gehört der ehemalige Truppenübungsplatz Jüterbog zu den ökologisch wertvollsten Landschaften in Brandenburg.

Wo Wölfe wandern

Das reiche Mosaik an Lebensräumen beherbergt zahlreiche seltene und bemerkenswerte Arten. Den Sand besiedeln Dünensandläufer, Brachpieper, Steinschmätzer, Sandohrwurm und Schlingnatter. Die Lurch- und Kriechtiervorkommen, zu denen auch Laubfrosch, Rotbauchunke und Kreuzkröte gehören, sind einmalig für die Region. Unzählige Arten von Web- und Röhrenspinnen, Käfern, Heuschrecken, Libellen und Schmetterlingen werden angetroffen. Über 100 Vogelarten brüten im Gebiet, unter ihnen Baumfalke und Wespenbussard, Wendehals, Schwarz- und Braunkehlchen. Ziegenmelker, Heidelerche und Raubwürger sind in den mit Besenginster und Heidekraut bedeckten halboffenen Heidelandschaften zu Hause. In Feuchtbereichen kommen selbst Bekassine, Kranich und sogar der Eisvogel vor. Der vom Aussterben

Wölfe in Brandenburg siedelten sich zuerst auf ehemaligen Truppenübungsplätzen an – auch im Naturpark Nuthe-Nieplitz

bedrohte Wiedehopf nutzt die offene, ungestörte Landschaft mit kurzer, schütterer Pflanzendecke zur Bodenjagd. Gleichzeitig findet er in den angrenzenden Waldgebieten geeignete Bruthöhlen in älteren, hohlen Bäumen. Hier fühlen sich auch der seit 2011 im Gebiet neu nachgewiesene Raufußkauz und die sehr seltene Bechsteinfledermaus wohl.

Ebenfalls 2011 sorgten erste Fotonachweise von sechs Jungwölfen im Naturschutzgebiet auf dem ehemaligen Truppenübungsplatz Jüterbog für eine kleine Sensation. Mit automatischen Wildkameras und durch Spurenfunde konnte zum ersten Mal ein Rudel mit Nachwuchs in der Region nachgewiesen werden. Wölfe, die in Deutschland über 100 Jahre lang nahezu als ausgestorben galten, hatten sich von Polen kommend zuerst in der Lausitz und nun auch im Naturpark Nuthe-Nieplitz wieder angesiedelt.

Die Rückkehr der Wölfe ist ein spannendes Forschungsfeld. Speziell geschulte Wolfsbetreuer untersuchen das Vorkommen und die Lebensweise der Tiere und werten Monitoringdaten und Fotonachweise aus. Wölfe und viele andere Wildtiere sind für ihr Überleben auf Wanderbewegungen angewiesen. Sie können lange Strecken zurücklegen, werden dabei aber leider auch oft Opfer von Verkehrsunfällen. Das Projekt „Ökologischer Korridor Südbrandenburg" soll das Überleben der wandernden Wildtierarten im Gebiet und den genetischen Austausch zwischen den Populationen gewährleisten. Dazu sollen die Jüterboger Stiftungsflächen mit weiteren wertvollen Wald- und Feuchtgebieten vernetzt werden, um Wildtieren so möglichst barrierefreie Wanderungen von Polen über Südbrandenburg bis zur Elbe in Sachsen-Anhalt zu ermöglichen. Wenn das gelingt, ist es sehr wahrscheinlich, dass die Jüterboger Wölfe nicht die einzigen Rückkehrer bleiben werden. Sie könnten Besuch aus dem Süden bekommen, denn der Fläming gilt als Erwartungsgebiet für die Wildkatze.

Vom Winde verweht „live" erleben

Nach der langen Zeit militärischer Nutzung ist es nun wieder möglich, die Flächen auf eigene Faust zu erkunden und die faszinierende Rückkehr der Natur zu beobachten. Die Stiftung Naturlandschaften Brandenburg hat ein 30 Kilometer umfassendes Netz von Wanderwegen entmunitioniert und ausgewiesen. Informationstafeln am Weg weisen auf Naturschätze, historische Hintergründe und Besonderheiten hin. Rastplätze an den schönsten Aussichtspunkten laden zum Picknicken ein. Bei gutem Wetter erlaubt die schöne Aussicht am Keilberg einen Blick bis zum 56 Kilometer entfernten Berliner Fernsehturm. Das Betreten der Flächen ist jedoch wegen der militärischen

Ungeheuerwiesen zwischen Stücken und Blankensee – Morgenstimmung auf der extensiven Rinderweide

Hinterlassenschaften und dem Schutzstatus als Naturschutzgebiet nur auf den ausgewiesenen Wanderwegen gestattet.

Während die fremdartigen Landschaften, die durch die starke Beanspruchung der Militärs entstanden sind, an Wüsten- oder Steppenlandschaften erinnern, glaubt sich mancher Betrachter beim Anblick der Sanddüne mitten im trockenen Binnenland an eine Meeresküste versetzt. Aus der weiten ebenen Fläche erhebt sie sich wuchtig und lang gestreckt – mit einem mehr als 800 Meter langen Dünenrücken. Zunächst sind nur wenige Pflanzen wie Silbergras oder Sandsegge in der Lage, im offenen Sand Fuß zu fassen. Ständig verändert der Wind dessen Oberfläche, greift an der einen Stelle in den losen Sand, um ihn an anderer Stelle wieder abzusetzen. Doch allmählich wandeln sich die Offenflächen immer mehr durch den Bewuchs. Damit verliert der Wind die Angriffsflächen für den Sandtransport, was sich auf die etwa neun Hektar bedeckende Düne auswirkt. Bis vor kurzem war sie als eine der letzten aktiven Binnendünen noch auf Wanderschaft, inzwischen ist sie fast vollständig zur Ruhe gekommen.

Die Düne ist ein Besuchermagnet und kann vom „Wanderweg Wurzelberg" aus betrachtet werden. Den Wanderweg erreicht man mit dem Nahverkehr. Vom Bahnhof Luckenwalde aus sind es rund zwei Kilometer bis zu seinem Beginn. Darüber hinaus ist auch der rund vier Kilometer lange Rundwanderweg ab Pechüle mit seinem Aussichtspunkt am Keilberg beliebt.

Über diese Erlebnismöglichkeiten hinaus werden regelmäßig geführte Exkursionen zu speziellen Themen und besonderen Lebensräumen angeboten. Wer jetzt auf Spurensuche gehen und sich über die Wölfe informieren möchte, kann mit kompetenter Führung durch die Wolfsbetreuer rechnen. Und in Begleitung fachkundiger Wanderführer und Naturwächter ist das Gebiet zu jeder Jahreszeit ein Erlebnis. Im Winter werden Wildtierfährten ins Visier genommen. Im Frühjahr erwachen die schütteren weiten Birkenwäldchen zu frischem Grün. Im Spätsommer blüht die Heide und bedeckt wie ein großer, dicker, in sattem Lila leuchtender Teppich die flache, offene Fläche, die sich fast bis zum Horizont erstreckt. Schließlich taucht der Herbst die schier endlose Weite in sein prächtiges, buntes Farbenspiel.

Der Rothirsch ist im mitteleuropäischen Raum
eines der größten freilebenden Wildtiere

Begegnungen mit Rot-, Dam- und Muffelwild

Jüterbog-West in Klein – weniger Weite, aber gut zu durchwandern – ist im Wildgehege Glauer Tal zu finden. Zur Brunftzeit Ende September, Anfang Oktober röhren die kapitalen Hirsche vor einem leuchtend goldenen oder feurigroten Farbenspiel. Das Wildgehege, zwischen Blankensee und der Ortschaft Glau gelegen, gehört zum NaturParkZentrum mit Streuobstwiese und Obstbaumallee, Ackerfläche und Schafweiden. Auf dem Gelände des ehemaligen Truppenübungsplatzes befindet sich das rund 160 Hektar große eingezäunte Wildgehege und die etwa neun Hektar große Außenausstellung „Glauer Felder". Das Ensemble hat sich zu einem beliebten Ausflugsziel entwickelt. Innerhalb des Wildgeheges trifft man auf freilaufendes Rot-, Dam- und Muffelwild. Die Besucher erleben die Tiere wie in freier Wildbahn. Die Glauer Felder bilden unterschiedliche Lebensraumtypen des Naturparks ab und laden ein, diese auch „im Original" zu entdecken. Im Gebäude des NaturParkZentrums erhalten Besucher eine Vielzahl von Ausflugs- und Beobachtungstipps, Wanderkarten, Veranstaltungskalender und Faltblätter zu den spannendsten Gebieten im Naturpark. Auch Führungen, Kindergeburtstage und Wild-Erlebnis-Parcours können hier gebucht werden. Im Naturparkladen „Schaufenster Naturpark Nuthe-Nieplitz" werden die Angebote regionaler Erzeuger präsentiert und in der Kräuterkate Glau können die Besucher sich mit leckeren Wildkräutergerichten für den nächsten Ausflug stärken.

Der saisonale Höhepunkt ist das Ende September stattfindende Naturparkfest. Es bietet Spiel und Spaß für die ganze Familie mit Regionalmarkt, Mitmachangeboten und einem abwechslungsreichen Bühnenprogramm. Regionale Anbieter aus dem gesamten Naturpark stellen ihre Produkte vor und laden zum Probieren ein. An der mobilen Saftpresse kann der Saft frisch gepresster Äpfel verkostet und auch für zu Hause erworben werden.

Vom ehemaligen „Feldherrenhügel" des Truppenübungsplatzes bietet sich eine schöne Sicht auf das Gelände des Wildgeheges: Von Mai bis Juni leuchten hier Ginsterbüsche in gelber Blüte, steht flimmernde Hitze über der offenen Heide, hängt der Duft von Ginster, Heide und würzigem, warmen Waldboden in der Luft. Hier und da kommen junge Kiefern und Birken hoch. Kleine Gruppen Rotwild, ein paar Mufflonschafe und Damwild mit Jungen stehen dicht unter Schatten spendenden Bäumen oder haben sich in die Deckung des Waldes zurückgezogen. Deutlich ist der wiederkehrende, melancholische Ruf des Bussards zu hören. Ein Fischadler zieht in der Nähe seine Kreise.

*Schönheit der Gegensätze – auf dem sonst eher trockenen
ehemaligen Truppenübungsplatz gibt es besonders wertvolle
Feuchtgebiete und Gewässer*

Im Inneren des Kommandantenturms können sich Besucher über die Konversion, die Nutzung ehemaliger militärischer Liegenschaften, informieren. In der zweiten Etage haben die Besucher einen guten Ausblick auf das Gelände und können die Rothirsche beim Grasen beobachten.

Die Geweihe der stattlichsten Hirsche zählen bereits 18, 20 oder gar 22 Enden. Die Tiere lassen sich von Besuchern an den Beobachtungspunkten nicht beunruhigen, ihre Fluchtdistanz ist noch längst nicht unterschritten. Mit dem Fernglas kann man sie in aller Ruhe betrachten. Der Weg zur Tränke verspricht ein Rendezvous mit dem Damwild, nicht selten wechseln auf einer Wanderung Mufflonschafe keine 20 Meter entfernt vor den Besuchern über den Weg. Eins nach dem anderen springen sie aus der Deckung, beschleunigen auf dem Weg mit wenigen, großen Sätzen und verschwinden auf der anderen Seite wieder im Dickicht. Schön sind ihre geschwungenen Hörner und ihre schwarz-weiß-braune Zeichnung zu sehen.

Das Wild ist nicht nur zur Freude der Touristen im Gelände. Um die 100 Wildtiere verrichten hier wertvolle Landschaftspflege: Durch Tritt und Pflanzenverbiss halten sie den Aufwuchs niedrig, die Landschaft offen und ermöglichen damit, dass Arten wie Wiedehopf und Heidelerche, Sandstrohblume und Blauflügelige Ödlandschrecke hier ihren Lebensraum behalten. Diese seltenen Tiere und Pflanzen sind auf Lebensräume angewiesen, wie sie Offenlandschaften mit kleinen Nischen im Gelände bieten. Wächst diese Landschaft zu, verschwinden sie. Im Wildgehege Glauer Tal werden Naturschutz, Wissenschaft, Wildtierhaltung und Erholung miteinander verknüpft. Wissenschaftler der Universitäten in Berlin, Potsdam und der Fachhochschule Eberswalde begleiten das Projekt.

Das Glauer Tal selbst erstreckt sich eingerahmt zwischen Nuthe und Nieplitz entlang der bei Blankensee emporragenden Glauer Berge. Dieser Höhenzug stellt eine der markantesten Stauchmoränenketten des südlichen Brandenburgs dar. Das Tal musste zum Ende der jüngsten Eiszeit gewaltige Wassermassen aufnehmen und ableiten. Die Hochflächen der Glauer Berge sind mit knorrigen Krüppelkiefern bestanden. Dazwischen öffnet sich die Aussicht auf die Niederung, Wanderwege führen durch steilwandige Kehlen ins Tal. Um den Kapellenberg mit seiner verfallenen Kapellenruine rankt sich manche Legende. Von einem Goldschatz ist die Rede, der vom Teufel bewacht wird, von unterirdischen Gängen und unheimlichen Begebenheiten.

Die Schätze von Blankensee

Mitten im Herzen des Naturparks liegt Blankensee, ein traditionell beliebter Ausflugsort. Zum NaturParkZentrum und dem Wildgehege Glauer Tal ist es nicht weit, der Besuch des Geheges lässt sich gut mit einer Besichtigung des Ortes verbinden.

Besonders schön ist ein Rundgang durch den „Schlosspark". Das Schloss – eigentlich ein Herrenhaus – war kurzzeitig Adelssitz derer von Thümen, dem Adelsgeschlecht, das 500 Jahre lang die Geschichte zwischen Nuthe und Nieplitz bestimmte. 1902 erwarb es der Schriftsteller Hermann Sudermann. Sudermann hatte als Dramatiker 1890 in Berlin Erfolge gefeiert, bis Gerhart Hauptmann ihm Ende des 19. Jahrhunderts den Rang ablief. Sudermann zog sich ins Blankenseer „Exil" zurück. Von zahlreichen Reisen brachte er Skulpturen und Kunstgegenstände mit, mit denen er Park und Schloss nach und nach ausstattete. Sehenswert ist neben der „Kaiserallee" und Venusinsel, dem italienischen Garten, diversen Säulen, Statuen und Tempelchen aber vor allem der vom verzweigten Lauf der Nieplitz durchflossene Park selbst. Mit den hohen, Efeu bewachsenen Bäumen, seinen geschwungenen weißen Brücken und einem ständigen Wechselspiel von Licht und Schatten bietet dieser Park zu allen Jahreszeiten eine zauberhafte Atmosphäre. Für den Rundgang sollten Besucher sich deswegen etwas Zeit nehmen. Im benachbarten Bauernmuseum erhält man ein Faltblatt zur Geschichte von Schloss und Park mit interessanten Erläuterungen zu den von Sudermann gesammelten Kunstgegenständen.

Mit dem Ackerbau verbreitete sich der Klatschmohn
über die ganze Welt

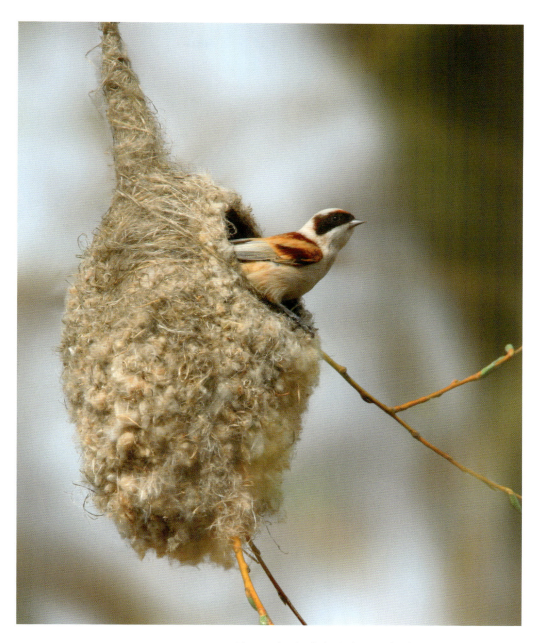

Die Beutelmeise findet in den Feuchtgebieten der Nuthe-Nieplitz-Niederung gute Brut- und Lebensbedingungen

Das Bauernmuseum ist im ältesten erhaltenen Gebäude von Blankensee, einem Märkischen Mittelflurhaus aus dem Jahr 1649, untergebracht. Es zeigt die typische Wohnsituation und Ausstattung einer bäuerlichen (Groß-)Familie im 19. Jahrhundert. Auch alte Ausgrabungsstücke aus der Region – zum Beispiel Tonscherben und Fibeln, Klammern, die dem Zusammenhalt der Gewänder dienten – und wechselnde Ausstellungen zu Kunst und Kultur der Gegenwart werden gezeigt. In der Museumsschänke gibt es Speisen und Getränke. Die Einkehrer können bei gutem Wetter auch draußen sitzen. Die große Wiese hinter dem alten, ehemaligen Scheunengebäude reicht hinunter bis zum Nieplitzufer, wo nicht selten ein Graureiher zu beobachten ist. Alljährlich im September wird auf der Wiese das Museumsfest gefeiert.

Kulturgeschichtliche Kostbarkeiten birgt auch die von außen unscheinbare Dorfkirche, unter anderem einen barocken Kanzelaltar aus dem Jahre 1706 und einen venezianischen Taufstein aus der ersten Hälfte des 11. Jahrhunderts. Er soll einst auf dem Marktplatz von Venedig gestanden und als Brunnen gedient haben. Aus dem Nachlass Hermann Sudermanns gelangte er schließlich in die Blankenseer Kirche. 1991 kam bei Renovierungsarbeiten ein etwa 400 Jahre altes Renaissance-Wandbild mit der – nicht vollständig erhaltenen – Darstellung des salomonischen Urteils zum Vorschein. Die drei alten Glocken der Kirche stammen aus den Jahren 1400, 1406 und 1517.

Fliegende Edelsteine

Riebener See, Blankensee, Grössinsee, Gröbener See – wie Perlen an der Nieplitz reihen sich die Seen der Nuthe-Nieplitz-Niederung aneinander. Sie sind wahre Vogelparadiese, bieten Wasser- und Watvögeln Rast- und Brutmöglichkeiten.

Der Blankensee mit seiner rund 300 Hektar großen Wasserfläche ist der größte von ihnen. Er steht unter Naturschutz. Sein intakter, an einigen Stellen mehrere hundert Meter breiter Schilfgürtel bietet hervorragende Deckung für Vögel und verhindert den Zugang für Menschen. Nur an einer Stelle am Nordostufer des Blankensees ist der Zugang möglich. Hier wurde ein Bohlensteg errichtet, der einen großartigen Blick auf die weite Wasserfläche eröffnet.

Von hier aus sind Gänse, Enten und Rallen zu beobachten. Oft lungert der Reiher am Wehr in der Nähe der Fischerei herum, offensichtlich in der Hoffnung auf leichte Beute. Mit dem Fernglas sind weiter draußen häufig Kormorane zu entdecken, die ihre Flügel zum Trocknen ausgebreitet haben. Meist kreisen in einiger Entfernung auch See- oder Fischadler, beide haben in der Nähe ihre Horste. Wer sich Zeit nimmt und länger auf dem Bohlensteg verweilt, kann zuweilen auch den „fliegenden Edelstein", den farbenfroh schillernden Eisvogel, vorbeizischen sehen.

Am Weg nach Glau ist ein ganz besonderes Naturdenkmal und eine kulturgeschichtliche Besonderheit zu bestaunen: eine Maulbeerbaumallee. Sie stammt noch aus der Zeit, als der „Alte Fritz" den preußischen Bauern aufgetragen hatte, Seidenraupen zu züchten, um unabhängig von den teuren chinesischen Seidenimporten zu werden. Das Experiment ging schief, die Raupen wollten unter brandenburgischen Bedingungen einfach keine Seide spinnen. Die Maulbeerbäume aber blieben bis heute erhalten, sie sind jetzt über 200 Jahre alt.

Ein Hauch von Everglades

Die flache Nuthe-Nieplitz-Niederung ist beliebt bei Radsportlern. Immer wieder trifft man auf ganze Pulks von rennradelnden Sportbegeisterten aller Altersstufen. Auch die Entdeckung des Naturparks per Rad bietet sich an. Allerdings gibt es – noch – kein geschlossenes Radwegesystem. Am ehesten empfiehlt sich wohl eine Kombination aus Radtour und Wanderung. Viele der lohnendsten Feldwege sind nicht oder nur abschnittweise zum Radfahren geeignet. Zum Beispiel der „Schwarze Weg" zwischen Körzin und Stücken oder der Lankendamm, der etwa zwei Kilometer vor Schönhagen von der Landstraße abbiegt und am Südufer des Blankensees entlang nach Stangenhagen führt. Dieser einstige Knüppeldamm führt zunächst durch einen Bruchwald und ein Feuchtgebiet. Auch hier ist eine „Wildnis aus zweiter Hand" entstanden, als nach 1990 die Schöpfwerke zur Entwässerung des Niederungsgebietes abgeschaltet wurden. Unwillkürlich fühlt mancher Betrachter sich an Bilder aus dem Fernsehen erinnert – so etwa, nur unendlich viel größer, stellt man sich Sumpfgebiete in Sibirien oder den Everglades in Florida vor.

Nach der Durchquerung des Bruchwaldes haben Wanderer noch einmal einen herrlichen Blick auf den Blankensee. An dieser Stelle wurde im Rahmen des ersten brandenburgischen Naturschutzgroßprojektes eine Streuobstwiese mit alten, hochstämmigen Obstsorten angepflanzt. Ohne dieses Naturschutzgroßprojekt, das die gesamte Nuthe-Nieplitz-Niederung umfasste, stünde hier an Stelle der Streuobstwiese heute wohl ein Golfhotel, schwirrten Golfbälle auf dem umliegenden „Grün" herum. Vom Naturschutzgroßprojekt, das rund 15 Millionen Euro an Bundes- und Landesmitteln in die Region brachte, profitiert auch der Schäfer, dessen Schafe die Wiesen rund um den Blankensee beweiden und damit Landschaftspflege betreiben.

Vogelparadies im Flachwasser bei Stangenhagen

An einem weiteren Aussichtspunkt und einem Fischadlerhorst vorbei führt der Lankendamm nach Stangenhagen. Entlang des Pfefferfließes ist hier ein etwa viertelstündiger Fußmarsch zum Vogelbeobachtungsturm unbedingt zu empfehlen. Auf einem kleinen Deich führt der Weg am Ort Stangenhagen an weiten Wiesen, Moor, Schilf und Wald entlang. Als 1990 die Schöpfwerke abgestellt wurden, weil sich ihr Betrieb für die Landwirtschaft nicht mehr lohnte, bildeten sich auf den ehemals landwirtschaftlich genutzten Flächen südlich von Stangenhagen spontan Flachwasserseen. Hier steht das Wasser jetzt ganzjährig über dem Niedermoor. Diese Flachwasserseen sind ein wahres Vogelparadies. Mit dem Fernglas können Silberreiher, Graureiher, Enten, Rallen und Kormorane, Höckerschwäne und auch die seltenen Singschwäne beobachtet werden. Über das Schilf streichen Rohrweihen, auch den Rotmilan bekommt man häufiger zu Gesicht.

Besonders faszinierend ist es, im Oktober in der Abenddämmerung den zur Nachtruhe einfliegenden Gänse- und Kranichschwärmen vom Beobachtungsturm aus zuzusehen. Von allen Seiten nähern sich dann im charakteristischen „V"-Flug kleine und große Trupps, deutlich sind die Rufe von Kranichen und Gänsen zu unterscheiden. Lassen sich die Neuankömmlinge auf den Wasserflächen nieder, gibt es jedes Mal lautstarke Aufregung, bis jedes Tier seinen Platz gefunden hat. Mehrfach bietet der Naturpark zu diesem beeindruckenden Naturschauspiel auch geführte Wanderungen an.

Wanderweg mit seltenem Namenspatron

Über Körzin und den „Schwarzen Weg" gelangen Wanderer oder Radfahrer nach Stücken. Körzin ist ein kleiner Ort mit schöner Einkehrmöglichkeit, wo sich „Fuchs und Hase ‚Gute Nacht!' sagen". Am Ende einer Feldsteinstraße gelegen, gibt es in diesem Ort keinen Durchgangsverkehr. Alte Kopfweiden und äsende Kraniche auf den benachbarten Feuchtwiesen kann entdecken, wer noch ein Stück aus dem Dorf hinausläuft.

In Stücken startet ein weiterer lohnender Rundwanderweg, benannt nach dem Ortolan, einem Singvogel, der einem an Kinn und Kehle gelb eingefärbten Spatzen gleicht. Findlinge als Wegweiser erinnern an die gestaltenden Kräfte der Eiszeiten. Der Weg führt durch einen verträumten Wald zu einer imposanten Eiche, die wohl an die 300 Jahre auf der Krone hat und zum Naturdenkmal erklärt wurde. Weiter geht es am Mühlenfließ entlang zum Bauernteich. Beide waren einst für den Betrieb der Stückener Wassermühle angelegt worden. Von der Mühle selbst fehlt heute jede Spur.

Der Eisvogel ist ein territorialer Einzelgänger

Kaum zu erkennen sind die nacheiszeitlichen Dünenfelder an der Route. Sandige Schmelzwasserablagerungen wurden hier vom Wind aufgehäuft, sie sind heute von schlichtem Kiefernforst bedeckt. Bald darauf formt ein idyllischer Heckenweg aus Eichen, Schlehdorn und Wildpflaume einen grünen Tunnel. Jenseits der Straße, die der Ortolan-Weg kreuzt, setzen sich die Feldgehölze in einer breiten, 700 Meter langen Hecke aus Wildapfel, Wildbirne, Vogelkirsche, Vogelbeere, Weißdorn, Schlehe, Wildrose und Weichselkirsche fort. Sie gliedert ein riesiges, etwa 120 Hektar großes Feld in zwei kleinere Schläge und stellt eine Biotopverbindung zu den Waldrändern dies- und jenseits des Ackers dar. Über eine bewaldete Hügelkette gelangt man zu den Ungeheuerwiesen, die ein beliebtes Revier für Wiesenbrüter darstellen und im Frühjahr und Herbst Scharen rastender Gänse und Kraniche beherbergen. Auch an den Ungeheuerwiesen steht ein Beobachtungsturm, von dem aus sich die Vogelscharen besonders in der Morgen- und Abenddämmerung gut belauschen lassen.

Der Ortolan selbst bevorzugt offene Bereiche mit Waldrändern an Getreide- und Hackfruchtfeldern. Als Deckung nutzt er einzeln stehende Bäume und Büsche, Alleen und Feldhecken. Die Intensivierung der Landnutzung in den 1960er und 1970er Jahren nahm ihm viele Lebensräume, die Art gilt als gefährdet. Dass die Nuthe-Nieplitz-Niederung heute zu einem bedeutenden Reproduktionsgebiet des Ortolans in Brandenburg geworden ist, kann wohl mit Recht als Gütesiegel für eine in weiten Teilen behutsame und naturverträgliche Landnutzung gewertet werden.

Naturpark Hoher Fläming

Brandenburg

Bad Belzig

Wiesenburg/
Mark

Naturparkzentrum
Hoher Fläming
Raben

- Besucherinformation
- Ortschaft
- Naturlandschaft
- Verortung in Brandenburg

BESUCHERINFORMATION

Naturparkzentrum Hoher Fläming
Brennereiweg 45
14823 Rabenstein OT Raben

Telefon 033848-60004
www.flaeming.net
www.grossschutzgebiete.brandenburg.de

FEUCHTE WIESEN, TROCKENE TÄLER UND SANDIGE HÖHEN

Kurz vor Mitternacht. Im Wald ist es stockdunkel. Nur schemenhaft sind Gestalten zu erkennen, die schweigend durch den Frühlingswald eilen. Sie streben der Quelle zu, die in der Nähe leise murmelt. Die jungen Frauen schöpfen mit ihren Krügen Osterwasser – es verspricht derjenigen Schönheit, die sich damit wäscht. Doch der Zauber kann nur wirken, wenn den Wasserträgerinnen kein Sterbenswörtchen über die Lippen kommt. Noch ist der Rückweg nicht geschafft, ein knackender Ast hier, ein auffliegender Vogel dort – den Frauen kommt er lang und unheimlich vor. Und dann gibt es auch noch Männer, die ihnen ihr Vorhaben zusätzlich erschweren. Sie machen sich einen Spaß daraus, die Dörflerinnen zu erschrecken. Aber schon ein kleiner Angstlaut reicht aus, dem Wasser seine Wunderwirkung zu nehmen und es zu profanem „Plapperwasser" werden zu lassen.

Natürlich stellt sich die Frage, was die Männer von diesem dummen Scherz haben. Die alte Geschichte zeigt aber deutlich, welche Bedeutung das Wasser für Landschaft und Menschen im Hohen Fläming hat. Der Hohe Fläming ist trocken, er gehört neben der Schwäbischen Alb zu den wasserärmsten Gebieten Deutschlands. Die Seen aus der Saale-Kaltzeit vor rund 150.000 Jahren sind längst verlandet. Niederschlagswasser versickert rasch auf den sandigen Höhen. Und dennoch oder gerade deswegen spielt das Wasser eine so große Rolle in der Region, wie auch Bräuche und Volksmund belegen.

Denn was der Fläming an Wasser hat, ist bemerkenswert und äußerst kostbar, nicht nur wegen der Knappheit. Zahlreiche Quellen, klare Bäche und ein großes Feuchtgebiet, die Belziger Landschaftswiesen,

KONTAKT

Tourismusverband
Fläming e. V.
Küstergasse 4
14547 Beelitz
Telefon 033204-62870
www.reiseregion-flaeming.de

Tourist-Information
Bad Belzig
Marktplatz 1
14806 Bad Belzig
Telefon 033841-3879910
www.bad.belzig.com

prägen die Landschaft des Naturparks Hoher Fläming, über die Martin Luther einst gesagt haben soll: „Ländeken, was bist Du für ein Sändeken ..."

Gesundbrunnen – nahe am Paradies

Welcher Naturpark hat schon einen Gesundbrunnen und ein Paradies zu bieten, und das nicht einmal weit voneinander entfernt? Diese (und andere) Quellen des Naturparks Hoher Fläming tragen nicht nur bemerkenswerte Namen, sie sind auch deswegen so reizvoll, weil sie nicht eingefasst wurden, sondern ganz natürlich vor sich hin sprudeln dürfen.

Der Gesundbrunnen ist die schüttungsreichste Quelle Ostdeutschlands. Seinem Wasser sagt man heilende Kräfte nach. Der Überlieferung nach entstand der Gesundbrunnen nach einem starken Unwetter, als das Quellwasser sich einen neuen Weg suchte und eine mächtige Hügelkuppe durchbrach. Durch Erosion bildete sich über Jahrhunderte der Quellkessel und immer neue Quellen vereinigten sich. Für Wanderungen ist das sumpfige Gelände – im Gegensatz zum Paradies in Dippmannsdorf – allerdings ungeeignet.

Der Naturpark Hoher Fläming wartet auch an anderen Stellen mit solchen Quellsümpfen auf. Hier tritt das Grundwasser flächig an mehreren Punkten gleichzeitig aus dem Erdboden hervor. Eine Hauptquelle ist oft nicht zu sehen, vielmehr sickern viele kleine Rinnsale aus dem Boden, die sich erst in einiger Entfernung zu einem Bachlauf vereinigen. Quellsümpfe sind auf den ersten Blick kaum von „normalen" Feuchtwiesen oder Bruchwaldgebieten zu unterscheiden. Zwei Merkmale verraten sie jedoch: Quellgebiete frieren fast nie zu, und selbst im Winter findet man in ihnen noch frische, grüne Vegetation. Grund dafür ist eine durch das ganze Jahr hindurch relativ konstante Wassertemperatur von vier bis 13 °C. Quellwasser ist nicht nur kühl, sondern auch sauerstoff- und nährstoffarm, dafür häufig reich an Kohlensäure und Kalk. Gelöstes Eisen färbt das Wasser rot, wie zum Beispiel das der Quellen bei Klein Briesen. Typische Pflanzen der Quellgebiete sind das Bittere Schaumkraut und das Quellmoos. Ein weiterer typischer Bewohner ist die Zweigestreifte Quelljungfer, mit einer Körperlänge von mehr als zehn Zentimetern und einer Flügelspannweite von neun bis elf Zentimetern eine der größten Libellenarten Europas. Sie benötigt als Lebensraum Bäche mit hoher Fließgeschwindigkeit, hohem Sauerstoffgehalt und sehr sauberem Wasser. Neben der Blauflügeligen Prachtlibelle gilt diese Libellenart darum als charakteristische Anzeigeart für hervorragende Wasserqualität. Sie wird jedoch nur schwer entdeckt und ist daher wenig bekannt. Zudem ist sie bereits stark

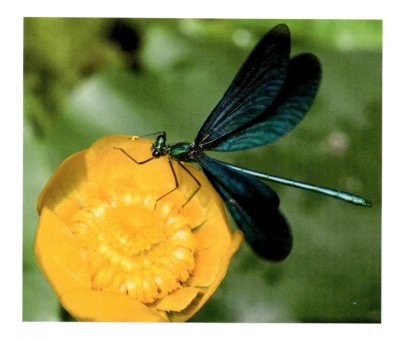

*Die blauen Flügel des Männchens sind charakteristisch
für die Blauflügelige Prachtlibelle*

gefährdet: Die Art ist zwar relativ weit verbreitet, aber jeweils nur in geringen Populationsdichten.

Wo Wasser zu finden ist, nehmen Populationsdichten zu. Jedenfalls gilt das für die Flämingdörfer Schwanebeck, Lütte, Dippmannsdorf und Ragösen, die sich wie an einer Perlenschnur an der wasserreichen Hangkante des Hohen Fläming aufreihen. In Dippmannsdorf liegt der Quelltopf „Paradies", der von alten Buchen, Eichen und Erlen eingefasst wird. Aus einigen Dutzend Quellen sprudelt das klare, kalkarme und kühle Wasser und schafft einzigartige Lebensräume. Zahlreiche Pflanzenarten wie Schwanenhals-Sternenmoos oder das Wechselblättrige Milzkraut haben hier ihr Paradies gefunden. Überall gluckert, murmelt und sprudelt es unter Wurzeln hervor, und über Moospolster hinweg strömt das Wasser einem verträumten Waldteich zu, ohne die Zeit zu haben, dort lange zu verweilen: Zu kleinen Läufen vereinigt, speist das Quellwasser die Mühlenteiche und das Dippmannsdorfer Naturbad, bevor es zum Urstromtal hin in die Belziger Landschaftswiesen entwässert.

Schlängeln mit Schlingen und Schlaufen

„Schlingel" von Natur aus sind so manche Flämingbäche. Anders als ihre Pendants in den Belziger Landschaftswiesen und anderen Zuläufen der Plane ließ man ihnen freien Lauf und so winden sie sich von rechts nach links, von Prall- zu Gleithang, durch Wald und Wiese. Kein Wunder, dass in solchen naturbelassenen Landschaftsteilen noch so viele Rote-Liste-Arten vorkommen: Bachforelle und Bachneunauge sind in den klaren Bächen allgemein verbreitet, und in den abgelegenen Waldbereichen ist sogar der Schwarzstorch anzutreffen. Anders als sein populärer Verwandter, der Weißstorch, lebt er sehr zurückgezogen. Er liebt große feuchte Laubwälder mit altem Baumbestand. Störungen gegenüber reagiert er äußerst empfindlich: Selbst kleine Beeinträchtigungen führen zum Verlassen des Nestes und dem Verlust der Brut. Seine Nahrung findet er in fischreichen Gewässern und auf feuchten Wiesen.

In den Unterläufen von Plane und Buckau kommt noch die Schmerle, ein kleiner, lang gestreckter, eher nachtaktiver Fisch vor, und auch der vom Aussterben bedrohte Edelkrebs hat im Fläming nach der großen Krebspest zwischen 1870 und 1880 letzte Rückzugsbiotope behalten. Noch vor 130 Jahren war der Edelkrebs so zahlreich, dass sein Handelsertrag etwa dem der herkömmlichen Fischerei entsprach. Bis zu 4.800 Krebse täglich exportierte ein brandenburgischer Händler damals nach Frankreich. Auch auf der Tafel Friedrich des Großen landeten vermutlich Edelkrebse aus dem Hohen Fläming, wie man einem zeitgenössischen Zitat entnehmen kann: „Die Plane, so seiner Majestät zusteht, berget gar schmackhafte Forellen und schöne Krebse werden gefangen ..."

Verlorene Wasser und Bilderbuch-Bäche

Das Wasser der in der Nähe der Ortschaft Raben entspringenden Plane und des nördlich von Werbig fließenden Verlorenwasserbachs zählt zum saubersten in Brandenburg. Das zeigt unter anderem das Vorkommen von 16 Steinfliegenarten allein in der Plane. Das sind 62 Prozent aller in Brandenburg nachgewiesenen Steinfliegenarten. Sie gehören zu den empfindlichsten Wasserinsekten.

Der Verlorenwasserbach war früher ein „Schwindbach". Sein Wasser ging buchstäblich verloren: Der Bach versandete nach wenigen hundert Metern und tauchte erst weiter talwärts wieder auf. Durch die zurückgehenden Niederschläge der vergangen Jahre hat sich sein Quellgebiet inzwischen verlagert, der Verlorenwasserbach hat heute einen ununterbrochenen Verlauf. Das Quellgebiet und sein Oberlauf stehen unter Naturschutz.

Die Plane ist ein Bach wie aus dem Bilderbuch. Gleich hinter dem Naturparkzentrum in der Ortschaft Raben und unterhalb der bekannten Burg Rabenstein verbinden sich mehrere Sicker- und Hangquellen zu diesem längsten Fließgewässer des Naturparks. Der Name der Plane stammt aus der Zeit slawischer Besiedelung, als der Stamm der Ploni hier ansässig war.

Für eine besonders schöne Wanderung durch das Naturschutzgebiet „Planetal" auf dem Bergmolchwanderweg empfiehlt sich als Ausgangspunkt das Naturpark-Besucherzentrum in Raben – einem idyllischen Dorf unterhalb der Burg Rabenstein. Dort können Besucher in der interaktiven Ausstellung selbst Quellen zum Sprudeln bringen, sich in das Fläming-Platt einhören oder eine Zeitreise durch eine Rummel – ein nur bei Starkregen wasserführendes Trockentälchen – unternehmen. Natürlich kann man sich dort auch wertvolle Informationen holen, den Garten der Sinne besuchen oder sich Fahrräder oder ein Elektromobil bzw. Tandem ausleihen.

Die Wanderung durch das Planetal führt den Bachlauf entlang bis nach Rädigke. Der Bach mäandriert hier auf natürliche Weise durch die Landschaft, Erlen säumen sei-

Noch ist der vom Aussterben bedrohte Edelkrebs stellenweise in den klaren Flämingbächen anzutreffen

Die etwa starengroße, rundlich wirkende Wasseramsel ist eng an das Leben an schnell fließenden, klaren Gewässern gebunden

nen Lauf. Nahe dem Dorf Rädigke gibt es einen größeren Stieleichen-Hainbuchen-wald. Bachforelle, Dreistachliger Stichling, Bachneunauge und Bergmolch bewohnen das klare, temperaturkonstante Wasser, seltene Libellenarten wie der Kleine Blaupfeil, das Kleine Granatauge und die Zweigestreifte Quelljungfer besiedeln seine Ufer. Zur Vogelwelt des Planetals gehören Eisvogel, Gebirgsstelze und als Wintergast die Wasseramsel.

Seit 1990 wurden insgesamt rund 30 Kilometer der Flämingbäche renaturiert. Uferbefestigungen wurden entfernt, Wehre und Staustufen beseitigt, zu enge Rohre durch größere ersetzt, Ufer bepflanzt, Sohlgleiten gebaut und Bachsohlen höher gelegt. Begradigte Bachläufe erhielten ihre Schlingen und Schlaufen zurück oder wurden wieder in ihr altes Bett geleitet.

Meister Müller und die „schwarze Katze"

„An Flüssen sind vorhanden die Plahne, hebet sich an bey Raben, gehet 4 Meilen durchs Land und treibet 9 Mühlen, fällt endlich bei Brandenburg in die Havel", so heißt es in der Belziger Chronik von 1743. Von den neun Mühlen sind noch drei in

Betrieb: An Werder- und Komturmühle kann man die Flämingforelle geräuchert oder frisch aus dem Teich erstehen. In der weiter nördlich gelegenen Wühlmühle wird noch heute Roggen gemahlen. Bekannter ist sie jetzt wegen des dort ansässigen Pferdehofes und früher wegen eines Kobolds, der dort sein Unwesen trieb: Der Legende nach vertrieb ein Bär, der mit seinem Bärenführer eine Nacht Quartier in der Mühle genommen hatte, den bösartigen Kobold. Der traute sich ein Jahr später nochmals zum Müller und fragte: „Mölla, Mölla, lewet juwe grote schwarte Katt noch?" Geistesgegenwärtig erwiderte der Müller: „Jo, deh lewet noch und hett sewen Junge kreegen!" Entsetzt schlug der Kobold die Tür zu und ward nie wieder gesehen. Auf dem 156 Meter hohen Mühlenberg streckt die restaurierte Borner Bockwindmühle ihre neun Meter langen Flügel in den Wind. Sie wurde Anfang des 19. Jahrhunderts gebaut und ist heute, wie auch die Mühle in Cammer, als technisches Denkmal geschützt.

Spezialisten am Werk im Naturschutzgebiet – Flämingbuchen

Fast die Hälfte des Naturparks ist bewaldet. In weiten Teilen dominiert die Kiefer. Es gibt im Naturpark aber auch noch naturnahe Wälder mit bis zu 200 Jahre alten Bäumen, zum Beispiel im Naturschutzgebiet Flämingbuchen oder in Rabenstein.

In diesen alten Mischholzbeständen mit Buchen und Traubeneichen und einem hohen Totholzanteil ist der Wappenvogel des Naturparks zu Hause: der Mittelspecht.

Er ist ein Spezialist, der seine Nahrung unter rissiger, rauer Borke alter und toter Bäume sucht. Auch beim Nestbau ist der Mittelspecht wählerisch. Er bevorzugt starke Seitenäste von Laubgehölzen und dürfte daher davon profitieren, dass Kiefermonokulturen wieder in artenreiche Laubmischwälder umgewandelt werden.

Eine Wanderung auf dem Findlingswanderweg gehört zu den landschaftlichen Höhepunkten im Naturpark Hoher Fläming. Neben Findlingen, die verstreut links und rechts des Weges liegen, hält das Gebiet eine weitere dem Fläming eigene Besonderheit bereit: die Flämingbuche. Sie sieht aus wie jede andere Buche, unterscheidet sich genetisch aber von allen anderen. Sie ist auf besondere Weise standortangepasst: Sie wächst genau dort, wo der Regen vor dem Fläming-Höhenzug abregnet. Die Niederschläge sind dort bis zu 100 Millimeter höher (zwischen 600 und 650 Millimeter) als im Landesdurchschnitt. Und wegen der Höhenlage – um die 200 Meter – ist es dort auch um ein halbes Grad kühler als im restlichen Brandenburg. Bei Neuanpflanzungen greifen die Förster daher auf die angepasste Flämingbuche zurück, das Saatgut wird an Ort und Stelle eigens dafür gewonnen.

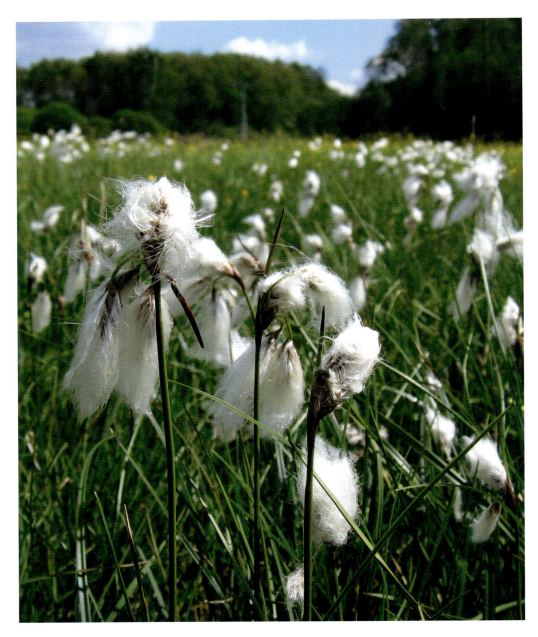

*Das Wollgras besiedelt vorwiegend Moorstandorte. Seine wolligen
Büschel wurden früher zu Kerzendochten geflochten*

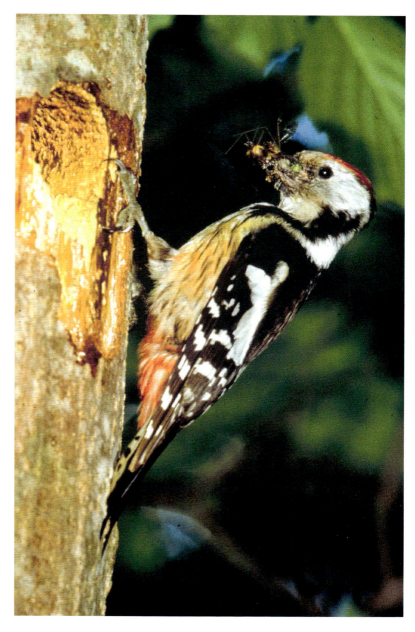

Leicht zu verwechseln – der seltenere Mittelspecht
sieht dem Buntspecht sehr ähnlich

Steinreicher Naturpark Hoher Fläming – Feldsteine und
Findlinge in allen Größen

„Berge" – „Schluchten" – „Felsen"

Frauenberg, Räuberberg, Bullenberg ... augenzwinkernd wird der Hohe Fläming auch das „kleinste Mittelgebirge Deutschlands" genannt. Mit dem Hagelberg, einem eher sanft ansteigenden „Zweihunderter", gibt es im 827 Quadratkilometer großen Natur- park eine der höchsten Erhebungen des norddeutschen Raumes. Steiler und beein- druckender sind da schon die Hänge des Fläming-Höhenzuges im Nordosten des Naturparks, die bis zu 60 Meter tief zu den Belziger Landschaftswiesen hin abfallen. „Baumeister" der Naturparklandschaft war die Saale-Kaltzeit vor etwa 150.000 Jahren. Höhenrücken und Urstromtal, Abflussrinnen und Findlinge – die Gletscher schoben zusammen, hobelten, transportierten. Eingeschlossen im Eis wanderten Riesensteine und Felsbrocken aus Schweden oder vom Ostseegrund bis in den Südwesten Bran- denburgs.

Mit dem Abschmelzen der Gletscher gab das Eis sie wieder frei, die zurückgebliebenen Findlinge machen den Naturpark Hoher Fläming zu einer steinreichen Gegend. Von faustgroß bis beinahe haushoch reichen ihre Abmessungen. Der Riesenstein in der Nähe der „Brautrummel" bei Grubo, die über den Rundwanderweg 30 durchwandert werden kann, steckt mit sichtbaren Abmessungen von vier mal drei Metern noch metertief in der Erde. Natürlich rankt sich um einen solchen riesigen Stein eine alte Sage: Als die Burgen Eisenhardt, Wiesenburg und Rabenstein zu gleicher Zeit von Riesen erbaut wurden, wuchs Eisenhardt am schnellsten. Neidisch schleuderten die beiden anderen „Bauherren" Steine gegen sie, die aber, wie der Riesenstein, ihr Ziel verfehlten.

Schlichte Schönheit alter Kirchen

Sichtbare und sehenswerte Folge des Steinreichtums sind die vielen Feldsteinkirchen des Hohen Fläming, die ab dem 12. Jahrhundert in vielen Dörfern kunstvoll und mühselig errichtet wurden. Diese Kirchen bestechen durch ihre einfache Schönheit. Oft waren sie das einzige steinerne Gebäude im Ort. Schon von außen ziehen sie die Blicke auf sich. Die kleine Dorfkirche von Grubo besteht beispielsweise aus rund 8.000 behauenen Feldsteinen allein im Außenmauerwerk.

Nur 100 Jahre nach der Kolonisation dürfte die Landbevölkerung immer noch vor allem mit dem täglichen Überleben beschäftigt gewesen sein, umso beeindruckender ist diese Leistung. Innen sind die meisten Kirchen mit liebevollem Bauernbarock, Holzschnitzereien und manchmal geradezu üppigen Wandmalereien ausgeschmückt.

Rummeln – trügerische Idylle

Eiszeiten und Erosion schufen eine weitere Besonderheit im Naturpark Hoher Fläming: die Rummeln. So wird ein weit verzweigtes System von engen, bis zu 12 Meter tiefen Trockentälern auf der wasserlosen Hochfläche des Naturparks bezeichnet – ähnlich den „Kehlen" im Naturpark Märkische Schweiz. Der Begriff Rummel leitet sich wahrscheinlich von „Ramel" aus dem Magdeburger Raum oder dem mecklenburgischen Wort „Rämel" ab. Beides bedeutet Rinne oder Furche. Diese Trockentäler tragen so reizvolle Namen wie „Steile Kieten" oder „Brautrummel". Während der Weichseleiszeit war der Fläming zwar eisfrei, doch der Boden war ständig gefroren. Die Schmelzwässer der im Sommer abtauenden Schneedecken konnten nicht im Boden versickern. Sie flossen oberflächlich ab und schürften immer tiefere Rinnen aus. Als wegen der im Mittelalter einsetzenden Abholzungen das schützende Wald-

Schlichte Schönheit – die Feldsteinkirche in Borne

kleid fehlte, konnten Niederschläge neue Rummeln ausspülen und alte vertiefen: Wind und Wasser kerbten sie bis zu 12 Meter tief ein. Die meiste Zeit des Jahres sind die Rummeln zwar trocken. Bei starken Regenfällen oder nach der Schneeschmelze können einige aber auch heute noch Wasser führen.

„Das Flämingwasser kommt!" ist ein Schreckensruf, der sich auf solche „wasserführenden" Gelegenheiten bezieht. Aus den einsamen Trockentälern können, so wird berichtet, schnell Todesfallen werden, wenn plötzliche Wassermassen sie hinunterstürzen. Im „Chronicon Beltizense" ist nachzulesen, dass durch „schädliche Gewässer ... 1729 ein Fuhrwerk vor Belzig elendiglich ertrunken" sei.

Auch um die „Brautrummel" rankt sich die Legende eines tragischen Unglücks: Hier soll ein junges Liebespaar in den plötzlich herabstürzenden Fluten eines Unwetters ertrunken sein, das sich am Vorabend der Hochzeit zu einem Schäferstündchen in dem abgelegenen Trockental getroffen hatte.

Im Jahr 2005 sorgte ein heftiges Unwetter im Naturpark Hoher Fläming für eine ähnliche Szenerie: Gewaltige Wassermassen durchspülten in kurzer Zeit die „Brautrummel". Regen und Hagel lösten Erdrutsche und Ge/ölltransporte aus, Bäume wurden entwurzelt. Die umliegenden Ackerflächen verloren große Teile ihrer Krume, die am Grunde der Rummel mächtige Schwemmkegel bildete.

Wer sich solchem möglichen Nervenkitzel lieber nicht allein aussetzen mag, sollte an einer Führung der Naturwacht teilnehmen. In jedem Fall sind Wanderungen durch die „Grand Canyons" des Naturparks zu empfehlen: zum Beispiel durch die legendenumwobene „Brautrummel", deren Talsohle durch eingespültes Erdreich der angrenzenden Ackerflächen verflacht wurde oder – im Gegensatz dazu – durch die steilwandige „Neuendorfer Rummel". Beide Trockentäler sind Refugien für viele Tier- und Pflanzenarten, die sich aus den ausgeräumten Ackerlandschaften hierher zurückgezogen haben und über die die Naturwächter Interessantes zu berichten wissen.

Steppenbewohner auf den Belziger Landschaftswiesen

Der Naturpark Hoher Fläming hat jedoch nicht nur wasserarme Höhenzüge zu bieten, sondern zwischen Brück und Golzow auch einen Landschaftstyp, der das genaue Gegenteil darstellt: die Belziger Landschaftswiesen, eine 76 Quadratkilometer große, feuchte Niederung. Sie ist Teil des mächtigen Baruther Urstromtals. Vor 12.000 Jahren bahnten sich hier gewaltige Schmelzwässer ihren Weg. Bis 1790 war dieses Gebiet im Nordosten des Naturparks noch fast flächendeckend mit Bruchwäldern aus Erlen, Eschen, Eichen und Hainbuchen bewachsen. Schaurig muss einst eine

Durchquerung gewesen sein. Von Stimmen im Nebel, Irrlichtern und Räubergesindel erzählen alte Geschichten. Der Erlenwald war hier so dicht, dass sich die Männer darin versteckten, um der Zwangsrekrutierung durch den Soldatenkönig zu entgehen. Nachdem die dichten Sumpfwälder gerodet waren, wandelte man die ehemaligen Feuchtwälder in Grünland um. Die Niederung wurde durch die Anlage eines dichten Netzes kleiner, flacher Gräben entwässert. Die dadurch neu entstandenen zahlreichen Wiesen, Weiden und Gräben wirkten überaus anziehend für eine Vielzahl von Wat- und Wiesenvögeln. Schon bald begannen zahlreiche Arten hier zu brüten. Die weite baumlose Landschaft zog selbst Steppentiere wie die Großtrappe, den schwersten flugfähigen Vogel Europas, als Kulturfolger an.

Ohne den strengen Schutz des Trappenschutzprogrammes wäre die Großtrappe in Deutschland heute ausgestorben

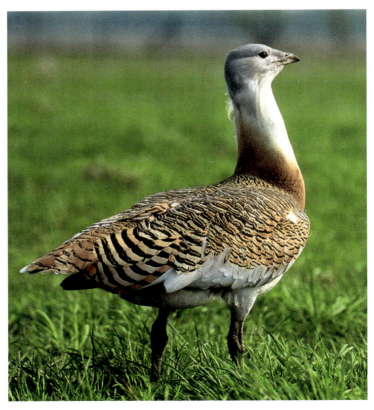

Im 19. Jahrhundert wurden in Deutschland noch Trappenjagden durchgeführt, alte Kochbücher erwähnen das eine oder andere Trappenrezept. 1940 lebten immer noch mehr als 4.000 der Großvögel in Deutschland. Doch seitdem wurde die Landwirtschaft intensiviert, hat sich der Lebensraum und das Nahrungsangebot des „Märkischen Straußes" stark verkleinert. Die scheuen Vögel haben eine hohe Fluchtdistanz. Zum Brüten nutzen sie hierzulande die „Kultursteppe": große Acker- oder Brachflächen. Bei der kleinsten Störung verlassen sie die Brut. Die Bestände sanken und sanken, 2004 waren es in den Belziger Landschaftswiesen noch 33 Tiere. Intensive Schutzbemühungen führten in den letzten Jahren zu erfreulichen Erfolgen. Inzwischen leben in Brandenburg etwa wieder 145 Tiere, 43 davon in den Belziger Landschaftswiesen. Auch wenn damit das Überleben der Großtrappe in Deutschland noch längst nicht gesichert ist, stehen die Chancen dafür mittlerweile nicht mehr so schlecht. Die Beobachtung der Trappenbalz von Beobachtungstürmen aus ist inzwischen ein alljährlicher Höhepunkt unter Vogelfreunden in Brandenburg. Die Hähne finden sich Ende März bis Ende April auf ihren uralten Balzplätzen ein, plustern sich mächtig auf, stülpen ihr leuchtend weißes Untergefieder nach außen und drehen sich im Paarungsspiel. Dabei pressen sie Luft durch den After – ein weit hörbares, dumpfes Pupsen ist die Folge, das sowohl die Trappenweibchen als auch die beobachtenden Ornithologen in Verzückung versetzt.

Naturparkstädte: Zinnsoldaten und Heudiebe

Das über tausendjährige Bad Belzig ist das Tor zum Naturpark mit direktem Bahnanschluss an Berlin. Hoch über der Stadt thront die Burg Eisenhardt. Sie gilt als älteste Höhenburg des Landes Brandenburg und wurde wohl im Jahre 997 erstmals urkundlich erwähnt. Im Museum, das in der Burg untergebracht ist, können Besucher die Geschichte der Region kennen lernen. In einem Zinnfigurendiorama wird das berühmte Gefecht bei Hagelberg vom 27. August 1813 nachgestellt, bei dem ein französisches Corps durch Landwehrtruppen aufgerieben wurde. Unterhalb der Burg befinden sich die Burgwiesen, durch die munter der Belziger Bach plätschert.
Hier wurde ein „Naturerlebnispfad für alle" angelegt, eine für Rollstuhlfahrer geeignete Einrichtung mit interessanten Einblicken und Informationen. Liebhabern von „Wellness-Tempeln" ist der Besuch der Stein-Therme Belzig mit ihrem Solewasser zu empfehlen.
Wandern und Wundern ist das Motto auf dem Internationalen Kunstwanderweg zwischen Bad Belzig und Wiesenburg.

Naturparkzentrum Hoher Fläming in Raben

Wiesenburg erhielt einst seinen Namen, weil die dortige Siedlung über von Quellen bewässerte Wiesen verfügte. Früher spielte die Heugewinnung eine wichtige Rolle zur Versorgung der Siedlungen. Das Heu war wertvoll, so wertvoll, dass es sogar immer wieder zu Heudiebstählen kam, wie Chroniken berichten.

Schloss Wiesenburg wurde in der zweiten Hälfte des 16. Jahrhunderts gebaut. Für den Bau wurden Teile einer mittelalterlichen Burg verwendet, die zuvor an dieser Stelle gestanden hatte. Schloss und Park wurden im 19. Jahrhundert umgestaltet. Der im Stil eines englischen Landschaftsgartens angelegte Schlossgarten zählt zu den schönsten im Land Brandenburg. In dem 90 Hektar großen Gelände wechseln sich Baumpartien mit Blumenbeeten ab, ergänzt von Teichen, Grotten, Wasserspielen und ausgedehnten Wiesen.

Huffreundlich und barrierefrei – Modellregion Naturpark Hoher Fläming

Der Naturpark Hoher Fläming ist in mehrfacher Hinsicht eine Brandenburger Modell-region. Besonders weit entwickelt sind hier barrierefreie Angebote für Menschen mit Mobilitätseinschränkungen. Unter dem Motto „Naturpark für alle" wurden zahlreiche Einrichtungen einbezogen und zum Teil neu geschaffen, bei denen die Nutzer auf keine Barrieren stoßen sollen: weder Kinder oder Mütter mit Kinderwagen, noch Sehbehinderte, Blinde oder Rollstuhlfahrer. Der Naturpark gibt eine eigene Broschüre „Naturpark für alle" heraus, in der diese Angebote zusammengefasst sind.

Pferdeliebhaber können den Hohen Fläming auf rund 250 Kilometer ausgeschilder-ten Reitrouten erkunden. Sie ermöglichen Rundritte von Pferdehof zu Pferdehof, durch Wälder und Wiesen, zu Burgen und Dörfern, von verlorenen Wassern zu spru-delnden Quellen, Naturerlebnisse inklusive. Besonders gut meint es dabei der meist weiche, sandige Flämingboden mit den Hufen der Pferde. Die Vereinigung der Frei-zeitreiter Deutschlands (VFD) verlieh dem 110 Kilometer langen Reitrundweg das Prädikat „Von der VFD empfohlene Wanderreiterstrecke". Dieses Siegel steht für huf-freundliche, möglichst naturbelassene Wege, für landschaftlich reizvolle und ab-wechslungsreiche Streckenführung mit Einbeziehung von Sehenswürdigkeiten sowie ein gutes Infrastrukturangebot für Wanderreiter.

Wanderparadies vor den Toren Berlins

Auf über 30 neu geschaffenen Rundwanderwegen, die sich als Halbtags- und Tages-touren anbieten, können Wanderer beispielsweise Kunst am Wegesrand bewundern, Findlinge zählen oder auf den Gesundheitswegen rings um Bad Belzig ihre Fitness testen. Auf dem Hagelberg, einem echten „Zweihunderter", können sich Flachland-wanderer, die zunehmend die Region erobern, ins „Gipfelbuch" eintragen. Die sechs schönsten Rundwanderwege wurden mit einem eigenen Logo versehen.

Naturpark Westhavelland

Brandenburg

Rhinow

Rathenow

NaturparkZentrum
Westhavelland

🛈 Besucherinformation
◉ Ortschaft
▢ Naturlandschaft
▣ Verortung in Brandenburg

BESUCHERINFORMATION

NaturparkZentrum Westhavelland
Stremmestraße 10
14715 Milower Land OT Milow

Telefon 03386-211227
bzmilow-nabu@rathenow.de
www.naturpark-westhavelland.brandenburg.de
www.grossschutzgebiete.brandenburg.de

EINFLUGSCHNEISE FÜR SELTENE VÖGEL

Das Westhavelland ist berühmt für seine Flieger. Otto Lilienthal, der bekannte deutsche Flugpionier, stellte in den Hügeln vor den Toren Berlins seine ersten Flugversuche an, bis er sich an einem Sommertag im Jahr 1896 dabei den Hals brach. Die anderen Flieger treten Jahr für Jahr zu Zehntausenden auf. Sie suchen eines der größten zusammenhängenden Binnenfeuchtgebiete im westlichen Mitteleuropa auf. Die kilometerbreiten Urstromtäler mit großen Sumpfgebieten und Mooren bewirken, dass fast die Hälfte der Naturparkfläche als „nass" eingestuft werden muss. Solche feuchten Standorte sind wahre Vogelparadiese und ideale Rastplätze für Zugvögel. Die im Frühling und Sommer bunt blühenden Wiesen der Niederungslandschaft gehören zu den artenreichsten Lebensräumen Mitteleuropas.

Wenn dann im Herbst die Nächte kühler werden, kann man die Zugvögel wieder mit ihrem eindrucksvollen Formationsflug am Himmel beobachten. In klaren Nächten sind ihre Rufe auch bei Dunkelheit zu hören. Das Ziel, dem die Wildgänse in ihren charakteristischen, Energie sparenden Flugkeilen zustreben, sind die ausgedehnten Niederungsflächen an der Unteren Havel. In unzähligen Scharen und Trupps kommen sie aus ihren arktischen Brutgebieten, um hier zu überwintern oder für ihren Weiterflug nach Westen Kraft zu tanken.

Der Naturpark Westhavelland, mit 1.315 Quadratkilometern der größte im Land Brandenburg, liegt rund 70 Kilometer westlich von Berlin an der Grenze zu Sachsen-Anhalt. Im Zentrum des Naturparks befindet sich die Stadt Rathenow, Kreisstadt des Landkreises Havelland. Am nördlichen Rand liegt Neustadt/Dosse, eine Kleinstadt im Landkreis

KONTAKT

**Tourismusverein
Westhavelland e. V.**

Freier Hof 5
14712 Rathenow
Telefon 03385-514991
tv_westhavelland@
rathenow.de
www.tourismusverein_
westhavelland.de

Brandenburg Information
Neustädtischer Markt 3
14776 Brandenburg/Havel
Telefon 03381-796360
touristinfo@stg-
brandenburg.de
www.stg-brandenburg.de

**Tourismusverein Kyritz,
Wusterhausen, Neustadt
(Dosse) e. V.**
Maxim-Gorki-Straße 32
16866 Kyritz
Telefon 033971-52331
fvv@kyritz.de
www.knatter-dosseland.de

**Tourismusverband
Havelland e. V.**
Theodor-Fontane Straße 10
14641 Nauen OT Ribbeck
Telefon 033237-859030
info@havelland-tourismus.de
www.havelland-tourismus.de

Habitat zum Wohlfühlen – Weißstorch bei der Nahrungssuche

Ostprignitz-Ruppin, die als „Stadt der Pferde" über die Grenzen Brandenburgs hinaus bekannt ist. Südlich grenzt die Stadt Brandenburg an den Naturpark. Sie gilt geschichtlich als die Wiege der Mark Brandenburg.

Alle drei Städte sind direkt mit dem Regionalexpress von Berlin aus zu erreichen und eigenen sich sehr gut als Ausgangspunkt für Ausflüge in den Naturpark.

Gülper See: Paradies für Einheimische, Durchzügler und Exoten

Eines der bedeutendsten Durchzugs-, Rast- und Überwinterungsgebiete für Wasser- und Watvögel im mitteleuropäischen Binnenland ist der Gülper See. Die Seefläche mit ihren Verlandungsbereichen und die Flussniederung der Unteren Havel mit ihrem ausgedehnten Überschwemmungsgrünland bieten für die Vögel ideale Bedingungen. Besonders spektakulär ist der Durchzug der Gänse und Kraniche im Herbst und im Frühjahr. Dieses Ereignis macht einen Besuch des mit Beobachtungstürmen ausgestatteten Vogelparadieses besonders lohnenswert.

Auf ihrem Weg Richtung Westen können hier von September bis in den November hinein über 100.000 Saat- und Blessgänse und tausende von Kranichen beobachtet werden. Wenn diese Scharen weiter gezogen sind, erreichen neue Wintergäste aus dem Norden das Gebiet. Zu sehen sind dann Singschwäne, Zwerg- und Gänsesäger und der auch den Winter über ortstreue Seeadler.

Zwischen den Saat- und Blessgänsen werden immer wieder für diese Region „exotische" Arten ausgemacht wie die Rothals- und Nonnengänse. Während die Rothalsgans nur in wenigen Exemplaren vertreten ist, sind die Nonnengänse mit den dunklen Rücken und den auffälligen weißen Wangen durchaus in größeren Trupps zu sehen. Sie haben in den letzten Jahren verstärkt ihre Winterquartiere von den Küsten ins Binnenland verlegt. Die häufig schneefreien Winter der Region sorgen für ein gutes Nahrungsangebot.

In der kalten Jahreszeit erstrecken sich da, wo in den niederschlagsreichen Herbst- und Winterwochen der Boden vom hoch anstehenden Grundwasser überstaut wurde, große Eisflächen. Wenn in der wärmenden Märzsonne die ersten Blüten in Feld und Flur sprießen, bietet sich dem interessierten Beobachter wiederum ein faszinierendes Schauspiel. Die Gräben schaffen es während des ersten Tauwetters kaum, das Wasser abzuführen. Die Schneeschmelze in den Gebirgen lässt die Pegel in den

Singschwäne sind an ihren charakteristischen gelben „Bäckchen" an der Schnabelbasis zu erkennen

In Deutschland vom Aussterben bedroht – die Bekassine

Flüssen ansteigen. Vom Hochwasser der Havel und der Elbe überspült, gleicht die Niederung dann einem Meer. Diese auch noch weit ins Frühjahr hinein vernässten Flächen sind für die Regeneration von Niedermoorstandorten und ihrer reichhaltigen Tier- und Pflanzenwelt von besonderer Bedeutung. Mehrere zehntausende Wasservögel, die je nach Dauer der Überschwemmungen oft bis Anfang Mai bleiben, rasten erneut auf diesen Wasserflächen. Wieder sind vor allem Kraniche, Blessgänse, Gründel- und Tauchenten im Gebiet zu beobachten. Große Schwärme Watvögel wie Goldregenpfeifer, Bruchwasserläufer und Grünschenkel stochern in den weichen Böden nach Nahrung, ehe sie in ihre nördliche und östliche Heimat weiterziehen. Ein Teil findet hier noch letzte Brutgebiete, und so beherbergen die Niederungen des Westhavellandes den bedeutendsten Anteil der stark gefährdeten und vom Aussterben bedrohten Wiesenbrüter Brandenburgs. Großer Brachvogel, Kiebitz, Uferschnepfe, Rotschenkel, Bekassine und Wachtelkönig brüten hier. Hinzu kommen ebenso bedrohte Entenarten wie Löffelente, Knäkente, Schnatterente und Tafelente. Und natürlich sind auch Störche bei der Nahrungssuche zu beobachten.

Besucher können diese faszinierende Vogelwelt von zahlreichen Beobachtungstürmen aus unmittelbar miterleben. Darüber hinaus ist der Naturpark mit seinem Gewässerreichtum ein ideales Revier für umweltfreundlichen Wassertourismus.

Lebensader Havel

Vor allem ist es die Havel, die die Landschaft des Naturparks Westhavelland maßgeblich prägt. Ihr Quellgebiet liegt in der mecklenburgischen Seenplatte. Mit ca. 340 Kilometern Gesamtlänge ist sie der längste Fluss Norddeutschlands. Erst aus dem Plauer See schlängelt sie sich endgültig in Richtung Nordwesten und mündet bei Havelberg in die Elbe.

Die Untere Havel mit ihren Altarmen und zahlreichen Zuflüssen und die ausgedehnten Feuchtwiesen, unterbrochen von kargen Sandrücken, Buschgruppen und Ufergehölzen, machen diese Niederungslandschaft unverwechselbar.

Hinzu kommt die natürliche Dynamik der Flussaue. Langanhaltende Überschwemmungen und anschließendes Wieder-Trockenfallen, das sind Lebensbedingungen, auf die tausende von Tier- und Pflanzenarten angewiesen sind, die aber im Zeitalter der regulierten Flüsse immer seltener werden. Doch trotz aller Regulierungen und Ausbaumaßnahmen durch den Menschen ist die Untere Havel ein vergleichsweise naturnaher Fluss geblieben, die Untere Havelniederung ein Lebensraum von internationaler Bedeutung.

Das Verhältnis der Havelländer zu ihrem Fluss war über viele Jahrhunderte ein zwiespältiges. Die gefürchteten Havelüberschwemmungen führten häufig zu Hungersnöten, so in den „Wasserjahren" 1845 oder 1854. Der Fluss bescherte den Menschen aber auch Arbeit als Fischer, in der Schifffahrt oder Ziegelindustrie. Das nahe gelegene Berlin benötigte Baustoffe vor allem während des Baubooms im ausgehenden 19. und Anfang des 20. Jahrhunderts in riesigen Mengen. 16 Millionen Ziegelsteine wurden allein im 1880 eröffneten Anhalter Bahnhof in Berlin verbaut. Haupttransportmittel waren die rund 20 Meter langen Kaffenkähne, die nach ihren vorne und hinten hochgezogenen spitzen Enden, den Kaffen, benannt sind. Ein 1987 bei Spandau aus der Havel geborgener Kahn hatte noch seine 30.000 Ziegel umfassende Ladung an Bord.

Die ersten Regulierungen der Havel im 18. Jahrhundert hatten zum Ziel, die Dörfer vor den jährlichen Überflutungen zu schützen. Das zu großen Teilen sumpfige Land wurde durch Deiche, Schöpfwerke, Wehre, Gräben und die Verlegung der Havelmündung zunehmend entwässert. Unter Friedrich dem Großen wurden Rhinluch- und Dossebruch urbar gemacht. Die umfangreichsten Baumaßnahmen wurden ab 1904 nach dem Erlass eines Ausbaugesetzes begonnen und erst 1954 mit dem Bau des Gnevsdorfer Vorfluters beendet. In den 1980er Jahren kam schließlich auch noch die Kanalisierung für die zunehmende Transitschifffahrt hinzu.

Untere Havel im Naturpark Westhavelland

Projekt für einen lebendigen Fluss

Vor dem Ausbau charakterisierten enge Flusskrümmungen den mäandrierenden Lauf der Unteren Havel. Sie verzweigte sich oft in mehrere Arme und das klare Wasser strömte auch im Sommer recht zügig. Reiche Strukturen prägten das Flussbett und seine Ufer: Inseln, Sandbänke, Verlandungszonen, Abbruchufer und Uferwald. Der Fluss war lebendig. Das Überflutungsgebiet der Unteren Havel hatte damals zehnmal soviel Fläche und das Hochwasser kehrte erst sehr spät im Frühjahr in das Flussbett zurück.

Heute regeln Staustufen den Abfluss der Havel. Neben der Landgewinnung profitierte vor allem die Schifffahrt von der Begradigung, Verbreiterung und Vertiefung des Flusses und den Uferbefestigungen.

Das Feuchtgebiet der Unteren Havelniederung hat durch diese Maßnahmen ökologische Schäden erlitten. Die Probleme haben sich in den letzten Jahrzehnten durch ein abnehmendes Wasserangebot noch verschärft. Mit dem Ökosystem sind auch die Arten, die an die Überflutungszyklen gebunden sind, ernsthaft gefährdet. Dass über 1.000 der hier beheimateten Tier- und Pflanzenarten als vom Aussterben bedroht oder stark gefährdet eingestuft werden, ist zwar ein Indiz für den außerordentlichen Artenreichtum, vor allem aber für den hohen Gefährdungsgrad des Lebensraumes.

Seit 2005 wird innerhalb eines Naturschutzgroßprojekts des Bundes intensiv daran gearbeitet, die Untere Havel wieder zu einem intakten Fluss mit sauberem Wasser und besserem Wasserrückhalt zu machen. Im Rahmen eines der größten europäischen Flussrenaturierungsprojekte werden der Unteren Havel wieder mehr natürliche Strukturen zugestanden: Inseln und Sandbänke, Verlandungszonen, Abbruchufer und Uferwald. Uferbefestigungen werden zurückgebaut, Altarme wieder angeschlossen. Der Fluss soll sich verzweigen und möglichst lange im Jahr frei und mit höheren Fließgeschwindigkeiten fließen dürfen. Im Winterhalbjahr soll die Aue wieder regelmäßig überflutet werden und das Wasser bis in den Mai auf den Wiesen stehen. Davon wird nicht nur die Wasserqualität, sondern das gesamte Ökosystem profitieren. Als sichtbare Zeichen des Erfolges werden sich dann eines Tages wieder Barben und vielleicht Lachse im klaren Havelwasser tummeln. Der Fluss wird auch im Sommer schnell durch ein strukturreiches Bett fließen. Überall werden die Rufe des Brachvogels und der Rohrdommel zu vernehmen sein. Döbel werden nach Käfern, die von großen Uferweiden ins Wasser fallen, schnappen. An langen Sandstränden zwischen blumenbunten Havelwiesen wird man wieder an allen Stellen ein erfrischendes Bad nehmen können und im Winter auf mancher der zugefrorenen überschwemmten Wiesen Schlittschuh laufen.

Enge Nachbarschaft bei gegensätzlichen Ansprüchen

Das Nebeneinander trockener, warmer und feuchter, kühler Standorte und die besonderen dynamischen Bedingungen der Flussaue begründen bis in die Gegenwart das gemeinsame Auftreten von Arten mit zum Teil gegensätzlichen Ansprüchen. Hier teilen sich noch die Großtrappe und die Blauflügelige Sandschrecke den Lebensraum mit dem Tüpfelsumpfhuhn und dem Moorfrosch.

Die wasserreiche Landschaft des Westhavellandes ist zudem ein idealer Lebensraum für Amphibien und Reptilien. Die flach überfluteten Wiesen sind im Frühjahr hervorragende Laichgebiete für Kammmolch, Knoblauchkröte, Kreuzkröte und Moorfrosch, um nur einige der hier vorkommenden Amphibienarten zu nennen. Die Feuchtwiesen mit den eingelagerten Dünen beherbergen daneben Ringelnattern und Waldeidechsen, während die Zauneidechse die trockenen und durchsonnten Wälder der Grundmoränen bevorzugt.

Großtrappen bei der Balz

An den Fließgewässern des Naturparks sind nicht nur Fischotter, Elbebiber und Wasserspitzmaus zu Hause, auch Eisvogel und Flussuferläufer können beobachtet werden. Bedrohte Fische wie Steinbeißer, Schlammpeitzger und Bitterling kommen ebenso vor. Der Fischreichtum kommt auch den Fisch- und Seeadlern zugute, die im Umfeld der Gewässer brüten.

Die sensiblen Bereiche des Naturparks haben heute zum überwiegenden Teil einen europäischen Schutzstatus und sind nach nationalem Recht als Naturschutzgebiete gesichert. Das gewährleistet eine angepasste Nutzungsweise, die der Artenvielfalt nutzt und wofür die Landwirte über europäische Programme finanziellen Ausgleich erhalten.

Große Show empfindlicher Machos

Von einem Beobachtungsturm aus im Frühling die Balz der Großtrappen zu verfolgen, ist ein einzigartiges Erlebnis. Im Havelländischen Luch bei Buckow hat die Großtrappe, mit bis zu 18 Kilogramm der schwerste flugfähige Vogel der Erde, einen ihrer letzten Lebensräume in Deutschland.

Alle Anzeichen stehen auf Paarung, wenn im April und Mai die prächtigen Hähne auf den Wiesen des Luches balzen und sich in leuchtend weiße Federwolken verwandeln. Sie sind auf Brautschau und wollen gesehen werden. Die Weibchen sind in der Nähe und mustern die aussichtsreichen Kandidaten. Der Paarungsakt findet jedoch zumeist im Schutz der Dämmerung unter Ausschluss der Öffentlichkeit statt.

In den 1990er Jahren hatte die Population der Großtrappe, die in Deutschland beinahe ausschließlich bei Buckow und Baitz beheimatet ist, mit nur noch 55 Vögeln ihren Tiefpunkt erreicht. Besonders die Intensivierung der Landwirtschaft und der damit verbundene Rückgang der Artenvielfalt machte den Tieren zu schaffen. Frühzeitige und häufige Nutzung der Wiesen ermöglichten kaum noch erfolgreiche Bruten. Und schlüpften doch einmal Küken, so fanden sie im dichten und hohen Intensivgrasland nicht genug Nahrung und verhungerten.

Die seit vielen Jahren andauernden Bemühungen zum Schutz der Großtrappe in Buckow und Baitz zeigen heute Erfolge. Besonders wichtig für das Wiederanwachsen des Bestandes auf etwa 150 Vögel ist die Zusammenarbeit mit den Landwirten in den Einstandsgebieten, die ihre Bewirtschaftung auf die Bedürfnisse der Großtrappe angepasst und dafür im Gegenzug Ausgleichsmittel für die Ertragsausfälle erhalten haben. Aber auch Maßnahmen wie der Schutzwall entlang der vorbeiführenden Intercity-Strecke Berlin-Hannover und Maßnahmen, die die Küken vor dem Fuchs schützen, tragen mittlerweile Früchte.

Abfluss des Eises, Einfluss Frau Harkes

Wie alle Landschaften Brandenburgs hat das Westhavelland eine eiszeitliche Vergangenheit. Vier große Urstromtäler, das Elbe-, Baruther-, Berliner- und Eberswalder-Urstromtal, treffen hier zusammen. Ihre ungeheuren Schmelzwasserströme räumten die Endmoränenzüge und Grundmoränenplatten großflächig aus. Es entstand ein Wechsel von ausgedehnten Niederungen und kleinen glazialen Platten, den so genannten Ländchen. Die größten Erhebungen sind das Ländchen Rhinow, das Ländchen Friesack und der Nusswinkel bei Nennhausen. Die recht steilen Hügel der Rhinower Berge oder des Hohen Rottes bei Nennhausen entstanden durch erneut vorrückendes Eis, das die vorhandenen Erhöhungen nochmals aufschob. Der Legende nach war es die Riesin Frau Harke, die für die Entstehung der Rhinower Berge verantwortlich war. Als die christlichen Kirchen im Havelland aufkamen, wurde es ihr,

Brautwerbung des Haubentauchers – bei der Balz werden der Auserwählten häufig Brautgeschenke dargeboten

der Schutzpatronin des Havellandes, ungemütlich. Sie lehnte sich gegen die Kirche auf, weil sie ihre Herrschaft eingeengt glaubte. Am meisten ärgerte sie sich über den Havelberger Dom, der ihrem Wirkungsgebiet empfindlich nahe kam. Mit beiden Händen klaubte sie märkischen Sand zusammen und füllte damit ihre Schürze. Dieses Erdreich wollte sie mit aller Wucht gegen Havelberg schleudern. Während des Anlaufs riss ihr aber das Schürzenband, der Inhalt fiel bei Rhinow zu Boden. Daraus sind die Rhinower Berge entstanden.

Nach dem Rückzug des Eises entstanden in den Abwasserrinnen und Seen Feuchtgebiete und Moore. Das heutige Gewässersystem mit den Hauptflüssen Elbe und Havel und den wichtigsten Nebenflüssen Jäglitz, Dosse und Rhin bildete sich heraus. Die Seen des Naturparks sind hauptsächlich eiszeitlich geprägte Rinnenseen wie der Hohennauener See und der Beetzsee. Der Gülper See entstand wahrscheinlich aus einer riesigen Toteisscholle, die, eingelagert in den Untergrund der Niederung, erst später abtaute. Der Pritzerber See war zunächst ein Teil des früheren Elblaufes. Erst als sich die Elbe ein neues Bett suchte, füllte sich der erhalten gebliebene Mäander mit Wasser: Es entstand der heutige Pritzerber See.

Charakteristisch für das Westhavelland sind auch die zu meterhohen Dünen aufgewehten Talsande, die heute hauptsächlich mit Kiefern bewachsen sind. Man findet sie als kleine Inseln in der Niederung oder als größere zusammenhängende Areale wie südlich vom Marzahne oder östlich von Dreetz.

Sehenswerte Kultur und Brillen aus Rathenow

Es mag sein, dass sich die Schönheit der Flusstal- und Niederungslandschaft im Naturpark Westhavelland dem Besucher erst auf den zweiten Blick erschließt. „Wer in die Mark reisen will, der muss zunächst Liebe für Land und Leute mitbringen. Er muss den guten Willen haben, das Gute zu finden, anstatt es durch krittliche Vergleiche tot zu machen. Der Reisende in der Mark muss sich ferner mit einer feineren Art von Natur- und Landschaftssinn ausgerüstet fühlen. Es gibt gröbliche Augen, die gleich einen Gletscher oder Meeressturm verlangen, um befriedigt zu sein. Diese mögen zu Hause bleiben." So kommentierte Theodor Fontane seinerzeit in seinen Wanderungen durch die Mark Brandenburg die Attraktionen des Landes.

Das Westhavelland ist reich an historischen Häusern, Kirchen und technischen Denkmälern. Sehenswert sind die Schlösser in Kleßen und Nennhausen mit ihren wunderschönen Landschaftsgärten, die dreischiffige Hallenkirche in Milow, die Bockwindmühlen in Bamme, Ketzür und Prietzen sowie zwei der letzten funktionstüchtigen

Nadelwehre Deutschlands in Grütz und Garz, die um das Jahr 1910 errichtet wurden. Die Vielfalt aus 200 Jahren deutscher Spielzeugindustrie zeigt das Spielzeugmuseum in Kleßen. In Großderschau laden der Straußenhof und das Museum am Kolonistenhof zu einem Besuch ein. Auch ein Abstecher in die brandenburgische Pferdezucht-Hochburg Neustadt an der Dosse ist, besonders zur Zeit der „Hengstparade" im September, zu empfehlen. In der frühgotischen Kirche von Kampehl ist der mumifizierte Ritter Kahlbutz zu „besichtigen".

Ebenfalls sehenswert und bisher viel weniger bekannt ist der einzigartige dunkle Nachthimmel über dem Westhavelland, ein grandioser Sternenhimmel wie man ihn in Europa nur an wenigen Stellen genießen kann. Seit Februar 2014 ist der Naturpark Westhavelland Deutschlands erster Sternenpark. Die Himmelsbeobachtungen sind hier ein echtes Erlebnis. In klaren mondlosen Nächten sind einige tausend Sterne, die Milchstraße, das Zodiakallicht und andere Himmelsobjekte zu sehen.

Den Ruf seiner Heimatstadt Rathenow als „Optikstadt" begründete 1801 der Pfarrer Johann Heinrich August Duncker mit der Gründung der Optischen Industrie-Anstalt. Duncker erfand die Vielschleifmaschine, die die Herstellung der benötigten Linsen erheblich vereinfachte und ihren Erwerb auch weniger wohlhabenden Bevölkerungsschichten ermöglichte. Mehr über die Geschichte der Optik erfahren Besucher im Optik- und Industriemuseum der Stadt Rathenow und im Optikpark, einer gelungenen Mischung aus „grüner" Park-Atmosphäre, Information und Unterhaltung.

Viele Wege führen zum Rhin

Havelland- und Havelradweg ermöglichen familienfreundliches Radfahren in ruhiger Umgebung. Aussichtspunkte am Weg bieten tiefe Einblicke in die reizvolle Landschaft. Besonders die weiten Wiesen, Wälder und märkischen Dörfer im westlichen Havelland laden zu ausgiebigen Wanderungen und Spaziergängen ein. Und die zahlreichen Reiterhöfe im Naturpark bieten beste Voraussetzungen, die Natur vom Pferderücken aus zu entdecken. Vielleicht die schönste Art, sich in diesem Naturpark fortzubewegen, ist das Reisen im Kanu. Die Havel ist ein Dorado für Wasserwanderer, sowohl für den Wochenendpaddler, als auch für Individualisten, die ihre Boote selbst mitbringen. In Kützkow, Semlin, Ferchesar, Rathenow und Strodehne können Boote gemietet werden.

Besonders Wissbegierigen bieten Naturwacht, NaturparkZentrum Westhavelland und Natur- und Landschaftsführer Führungen an, die jedes Jahr im Veranstaltungskalender des Naturparks veröffentlicht werden.

Biosphärenreservat
Flusslandschaft Elbe-Brandenburg

Brandenburg

Wittenberge

Besucherzentrum
Burg Lenzen

Besucherzentrum
Rühstädt

Besucherinformation
Ortschaft
Naturlandschaft
Verortung in Brandenburg

BESUCHERINFORMATION

Besucherzentrum Rühstädt
Neuhausstraße 9
19322 Rühstädt
Besucherzentrum Burg Lenzen
Burgstraße 3
19309 Lenzen

nabu-besucherzentrum@t-online.de
ruehstaedt@naturwacht.de
info@burg-lenzen.de
www.burg-lenzen.de
br-flusslandschaft-elbe@lugv.brandenburg.de
www.grossschutzgebiete.brandenburg.de

AM „STROM DER GEZEITEN"

Wenn die Elbe in Brandenburg ankommt, ist sie an prunkvollen Schlössern und Burgen, weitläufigen Gärten und Parks, großen Städten und verträumten Dörfern vorbeigezogen. Sie ist Staustufen hinabgefallen, hat sich durch die Schluchten des Elbsandsteingebirges gezwängt und unbezahlbare Kulturschätze passiert. Noch sind es rund 150 Kilometer bis zu ihrem Binnendelta in Hamburg mit dem bedeutenden internationalen Hafen und deutlich maritimer Ausprägung (Ebbe und Flut), und von dort aus noch über 100 Kilometer bis zur Mündung bei Cuxhaven in die Nordsee, ihrem bemerkenswerten Finale mit Trichtermündung, Sandbänken und einer engen Fahrrinne für Ozeanriesen. Der Landschaft Brandenburgs verleiht der Strom ein ganz eigenes Gesicht. Im Biosphärenreservat Flusslandschaft Elbe-Brandenburg, etwa auf halbem Weg zwischen Berlin und Hamburg, beginnt der Norden. Wind und Wetter, Licht und Schatten, Wolkenberge und ihre Spiegelungen im Wasser prägen den Blick über den Strom und das flache Land. Herbe Schönheit charakterisiert die Elbauen – ein Land für Stillesucher. Zum Greifen nah erscheint des Nachts ein brillanter Sternenhimmel, der fernab von urbanen Lichtmassen hell und klar erstrahlt. Fast immer weht der Wind, trägt Geräusche übers Wasser, die man in der Abwesenheit von Hektik und Lärm der Großstädte hier besonders deutlich wahrnimmt: den Ruf ziehender Kraniche und den Flügelschlag wilder Gänse, das Stampfen der Schiffsturbinen und das gleichmäßige Platschen brechender Wellen, Lachen und Rufe vom anderen Ufer und im Winter das Knirschen der Eisschollen.

KONTAKT

**Tourismusverband
Prignitz e. V.**
Großer Markt 4
19348 Perleberg
Telefon 03876-30741920
www.dieprignitz.de

*Die Kopfweiden in den Elbauen bekommen bei
hohen Wasserständen immer wieder „nasse Füße"*

Ein Geheimtipp ist diese Flusslandschaft an der Havelmündung seit einigen Jahren allerdings nicht mehr. Glöwen, der Kurort Bad Wilsnack, die Stadt Wittenberge und Karstädt sind Stationen der Regionalbahnstrecke zwischen Berlin und Wismar. Im Zweistundentakt halten die Intercity-Züge aus Hamburg und Berlin am Bahnhof Wittenberge. Malerische Dörfer, das Europäische Storchendorf Rühstädt, Burg Lenzen, die Plattenburg, größte Wasserburg Norddeutschlands, und Bad Wilsnack, die einst bedeutende Wallfahrtsstätte, sind Stationen auf der Reise in die Landschaft am Strom.

Über 400 Flusskilometer erstreckt sich das UNESCO-Biosphärenreservat Flusslandschaft Elbe von Dessau bis nach Lauenburg. Fünf Bundesländer sind an diesem weltweit einzigartigen Schutzgebiet beteiligt. Rund 75 Kilometer lang ist der brandenburgische Abschnitt, durch den die Elbe als breiter Tieflandstrom in weiten Mäandern zieht. Nur noch wenige vergleichbare Stromlandschaften gibt es heute in Mitteleuropa. An der Elbe finden sich eine enorme Lebensraumvielfalt und eine ungeheure Artenfülle auf vergleichsweise engem Raum, die Naturfreunde ins Schwärmen geraten lassen. Mehr als 160 Brutvogel-, 12 Amphibien- und 36 Tagfalterarten lassen sich entdecken. Sorgte man sich vor Jahren noch um die Wasserverschmutzung der Elbe, sind jetzt viele Fischarten zurückgekehrt. So ziehen seit einigen Jahren wieder Lachse und Meerforellen zum Laichen an Wittenberge vorbei die Stepenitz hinauf. Quappe, Zander und Rapfen sind in reicher Zahl vertreten, und auch der Elbebiber baut seine Burgen in den Weidendickichten des Elbufers.

Die West-Prignitz ist das Land der Störche. Mit weit über 100 Paaren, die allein im Brandenburger Biosphärenreservat brüten, ist dies die größte Konzentration von Storchenbrutpaaren in der Bundesrepublik Deutschland. Besonders bekannt ist das „Europäische Storchendorf Rühstädt" mit jährlich mehr als 30 Brutpaaren. Die NABU-Weißstorchausstellung im Besucherzentrum Rühstädt liefert Antworten auf die interessante Frage, warum ausgerechnet hier so viele Störche brüten.

Flusslandschaft im Laufe der Jahreszeiten

An der Elbe ist zu jeder Jahreszeit „Saison". Bis weit in den Oktober hinein treten die Radler, die im Biosphärenreservat unterwegs sind, in die Pedale, schön eingepackt in Wind- und Wetterzeug. Im Winter sind die Auen oft überflutet. Eisschollen ziehen

Flusslandschaft Elbe – Zugkorridor für durchziehende und überwinternde Großvögel

*Das Europäische Storchendorf Rühstädt ist der
storchenreichste Ort Deutschlands*

träge flussabwärts, begleitet vom Rufen nordischer Singschwäne, die hier zu Tausenden überwintern. Nur in besonders strengen Wintern friert die Elbe zu.

Im März beginnt der Vogelzug. Tausende Kraniche, Wildgänse und Kiebitze nutzen das breite Urstromtal als Zugleitlinie auf dem Weg von Nord nach Süd und umgekehrt.

Im Mai pulsiert überall das Leben: Aus dem Flachwasser entlang der Deiche „blubbern" himmelblau gefärbte Moorfrösche, Rotbauchunken lassen ihre tragenden Rufe kilometerweit hören. Klappernd beziehen die Störche ihre Nester in den Dörfern. Später im Jahr – im Juli und August – wird es stiller am Fluss. Die Elbe zieht sich in ihr Bett zurück, breite Sandstrände kommen zum Vorschein. Aber es gibt auch Jahre, in denen gar nichts still und friedlich ist. Sommerhochwasser an der Elbe können wie in den Jahren 2002 und 2013 gewaltig sein. Über sieben Meter schwanken dann die Wasserstände des Stroms. Durch die Jahrtausende währende Flussdynamik, dem Wechselspiel von Hoch- und Niedrigwasser, entstand das vielgestaltige Mosaik aus

Sandbänken, Flutrinnen mit breiten Schlickzonen, die als „Haken" und „Bracks" bezeichnet werden. Manche waren Seitenarme des Stroms, andere sind durch Deichbrüche entstanden. Nacheiszeitlich wehten Binnendünen und Talsandflächen am Rand des Urstromtals auf. Die Dünen von Quitzöbel am westlichen Stadtrand von Wittenberge sowie die besonders eindrucksvolle Binnendüne von Klein Schmölen kurz vor der Stadt Dömitz gehören zu den schönsten Orten, an denen trockenwarme Lebensräume studiert werden können.

Im Herbst ziehen tausende von wilden Gänsen schnatternd über den blassen, hohen Himmel. Kraniche rufen. Morgens steigen Nebel auf. Die Sonne steht tiefer, wirft lange Schatten und taucht die Strukturen der Landschaft in warmes Licht. Das Grün der Wiesen wird ockerfarben, in den Hecken leuchten Hagebutten rot, in den Gärten erstrahlen letzte Sommerblumen in einem Farbenrausch. Es riecht nach Feuchtigkeit und Herbstfeuer – eine der schönsten Zeiten am Fluss.

Mit Muskelkraft die ideale Geschwindigkeit zum Entdecken finden

Radwandern ist die ideale Form, die Flusslandschaft Elbe zu entdecken. Neben dem beliebten internationalen Elberadweg führt die Knotenpunkt-Wegweisung durchs Biosphärenreservat. Eine Übersichtskarte an jedem Knotenpunkt ermöglicht eine individuelle Tourgestaltung. Zu den schönsten Orten des Biosphärenreservats führen die 23 Haltepunkte „Natur". Jede Station bietet eine eigene Naturerfahrung: Auf dem Qualmwassersteg beim Lenzener Fährdamm ist Balance gefragt, der Aussichtsturm auf dem Mitteldeich bei Abbendorf gewährt Einblicke in ein bedeutendes Rastgebiet für Zugvögel im Biosphärenreservat und auf der Binnendüne in Quitzöbel lassen sich Ameisenlöwen in ihren Fangtrichtern beobachten. Die Haltepunkte „Natur" sind durch besondere Wegmarken gekennzeichnet und dadurch nicht zu verfehlen.

Schöne Wanderrouten von unterschiedlicher Länge führen rund um das Rambower Moor, um das Europäische Storchendorf Rühstädt und durch den Wald von Bad Wilsnack nach Plattenburg.

Auch viele Pferdefreunde haben das Biosphärenreservat längst für sich entdeckt. Der Wanderritt oder die Fahrt mit der Kutsche führen auf naturbelassenen Wegen durch die Flusslandschaft, durch dichte Wälder, entlang alter Alleen und kleiner Flüsse. Zu empfehlen ist der ausgeschilderte Gestütsweg von Neustadt/Dosse ins mecklenburgische Redefin. Dieser Weg führt auf rund 120 Kilometern auch durch das Biosphärenreservat Flusslandschaft Ebe-Brandenburg. In vielen Orten gibt es Reiterhöfe und Wanderreitstationen.

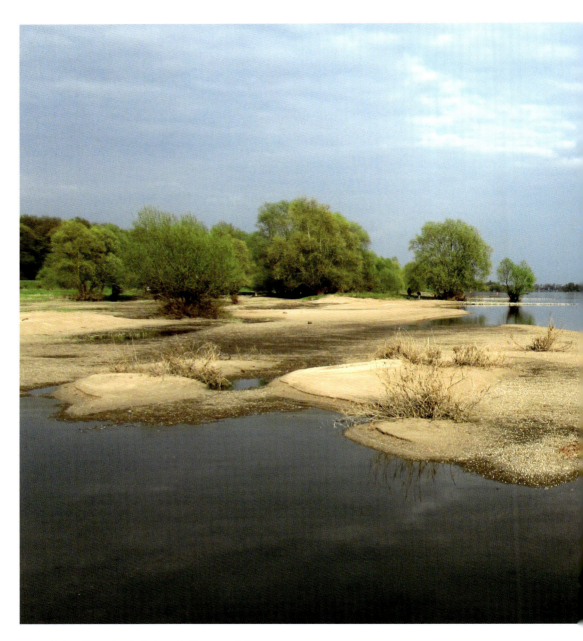

*Dynamische Elbauenlandschaft – Niedrigwasser bringt
Sandbänke zum Vorschein*

Im Reich der Kraniche

Im Herbst, wenn es für Radtouren vielleicht schon zu kalt und zu stürmisch ist, wenn Nebel über den Niederungen steht und die Rufe von Kranichen und Gänsen mit der hereinbrechenden Dämmerung für eine fast feierliche Stimmung sorgen, können Besucher eine wunderschöne Wandertour rund um das Rambower Moor unternehmen. Um das nordöstlich von Lenzen gelegene Moor herum verläuft ein etwa 12 Kilometer langer Rundweg, der Zweiseitenweg, ausgestattet mit Beobachtungstürmen und Stationen, die die Geschichte(n) von Mensch und Natur am Moor aus zwei Perspektiven erzählen: einer historischen und einer aktuellen. Das Rambower Moor, das zu den besterhaltenen und schönsten der Region gehört, ist der Lebensraum sehr majestätischer Vögel. Die vom deutschen Volksmund „Glücksvogel" genannten Tiere rasten hier während des Vogelzugs zu Tausenden. Im geschützten Röhricht brüten zudem jeden Frühling mehrer Paare und ziehen ihre Jungen auf. Das Rambower Moor ist das Reich der Kraniche.

Bis heute durchströmen zahlreiche Quellen das Rambower Moor. In dem rund 900 Hektar großen Feuchtgebiet sind außer den Kranichen noch viele andere seltene und gefährdete Arten beheimatet. Zu den nach der europäischen Fauna-Flora-Habitat-Richtlinie geschützten Arten gehören der Große Feuerfalter, die Große Moosjungfer, der Fischotter und der Kammmolch. Farbenfroh blühen im Frühjahr die Orchideen in den Feuchtwiesen. Neben den botanischen Raritäten sind insgesamt 330 Pflanzenarten, rund 100 Schnecken- und Muschelarten und 245 Schmetterlingsarten gezählt worden.

Industriegeschichte in Wittenberge

Wittenberge, größte Stadt im Biosphärenreservat Flusslandschaft Elbe-Brandenburg, liegt direkt am Ufer der Elbe, umgeben von einer Auenlandschaft, die zu den schönsten in Deutschland zählt. Noch heute verweisen die Namen der „Kleinen" und „Großen Fährstelle" auf die mittelalterlichen Anfänge der Stadt. Der sagenhafte Fährmann Hildebrand soll hier Kaufleute und Rittersleute über den Fluss geleitet haben. Das Gesicht der Stadt prägte aber vor allem eine andere Geschichte.

Anfang der 1820er Jahre plant Salomon Herz, Sohn einer jüdischen Bankiersfamilie in Berlin, eine Ölmühle zu bauen. Alle Welt benötigt Schmierstoffe und Leuchtmittel für Maschinen und Fabriken. Ideal wären Felder gleich vor den Toren der Fabrik und ein effektiver Transportweg. Noch gibt es keine Autos, nur Fuhrwerke und Lastkähne. Also kommt die Fabrik an einen Fluss. Herz greift nach der Landkarte, und 1823 baut

Schönheiten mit Seltenheitswert – Sibirische Schwertlilien in der Elbaue

er direkt ans Ufer der Elbe, auf halbem Weg zwischen Hamburg und Berlin, die erste große Ölmühle – in Wittenberge. Als Singer, der amerikanische Nähmaschinenhersteller, 1903 seine Werke in Wittenberge eröffnet, hat die Herzsche Ölmühle schon Stadtgeschichte geschrieben. Herz sorgte dafür, dass die Eisenbahnlinie zwischen Hamburg und Berlin über Wittenberge führt, dass eine Brücke über den Fluss gebaut wird. Ein Großbrand vernichtet die erste Ölmühle, Herz baut eine neue. 1856 steht in Wittenberge die größte Ölmühle auf dem europäischen Kontinent. Während der DDR-Zeit gehört die Ölmühle 40 Jahre lang zu den drei großen Industriebetrieben der Stadt. Hier arbeiten etwa 6.500 Menschen. Im März 1991 wird nach 168 Jahren Ölproduktion das Kraftwerk der Wittenberger Ölmühle endgültig abgeschaltet.

Heute bemüht sich die Stadt Wittenberge mit privaten Investoren um den Erhalt der wertvollen Industriearchitektur am Elbufer. Auf dem Gelände der alten Ölmühle finden seit einigen Jahren die Wittenberger Elblandfestspiele und andere Kulturveranstaltungen statt. Im Stadtmuseum ist eine empfehlenswerte Ausstellung zur Stadtgeschichte zu sehen.

Lenzen – der Schatz im Burghügel

Das kleine Städtchen Lenzen an der Löcknitz, einem Nebenfluss der Elbe, blickt auf eine mehr als tausendjährige Geschichte zurück. Im Sommer 2001 fanden Bauleute einen Schatz im Burghügel: Münzen, Gerbrauchsgegenstände, Kriegsgerät und bestens erhaltene Grundmauerbefestigungen aus Holz und Weidengeflecht – wertvolle Reste einer slawischen Königsburg. Die Funde stammen aus der Zeit vor 929, dem Jahr, in dem die Sachsen von jenseits der Elbe die Slawen bei der Schlacht von Lenzen besiegten. Ein sensationeller Fund, der der Burg Lenzen die Bezeichnung „Wiege der brandenburgischen Geschichte" einbrachte.

Die aufwendig renovierte Burg Lenzen beherbergt das Europäische Zentrum für Auenökologie, Umweltbildung und Besucherinformation, das Bio-Burghotel Lenzen sowie eines der zwei Besucherzentren des Biosphärenreservats. Die Ausstellung „Mensch und Strom" verbindet auf anschauliche Weise Historisches und Naturkundliches. Die Burg Lenzen ist einer der Partnerbetriebe des Biosphärenreservats, die sich durch besonders ökologische und nachhaltige Wirtschaftsweisen auszeichnen und ein wichtiges regionales Netzwerk darstellen.

In Lenzen gibt es eine Station der Naturwacht des Biosphärenreservats Flusslandschaft Elbe-Brandenburg. Die Mitarbeiter bieten wie ihre Kollegen im Besucherzentrum Rühstädt zu jeder Jahreszeit interessante Touren durch die Elbtalaue an. Bei Lenzen befindet sich eine der größten Rückdeichungsflächen Deutschlands. 420 Hektar Überflutungsfläche wurden dem Fluss hier zurückgegeben und sind nun wieder Teil der lebendigen Aue. Das Projekt zeigt auf beeindruckende Weise, wie Hochwasser- und Naturschutz miteinander verbunden werden können.

Bad Wilsnack – pilgern und sich wohlfühlen

Seit der Wende vom 19. zum 20. Jahrhundert ist Wilsnack als Luftkurort und beliebtes Ausflugsziel bekannt. Nach der Entdeckung des heilkräftigen, eisenoxidhaltigen Moores wurde aus dem Luftkurort schnell auch ein Moorheilbad. Seit 1929 darf sich Wilsnack „Bad" nennen. Im Mittelalter war Wilsnack bis zur Mitte des 16. Jahrhunderts das berühmteste Wallfahrtsziel Nordeuropas. Mehr als 170 Jahre lang wanderten hunderttausende Pilger auf mehreren Wallfahrtswegen nach Wilsnack, um das Wunder der „blutenden Hostien" zu bestaunen. Der Dom zu Havelberg und die Wilsnacker Wunderblutkirche sind aus dem florierenden Geschäft mit den Pilgern erbaut. 1552 sorgte der protestantische Pfarrer Ellefeld für das jähe Ende von Ablasshandel und obskuren Heilmethoden, er warf die angeblich wundertätigen Hostien

*Burg Lenzen – lohnendes Ausflugsziel mit
Besucherzentrum und Burghotel*

kurzerhand ins Feuer. Wilsnack fiel in die Bedeutungslosigkeit eines Ackerbürger-
städtchens zurück.

Die wuchtige, dreischiffige Wunderblutkirche St. Nicolai im Stil der norddeutschen
Backsteingotik mit ihren wertvollen Glasfenstern und dem Wunderblutschrein aus
dem 15. Jahrhundert zeugt von der einstigen Bedeutung als Wallfahrtsort.

Heute erlebt das Pilgern in Wilsnack eine Renaissance, allerdings eher unter dem
Vorzeichen von Gesundheit und Wandern. Die Therme von Bad Wilsnack verfügt
über mehrere Thermalbecken mit unterschiedlichen Solekonzentrationen. Ein Verein
hat eine Pilgerroute von Berlin nach Wilsnack entwickelt. Alljährlich im August gibt es
ein Pilgerfest unter der großen Wallfahrtskirche. Weitere kulturelle Veranstaltungen
werden im Rahmen des in der ganzen Region veranstalteten „Prignitz Sommers" mit
Theater, Konzerten, Führungen und Vorträgen angeboten.

ÜBER DIE AUTOREN

Jörg Götting studierte an der Freien Universität Berlin Amerikanistik, Slavistik und Theaterwissenschaft. Bis 1997 arbeitete er als Redakteur eines Umweltmagazins in Berlin. Anschließend und bis heute ist er für die brandenburgischen Großschutzgebiete mit dem Schwerpunkt Naturtourismus im Landesumweltamt Brandenburg tätig. In Hamburg aufgewachsen, prägten vor allem die Nord- und Ostseeküste seine Naturerfahrungen in Deutschland. Später kam das Hochgebirge dazu.
Seine Leidenschaft für Brandenburgs Natur und Landschaft war Liebe auf den ersten Blick: Nach dem Mauerfall war er – meist mit Familie – jedes Wochenende im Brandenburgischen unterwegs. Jörg Götting lebt mit seiner Familie in Berlin-Prenzlauer Berg.

Jörg Götting bedankt sich bei den folgenden Co-Autoren für die hervorragende Zusammenarbeit und Unterstützung
Beate Blahy, Anke Braune, Claudia Donat, Helmut Donath, Peter Engert, Jeanette Fischer, Ursula Grützmacher, Claudia Hesse, Marina Krüger, Doris Lorenz, Andrea Mack, Hubertus Meckelmann, Roland Resch, Cordula Schladitz, Dr. Mario Schrumpf, Astrid Schütte, Kerstin Trick, Hans-Jörg Wilke, Frank Zimmermann

LITERATURVERZEICHNIS

Naturpark Stechlin-Ruppiner Land

Carsten Rasmus, Bettina Rasmus, Erlebnisführer Uckermark & Ruppiner Land. Radtouren, Wanderungen und Spaziergänge, KlaRas-Verlag Berlin 2006, ISBN 3-933135-19-2

Jo Lüdemann, Rheinsberg & Ruppiner Schweiz von Zechlin bis Neuruppin. Kultur- und Reiseführer für Wanderer, Wassersportler, Rad- und Autofahrer, Verlag Grünes Herz, 1. Auflage 2006, ISBN 3-935621-39-6

Beate Schubert u. a. (Hrsg.), Brandenburg. Der Norden Band 2: Das Ruppiner Land, ProLineConcept-Verlag, Templin 2000, ISBN 3-931021-38-6

Manfred Lütkepohl und Martin Flade (Hrsg.), Das Naturschutzgebiet Stechlin, Verlag Natur & Text Rangsdorf, 1. Auflage 2004, ISBN 3-9807627-8-5

Landesvermessung und Geobasisinformation Brandenburg (Hrsg.), Topografische Freizeitkarte 1:50.000 Naturpark Stechlin-Ruppiner Land Nord, Ausgabe 2010, ISBN 3-7490-4164-4

Landesvermessung und Geobasisinformation Brandenburg (Hrsg.), Topografische Freizeitkarte 1:50.000 Naturpark Stechlin-Ruppiner Land Süd, Ausgabe 2010, ISBN 3-7490-4165-2

Landesvermessung und Geobasisinformation Brandenburg (Hrsg.), Topografische Freizeitkarte 1:50.000, Rheinsberger Seengebiet, Ausgabe 2011, ISBN 3-7490-4053-2

Naturpark Uckermärkische Seen

Landesvermessung und Geobasisinformation Brandenburg (Hrsg.), Topografische Freizeitkarte 1:50.000 Naturpark Uckermärkische Seen West, Potsdam 2009, ISBN 978-3-7490-4160-2

Landesvermessung und Geobasisinformation Brandenburg (Hrsg.), Topografische Freizeitkarte 1:50.000 Naturpark Uckermärkische Seen Ost, Potsdam 2009, ISBN 978-3-7490-4161-9

Biosphärenreservat Schorfheide-Chorin

Landesumweltamt Brandenburg (Hrsg.), Radeln & Wandern im Biosphärenreservat Schorfheide-Chorin, Angermünde 2004

Landesumweltamt Brandenburg (Hrsg.), Entdecken & Beobachten im Biosphärenreservat Schorfheide-Chorin, Angermünde 2005 (erhältlich in den Besucherzentren des Biosphärenreservates Schorfheide-Chorin)

Pape, K., Henne, E., Marklein, G., Schorfheide-Chorin, Ein Biosphärenreservat in der Mark Brandenburg. Ein Bilderbuch, Bismark 2000, ISBN 3-929743-10-8

Landesvermessung und Geobasisinformation Brandenburg, Wirtschafts- und Tourismusentwicklungsgesellschaft des Landkreises Barnim (Hrsg.), Topografische Freizeitkarte 1:30.000 Schorfheide (Freizeitkarten Barnimer Land), Potsdam 2005, ISBN 3-7490-4155-5

Naturpark Unteres Odertal

Vössing, A., Blutke, G., Nationalparksymphonie Unteres Odertal, Berlin 2005, ISBN 3-9810032-1-7

Rada, U., Die Oder – Lebenslauf eines Flusses, Berlin 2005, ISBN 3-378-01079-7

Landesvermessung und Geobasisinformation Brandenburg (Hrsg.), Topografische Freizeitkarte 1:50.000 Nationalpark Unteres Odertal mit Wanderwegen, ISBN 3-7490-4099-0

Naturpark Barnim

Rasmus, Carsten und Klaehne, Bettina, Wander- und Naturführer Naturpark Barnim, KlaRas-Verlag Berlin 2001, ISBN 3-933135-09-5

Beate Schubert u. a. (Hrsg.), Brandenburg. Der Osten Band 1: Der Barnim mit der Schorfheide & das Oderbruch, ProLineConcept-Verlag, Templin 2003, ISBN 3-931021-47-5

Faltblattreihe „Unterwegs", detaillierte Wegbeschreibung mit Wanderkarte, Fotos, Informationen über Entstehung, Geschichte sowie Flora und Fauna des Gebietes; Anschriften von Tourismusinformationen, Hofläden, Museen, Umweltbildungseinrichtungen etc. Die Reihe ist erhältlich u. a. in den umliegenden Tourismusinformationen

Landesvermessung und Geobasisinformation Brandenburg, Wirtschafts- und Tourismusentwicklungsgesellschaft des Landkreises Barnim (Hrsg.), Topografische Freizeitkarte 1:30.000 Barnimer Feldmark und Naturpark Barnim (Freizeitkarten Barnimer Land), Potsdam 2005, ISBN 3-7490-4155-5

Landesvermessung und Geobasisinformation Brandenburg (Hrsg.), Topografische Freizeitkarte 1:50.000 Naturpark Barnim, Ausgabe mit Wanderwegen, 2. Auflage, Potsdam, ISBN 3-7490-4092-3

Naturpark Märkische Schweiz

Beate Schubert u. a. (Hrsg.), Brandenburg. Der Osten Band 2: Die Märkische Schweiz, das Land Lebus & und die Beeskow-Storkower Seen, ProLineConcept-Verlag, Templin 2003, ISBN: 3-931021-48-3

Dierk Heerwagen, Unterwegs im Naturpark Märkische Schweiz. Die schönsten Wander- und Radtouren, Hendrik Bäßler Verlag, Berlin 2001, ISBN 3-930388-21-9

Landesvermessung und Geobasisinformation Brandenburg (Hrsg.), Topografische Freizeitkarte 1:25.000 Märkische Schweiz. Wandern, Radfahren, Potsdam 2005, ISBN 3-7490-4070-2

Naturpark Märkische Schweiz. Rad-Wander- & Gewässerkarte, Grünes Herz Verlag für Tourismus, Ilmenau 2002, ISBN 3-929993-91-0

Naturpark Schlaubetal

Beate Schubert u. a. (Hrsg.), Brandenburg. Der Süden Band 2: Die Niederlausitz und das Elbe-Elster-Land, ProLineConcept-Verlag, Templin 2004, ISBN 3-931021-50-5

Landesvermessung und Geobasisinformation Brandenburg (Hrsg.), Topographische Freizeitkarte 1:50 000 Naturpark Schlaubetal. Wandern, Radfahren, Potsdam 2005, ISBN 3-7490-4089-3

Kompass-Karten-GmbH (Hrsg.), Schlaubetal 1 : 50 000. Kompass-Wanderkarten, Blatt 1043: Spezial Wander-, Rad- und Reitwegekarte (mit Begleitheft), 2. Auflage 2005, ISBN 3-85491-797-X

Naturpark Dahme-Heideseen

Rasmus, Carsten und Klaehne, Bettina, Wander- und Naturführer Naturpark Dahme-Heideseen, KlaRas-Verlag Berlin 1999, ISBN 3-933135-06-0

Beate Schubert u. a. (Hrsg.), Brandenburg. Der Osten Band 2: Die Märkische Schweiz, das Land Lebus & und die Beeskow-Storkower Seen, ProLineConcept-Verlag, Templin 2003, ISBN 3-931021-48-3

Landesvermessung und Geobasisinformation Brandenburg (Hrsg.), Topographische Freizeitkarte 1:25.000 Dahme-Seengebiet – mit Wanderwegen, Potsdam 2006, ISBN 3-7490-4078-8

Biosphärenreservat Spreewald

Tourismusverband Spreewald (Hrsg.), Reiseführer Spreewald, Raddusch 2000

Beate Schubert u. a. (Hrsg.), Brandenburg. Der Süden Band 1: Der Spreewald und die Luckauer Niederlausitz, ProLineConcept-Verlag, Templin 2002, ISBN: 3-931021-45-9

AD-Team (Hrsg.), Freizeitkarte Spreewald 1:25.000, Burg/Spreewald 2006

Landesvermessung und Geobasisinformation Brandenburg (Hrsg.), Topographische Freizeitkarte 1:25.000 Oberspreewald mit Wanderwegen, Potsdam 2003, ISBN 3-7490-4013-3

Landesvermessung und Geobasisinformation Brandenburg (Hrsg.), Topographische Freizeitkarte 1:25.000 Unterspreewald mit Wanderwegen, Potsdam 2003, ISBN 3-7490-4022-2

Naturpark Niederlausitzer Landrücken

Beate Schubert u. a. (Hrsg.), Brandenburg. Der Süden Band 1: Der Spreewald und die Luckauer Niederlausitz, ProLineConcept-Verlag, Templin 2002, ISBN 3-931021-45-9

Rasmus, Carsten und Klaehne, Bettina, Erlebnisführer Naturparks in Brandenburg, KlaRas-Verlag Berlin 2000, ISBN 3-933135-05-2

Landesvermessung und Geobasisinformation Brandenburg (Hrsg.), Topographische Freizeitkarte 1:50.000 Naturpark Niederlausitzer Landrücken mit Wanderwegen, Potsdam 2013, ISBN 978-3-7490-4081-0

Naturpark Niederlausitzer Heidelandschaft

Beate Schubert u. a. (Hrsg.), Brandenburg. Der Süden Band 2: Die Niederlausitz und das Elbe-Elster-Land, ProLineConcept-Verlag, Templin 2004, ISBN 3-931021-50-5

Rasmus, Carsten und Klaehne, Bettina, Erlebnisführer Naturparks in Brandenburg, KlaRas-Verlag Berlin 2000, ISBN 3-933135-05-2

Landesvermessung und Geobasisinformation Brandenburg (Hrsg.), Topographische Freizeitkarte 1:50.000 Naturpark Niederlausitzer Heidelandschaft mit Wanderwegen, Potsdam, ISBN 3-7490-4090-7

Naturpark Nuthe-Nieplitz

Rasmus, Carsten und Klaehne, Bettina, Wander- und Naturführer Naturpark Nuthe-Nieplitz, KlaRas-Verlag Berlin 2001, ISBN 3-933135-11-7

Beate Schubert u. a. (Hrsg.), Brandenburg. Der Westen Band 3: Der Fläming und das Baruther Urstromtal, ProLineConcept-Verlag, Templin 2001, ISBN: 3-931021-42-4

Landesvermessung und Geobasisinformation Brandenburg (Hrsg.), Topographische Freizeitkarte 1:50.000 Naturpark Nuthe-Nieplitz, Potsdam 2012, ISBN 978-3-7490-4094-0

Naturpark Hoher Fläming

Rasmus, Carsten und Klaehne, Bettina, Wander- und Naturführer Naturpark Hoher Fläming, KlaRas-Verlag Berlin 1997

Beate Schubert u. a. (Hrsg.), Brandenburg. Der Westen Band 3: Der Fläming und das Baruther Urstromtal, ProLineConcept-Verlag, Templin 2001, ISBN 3-931021-42-4

Landesvermessung und Geobasisinformation Brandenburg (Hrsg.), Topographische Freizeitkarte 1:50.000 Naturpark Hoher Fläming, Potsdam 2012, ISBN 978-3-7490-4073-5

Naturpark Westhavelland

Beate Schubert u. a. (Hrsg.), Brandenburg. Der Westen Band 2: Das Havelland, ProLine-Concept-Verlag, Templin 2002, ISBN 3-931021-44-0

Landesvermessung und Geobasisinformation Brandenburg (Hrsg.), Topografische Freizeitkarte 1:50.000 Naturpark Westhavelland Nord, Potsdam 2005, ISBN 3-7490-4079-6

Landesvermessung und Geobasisinformation Brandenburg (Hrsg.), Topografische Freizeitkarte 1:50.000 Naturpark Westhavelland Süd, Potsdam 2005, ISBN 3-7490-4080-X

Biosphärenreservat Flusslandschaft Elbe-Brandenburg

Neuschulz, F., Plinz, W., Wilkens, H., Elbtalaue – Landschaft am großen Strom, Naturerbe Verlag Jürgen Resch, 2. überarb. Auflage 2002, ISBN 3-9801641-8-7

Falkenhausen, Elisabeth v., Die Prignitz entdecken. Natur und Kultur einer Region, Hendrik Baesler Verlag, ISBN 3-930388-27-8

Beate Schubert u. a. (Hrsg.), Brandenburg. Der Norden Band 3: Die Prignitz, ProLineConcept-Verlag, Templin 2000, ISBN: 3-931021-39-4

Verband Deutscher Naturparke e. V. (Hrsg.), Natur erleben – Der Erlebnisführer zu den Nationalen Naturlandschaften in Brandenburg + Berlin. Klartext Verlag, 1. Auflage 2011, ISBN-978-3-8375-0602-0

Landesvermessung und Geobasisinformation Brandenburg (Hrsg.), Topografische Freizeitkarte 1:50.000 Biosphärenreservat Flusslandschaft Elbe-Brandenburg, Potsdam 2008, ISBN 978-3-7490-4154-1

ORTSREGISTER

Abbendorf 237

Alt Placht 41, 44

Alt-Kaulsdorf 77

Altdöbern 168

Altfriedland 90, 102, 103, 104

Altglobsow 19, 27

Althüttendorf 55

Angermünde 6, 46, 58, 61, 63

Ankershagen 26

Annenwalde 44, 45

Aschersleben 82

Bad Belzig 200, 201, 206, 215, 217

Bad Freienwalde 78

Bad Liebenwerda 170, 171, 182

Bad Saarow 91, 123

Bad Wilsnack 234, 237, 242, 243

Baitz 9, 227

Bamme 230

Bebersee 61

Beelitz 184, 185, 201

Beeskow 126

Berlin 7, 12, 26, 28, 34, 45, 51, 58, 61,
66, 77, 78, 87, 88, 89, 91, 93, 94, 98,
126, 127, 132, 137, 138, 160, 185,
188, 193, 215, 217, 219, 220, 223,
227, 233, 234, 240, 241, 243

Bernau 76, 78, 82

Biesenthal 76, 82

Blankenfelde 78

Blankensee 184, 191, 193, 196

Blossin 132

Boitzenburg 40

Bornsdorf 162, 168

Boston 136, 137

Brandenburg/Havel 219, 220

Bremsdorf 109

Briesen 134, 135

Brodowin 57

Brück 213

Buckow 9, 90, 91, 93, 94, 99, 102, 104,
105, 226, 227

Burg 140, 141, 142, 148, 149, 151, 152

Burgwall 34

Calau 160, 165, 168

Cammer 207

Carwitz 39

Chorin 6, 48, 58, 59, 60, 102

Chossewitz 106

Cottbus 138, 143, 160

Criewen 62, 67, 74, 75

Crinitz 168

Cuxhaven 233

Dagow 19

Dahmsdorf 104

Dammendorf 109

Densow 44

Dessau 234

Dippmannsdorf 202, 203

Doberlug-Kirchhain 180, 182

Dobrilugk 179

Dolgenbrodt 132

Dollgow 15

Döllingen 171, 173

Dömitz 237

Dreetz 230

Dresden 138

Eberswalde 46, 58, 78, 193

Elsterwerda 170, 182

Ferchesar 231

Fergitz 55

Fiddichow 67

Finow 82

Finsterwalde 168

Fischwasser 180, 181

Frankfurt/Oder 8

Friedenfelde 59

Friedersdorf 170

Friedland 126

Friedrichsthal 67

Fürstenberg/Havel 22, 26, 30, 31, 45

Fürstenwerder 39

Fürstlich Drehna 155, 163, 164

Gartz 62, 74, 75

Garz 231

Glambeck 59

Glau 191, 197

Glöwen 234

Golßen 136

Golzow 213

Görlsdorf 154

Gosda 168

Gräbendorf 123, 132

Gransee 16, 22, 26

Groß Drewitz 119

Groß Schauen 127

Groß Schönebeck 58, 61

Groß Ziethen 61

Großderschau 231

Grubo 211

Grünewalde 182

Grütz 231

Guben 119

Halbe 138

Hamburg 41, 233, 234, 241

Hannover 26, 227

Havelberg 223, 230, 242

Henzendorf 115, 118

Hermsdorf 91, 128

Himmelpfort 45

Hobrechtsfelde 76, 78

Hohe Mühle 135

Hohenleipisch 171

Hohenlychen 45

Hohensaaten 63

Hohenzieritz 26

Ihlow 104

Jetsch 162

Joachimsthal 46, 47, 58, 61

Julianenhof 90, 103

Jüterbog 185, 187, 188, 191

Kamerun 137

Kampehl 231

Karlsdorf 103

Karstädt 234

Ketschendorf 138

Ketzür 230

Kieselwitz 112

Klein Briesen 202

Klein Köris 132

Klein Schmölen 237

Kleßen 230, 231
Klingespring 135
Königs Wusterhausen 122, 123, 132, 137, 138
Körzin 197, 198
Kützkow 231
Kyritz 219
Langengrassau 154, 155, 162
Lauenburg 234
Lehde 146, 148
Leipe 146, 148, 164
Lenzen 232, 234, 240, 242
Liebenwalde 78, 86
Lieberose 126
Lindena 182
Lindow 16, 17, 22, 26
Lübars 78, 100
Lübben 140, 143, 152
Lübbenau 140, 152, 164
Luckau 154, 155, 159, 160, 168
Luckenwalde 190
Lunow 67
Lütte 203
Lychen 30, 31, 37, 44
Magdeburg 41
Märkisch Buchholz 122, 132, 133, 136
Melchow 82, 86
Menz 14, 23, 28
Mescherin 70
Mildenberg 34
Milow 218, 230
Mirow 26
Müllrose 106, 107, 108, 117, 118, 119, 120
Münchehofe 104

Nennhausen 227, 230
Neuglobsow 19, 20
Neuruppin 14, 15, 16, 26, 28
Neustadt/Dosse 219, 231, 237
Neustrelitz 26
Neuzelle 120, 121
New York 137
Niederfinow 58, 59
Niewitz 162
Obersdorf 91
Oppelhain 182
Oranienburg 26, 78
Paretz 26
Parlow 55, 59
Pechüle 190
Perleberg 233
Philadelphia 136, 137
Plattenburg 234, 237
Plessa 170, 181, 182
Potsdam 7, 9, 12, 138, 193
Prenzlau 8, 31
Prieros 122, 123, 128, 132, 133, 134
Prietzen 230
Pritzhagen 104
Prötzel 104
Quitzöbel 237
Raben 200, 204, 205
Raddusch 141, 165
Rädigke 205, 206
Ragösen 203
Rathenow 218, 219, 230, 231
Redefin 237
Reichenberg 90, 91
Reicherskreuz 106, 115
Rheinsberg 14, 15, 16, 22, 26, 28

Rhinow 218, 230

Ribbeck 219

Ringenwalde 6

Roofen 19

Rosow 70

Rückersdorf 181

Rühstädt 232, 234, 235, 236, 237, 242

Schernsdorf 109

Schlabendorf 163

Schlepzig 140, 141, 143, 152

Schmachtenhagen 89

Schönhagen 197

Schwanebeck 203

Schwedt/Oder 62, 63, 67, 70, 74, 75

Seelow 8

Selchow 125

Semlin 231

Siehdichum 119

Sonnewalde 160

Spechthausen 86

Staakmühle 135

Stangenhagen 197, 198

Stettin 41, 63, 64, 67

Stockholm 39

Stolpe 75

Storkow 122, 126, 127, 128, 132, 136, 137

Streganz 133

Strodehne 231

Stücken 197, 198

Stützkow 62, 67

Templin 31, 34, 39, 41, 44, 45

Teupitz 132, 135

Thomsdorf 39

Treppeln 106, 107

Tröbitz 181

Venedig 196

Waldsieversdorf 90, 104

Wandlitz 76, 77, 82, 85

Wanninchen 154, 158, 163

Warnitz 58

Weißag 168

Wendisch Rietz 133

Wensickendorf 83

Werbig 204

Wiesenburg 200, 215, 216

Wismar 234

Wittenberge 232, 234, 235, 237, 240, 241

Wittstock/Dosse 16, 26

Wolzig 132

Wustrow 118, 120

Zehdenick 22, 30, 34, 35, 40

Zwietow 168

BILDNACHWEIS

Trotz intensiver Bemühungen kann es bei der Benennung der Inhaber der Urheberrechte zu ungewollten Fehlern kommen. Diese werden gegebenenfalls gebeten, sich mit dem Autor oder dem Verlag in Verbindung zu setzen.

Partner der

Stiftung
Naturlandschaften Brandenburg
Die Wildnisstiftung

Unsere Angebote für die Umwelt.
› EMB Natur + EMB Strom

Engagieren Sie sich mit uns zusammen für die Naturparks „Uckermärkische Seen" und „Nuthe-Nieplitz".
Mit EMB Natur zahlen Sie monatlich einen Naturzuschlag von 1 €* auf die Erdgaspreise. Schonen Sie
jetzt mit EMB Strom**, unserem Umweltstrom aus 100 Prozent Wasserkraft, das Klima.

* Bruttopreise inkl. der gesetzlichen MwSt. von derzeit 19 Prozent (gerundet)
** Gilt für die Netzgebiete E.DIS, Netzgesellschaft Potsdam, Stromnetz Berlin,
MITNETZ STROM (enviaM-Gruppe) und der Stadtwerke Frankfurt (Oder).

ERDGAS | STROM | BIOERDGAS

EMB Energie Mark Brandenburg GmbH
Kostenfreie Kunden-Hotline: 0800 0 7495-10
www.emb-gmbh.de

IHR ENERGIEPARTNER

IMPRESSUM

Herausgegeben vom Landesamt für Umwelt, Gesundheit und Verbraucherschutz Brandenburg
in Zusammenarbeit mit dem L&H Verlag

© L&H Verlag
Bernauer Straße 8a | 10115 Berlin | Telefon +49. 30. 34709515 | Fax +49. 30. 34709516
info@lh-verlag.de | www.lh-verlag.de

Redaktion und Texte Jörg Götting unter Mitarbeit von: Beate Blahy, Anke Braune, Claudia Donat,
Helmut Donath, Peter Engert, Jeanette Fischer, Ursula Grützmacher, Claudia Hesse, Marina Krüger,
Doris Lorenz, Andrea Mack, Hubertus Meckelmann, Roland Resch, Cordula Schladitz, Dr. Mario Schrumpf,
Astrid Schütte, Kerstin Trick, Hans-Jörg Wilke, Frank Zimmermann

Lektorat Sandra Rosenkranz, Thies Schröder, L&H Verlag

Gestaltungskonzept, Layout und Karten Miriam Bussmann, Berlin

Druck Westermann Druck Zwickau GmbH

Titel: Fischadler
Rücktitel oben: Sumpf-Blutauge
Rücktitel Mitte: Ringelnatter
Rücktitel unten: Odertal

Für die Unterstützung bei der Erstellung des Buches bedanken wir uns bei der
EMB Energie Brandenburg GmbH.

Bibliografische Information der Deutschen Bibliothek
Die Deutsche Bibliothek verzeichnet diese Publikation in der Deutschen Nationalbibliografie.
Detaillierte bibliografische Daten sind im Internet über http://dnb.ddb.de abrufbar.

ISBN 978-3-939629-20-7
Komplett überarbeitete Neuauflage des Titels „Adler, Otter, Orchideen", 2014